초등영어 교수법

읽기·쓰기편

초등영어 교수법

읽기·쓰기편

김정렬 지음

한국문화사

머리말

초등학교 영어교육은 원어민주의에 입각한 영어교육으로부터 국제어로서의 영어교육으로 내용의 초점이 바뀌고 정의적 목표에 더해서 인지적 목표를 중요한 하나의 성취목표로 삼으면서 방법론에서도 많은 변화가 일어나고 있다. 과거의 미국영어 일원주의에서 영어의 다원주의를 인식하고 다양한 형태의 영어에 노출될 필요성이 있다는 것을 자각시키고 있다. 아울러 듣기 기능의 다원화와는 달리 말하기는 한 가지 모델을 중심으로 영어교육을 해야 하는 일원주의를 유지하고 있어 영어의 이해와 표현교육을 위한 교수요목의 목표 비대칭관계가 형성되고 있다. 초등영어에서 구어 영어교육이 여전히 중요하면서도 문어 영어교육을 빼놓을 수 없는 하나의 변곡점으로 인식하고 있고, 초등영어에서 놀이와 게임의 중요성을 인정하면서도 학습한 내용에 대한 평가의 중요성도 부각시키고 있다.

영어교육방법의 다원화 한가운데에 영어 읽기와 쓰기 교육이 있다. 다독을 활용해서 부족한 영어의 입력을 증대시키고 일기와 같은 꾸준한 영어쓰기 교육을 통해서 영어학습에 대한 인지적 깊이를 더함으로 영어의 언어적 형식에 대한 중요성도 교육의 대상으로 삼고 있다. 초등영어교육과 중등영어교육의 괴리를 얘기할 때에 읽기교육의 차이에 대한 언급들이 많은데 이를 최소화하기 위한 노력들도 결국은 초등영어에서 문어교육을 강화를 통해서 이루어질 수 있다. 외국어로서 영어교육을 하고 있는 우리나라에서 실용영어는 대학 졸업후에 사회에 진출했을 때 문어로 이루어지는 경우가 구어로 이루어지는 경우만큼이나 빈번한 것이 현실이다. 따라서 쓰기교육에 대한 기초를 초등영어에서 재미있는 여러 가지 방법으로 실현시킬 필요성이 있는 것이다.

초등학교 영어교육에 관한한 국가 영어교육 과정이 정한 목표는 학생들이 성취해야 될 최소한의 목표가 되었다. 영어교육은 공교육과 사교육의 경계가 불분명하며 공교육과 사교육의 인위적 경계를 지울 이유도 없다. 바람직한 사교육은 공교육에서 기본을 가르치고 사교육에서 수월성과 보습을 지향하는 것이 대원칙이고 이들 사이에 여러 가지 형태의 영어교육이 혼재되어 가고 있는 실정이다. 방과후학교를 통해서 공교육에서 몰입영어교육을 실시하는 학교들도 있고 사교육에서 학교의 시험을 준비시키는 특강이 존재한지 이미 오래다.

이런 맥락에서 초등영어교육의 기본을 위한 목소리를 내고 영어교육이 이루어지는 학교 교실의 교육경쟁력을 높여야 필요성이 있다. 학교의 교육 경쟁력은 교사로부터 나오는 것이며 교사의 경쟁력은 영어의 기본 기능을 재미있고 유익한 교수법을 구사하는데서 출발하는 것이다. 교사의 영어교육 경쟁력을 높일 수 있다는 목적으로 현장에서 유익하게 쓸 수 있는 초등영어 읽기 쓰기를 한 권으로 지어서 문어영어를 지도할 수 있는 자료로 활용할 수 있도록 하였다. 이 책이 나오기까지 원고를 정리하느라 언어기능별로 수고해준 김은숙, 이경은, 이은혜, 정유진 선생님께 감사드린다. 그리고 부족한 원고를 맡아서 훌륭한 책으로 만들어준 한국문화사의 김진수 사장님과 편집진 여러분께도 고마운 마음을 전한다.

머리말 | 5

III 초등영어 읽기 지도

1장 초등영어 읽기 지도의 이해 • 13

1.1 초등영어에서 읽기 • 14
1.1.1 읽기의 개념 • 14
1.1.2 읽기의 수준 • 15
1.1.3 읽기의 과정 • 21

1.2 읽기 학습 활동 시 고려 사항 • 23
1.2.1 언어 학습을 쉽게 만드는 요소 • 24
1.2.2 학습자에 대한 이해 • 25

1.3 읽기 지도 내용 및 방법 • 27
1.3.1 개정 교육과정에 따른 초등영어 읽기 지도 • 27
1.3.2 읽기 지도 방법 • 30
1.3.3 읽기 지도 단계 • 35
1.3.4 다독(extensive reading)을 통한 읽기 지도 • 42

1.4 수준별 읽기 지도 • 53
1.4.1 초등 영어 수준별 읽기 지도(Reading instruction for the differentiated English class) • 54
1.4.2 학습자 수준별 읽기 지도(Reading instruction by the student's reading level) • 65
1.4.3 단계별 읽기 지도(Reading instruction for graded reading) • 73
1.4.4 학습 주체별 읽기 지도 • 88

1.5 읽기 수행 평가 방법 • 90
1.5.1 읽기 수행 평가의 기본 방향 • 91
1.5.2 읽기 수행 평가의 종류 • 91

2장 초등영어 읽기 지도의 실제 • 96

2.1 초기 읽기 지도를 위한 활동 • 98
    2.1.1 음철법에 따른 읽기 지도 • 99
    2.1.2 알파벳 지도 • 100
    2.1.3 초기 읽기 지도를 위한 활동 • 102

2.2 읽기 게임 활동 • 111
    2.2.1 읽기 지도에서 게임의 활용 • 111
    2.2.2 읽기 지도를 위한 게임 활동 • 113

2.3 읽기지도를 위한 만들기 및 조작 활동 • 122
    2.3.1 읽기 지도를 위한 만들기 및 조작 활동의 특징 및 장점 • 122
    2.3.2 읽기 지도를 위한 만들기 및 조작활동 • 123

2.4 읽기 지도를 위한 동기유발 활동 • 135
    2.4.1 읽기 지도를 위한 동기유발의 중요성 • 137
    2.4.2 읽기 지도를 위한 동기 유발 활동 • 137

2.5 읽기 수행평가의 실제 • 161

Ⅳ 초등영어 쓰기 지도

1장 초등영어 쓰기 지도의 이해 • 183

1.1 초등영어 쓰기의 목표 • 184
1.2 초등영어 쓰기의 단계 • 185
1.3 초등영어 쓰기의 단계별 지도 요령 • 187
    1.3.1 1단계 : 알파벳 쓰기 지도 • 187
    1.3.2 2단계 : 단어 쓰기 지도 • 188
    1.3.3 3단계 : 문장 쓰기 지도 • 188

1.4 초등영어 쓰기의 다양한 지도 방법 • 189
    1.4.1 그림을 활용한 쓰기지도 • 190
    1.4.2 텍스트(text)를 활용한 쓰기 지도 • 190
    1.4.3 시청각 자료를 활용한 쓰기 지도 • 191
    1.4.4 만화를 활용한 쓰기 지도 • 191
    1.4.5 그림일기를 이용한 쓰기지도 • 192

1.5 초등영어의 수준별 쓰기 지도 이해 • 193
    1.5.1 수준별 영어 교육의 의미 • 194
    1.5.2 수준별 영어 쓰기 교육의 필요성 • 195
    1.5.3 수준별 쓰기 지도의 원칙 • 197
    1.5.4 수준별 쓰기의 단계 • 199
    1.5.5 수준별 쓰기 지도 절차 • 202
    1.5.6 수준별 그룹 편성 및 기준 • 204

2장 초등영어 쓰기 지도의 실제 • 206

2.1 게임을 통한 쓰기 지도 • 207
    2.1.1 알파벳 수준의 쓰기 게임 • 208
    2.1.2 단어 수준의 쓰기 게임 • 208
    2.1.3 문장 수준의 쓰기 게임 • 212
    2.1.4 문단 수준의 쓰기 게임 • 212

2.2 스토리텔링을 활용한 쓰기 지도 • 221
    2.2.1 의미지도 그리기(Meaning Map Activity) • 223
    2.2.2 단어 찾기 활동 • 225
    2.2.3 이야기 순서 찾아 써 보기 • 227
    2.2.4 이야기 사전 만들기 • 229

2.3 노래와 챈트를 활용한 쓰기 지도 • 230
    2.3.1 노래를 활용한 영어교육의 효과 • 230
    2.3.2 챈트를 활용한 영어교육의 효과 • 231

2.4 만들기를 통한 쓰기 지도 • 238
    2.4.1 그림 자료 이용하기 • 240
    2.4.2 회전판 이용하기 • 242
    2.4.3 책 만들기 • 244
    2.4.4 빙고판 만들기 • 245
    2.4.5 카드 이용하기 • 246
    2.4.6 사람 카드 이용하기 • 247

2.5 역할놀이를 활용한 쓰기 지도 • 249
    2.5.1 빈칸 채우기 • 251
    2.5.2 역할놀이 소감문 쓰기 • 252
    2.5.3 기억하여 쓰기 • 253

2.6 수준별 쓰기 지도의 실제 • 253
    2.6.1 수준별 쓰기 수업 모형 • 254

2.6.2 수준별 쓰기 학습 방법 및 활동 • 255
2.6.3 수준별 쓰기 학습 활동 실제 계획 • 262
2.6.4 수준별 쓰기 지도 노하우 • 265

참고문헌 • 289
찾아보기 • 297

초등영어 읽기 지도

1장 초등영어 읽기 지도의 이해
2장 초등영어 읽기 지도의 실제

1장 초등영어 읽기 지도의 이해

책을 읽는 것은 언어를 습득할 수 있는 매우 중요한 원천이고, 내용을 이해하면서 책을 읽는 것은 읽고 쓰는 능력을 신장시킬 수 있는 유일한 방법이자 학생들을 교과 학습 활동에서 성공적으로 이끄는 길이다(Krashen, 1982). 또한 책읽기는 읽고 쓰는 능력을 향상시켜 줄뿐만 아니라 말하는 언어기능 신장에도 도움을 주므로 언어습득에 중요한 역할을 한다고 할 수 있을 것이다. 이러한 읽기 기능의 향상을 위한 관심들이 초등영어교육에 있어 점점 커지고 있으며 많은 학자들이 EFL 상황을 극복할 수 있는 하나의 방안으로 여러 가지 읽기 지도 방법을 선보이고 있다.

읽기 지도의 가장 중요한 핵심은 한 언어의 사용체계를 인식함으로써 새로운 의미를 창출할 수 있게 하는 것이다. 즉, 읽기는 단순히 단어들을 연결시켜 해석해 가는 기계적인 과정이 아니라 그 언어가 사용되고 있는 특정 상황 속에서 형성되는 언어의 특정적 의미를 인식할 줄 아는 것이다. 그러므로 읽기 지도의 궁극적인 목적은 독자가 상황에 따라 변화되는 다양한 세계의 정세까지도 폭넓게 읽을 수 있게 하여, 한걸음 더 나아가서는 이 사회를 긍정적인 방향으로 변화시키는데 능동적인 역할을 할 수 있는 능력을 길러 주는 것이라고 할 수 있다.

초등영어 읽기 지도의 궁극적인 목적도 아동들에게 단순히 알파벳의 읽고 단어의 양만 확장만 시켜 주는 독해 중심의 기계적이며 제한된 읽기지도에 머무르는 것이 아니라, 영어 읽기 학습을 통하여 아동의 사고관과 세계관을 넓혀 세상을 읽는 시각을 확대시키는 것이다. 더 나아가 빠르게 변화하고 있는 세계적 흐름의 방향을 유도

할 수 있는 자기 주도적 학습능력을 지도하는 것이 초등영어 읽기 지도의 궁극적 목적이라고 볼 수 있을 것이다.

따라서 Ⅲ장에서는 발화능력(production skill)을 기르는데 중추적인 역할을 할 수 있는 읽기에 대한 정의 및 이론적 배경을 살펴보고 이를 기반으로 초등영어 교육과정 적합한 읽기 지도 방안을 모색해 보고자 한다.

1.1 초등영어에서 읽기

우리나라와 같은 EFL환경에서는 이해 가능한 언어에 충분한 노출을 위해 읽기 지도가 한 가지 수단이 될 수 있으며, 읽기 능력의 향상은 듣기와 말하기, 쓰기 능력으로 전이되어 영어에의 흥미와 자신감을 길러주는 데도 도움을 준다. 따라서 우리나라 영어 교육에서 읽기의 개념과 교육 목표를 명확히 알아야 할 필요가 있다.

1.1.1 읽기의 개념

읽기(reading)는 언어의 4기능(four skill) 중의 하나로 독해(reading comprehension)와 낭독(oral reading 또는 oral interpretation)으로 구분할 수 있다. 독해는 내용을 이해하기 위해 글로 된 문맥을 지각하는 것으로 소리를 내지 않으면서 이해하는 것(silent reading)도 포함한다. 반면에 낭독은 글로 된 문맥을 소리 내어 읽는 것인데, 내용의 이해 여부와 상관없이 할 수 있다.

대체로 문자나 단어의 의미를 확인하는 독해를 읽기라고 하는 경우가 많으나, 읽기를 하는 학습자의 기초 능력이 부족하고 인지적 발달단계가 낮은 경우에는 의미 파악과는 별도로 문자 혹은 단어를 소리 내어 읽는 경우도 읽기로 본다(김정렬, 2000). 즉, 문자를 소리 내어 읽으면서 문자의 의미 이해(comprehension)를 할 수 있는 읽기에 능숙한 학생 혹은 성인들과는 달리 초등학생의 경우, 영어의 읽기는 반드시 이해를 수반하는 것은 아니라는 것이다. 그리하여 이해를 수반하지 않고 단지 소리를 내어 읽을 수 있는 것, 혹은 소리 내어 읽을 수는 없지만 그 의미는 알 수 있는 것 또한 읽기의 범주에 포함될 수 있다.

이렇게 넓은 의미에서 읽기는 식별(identification), 해독(decoding), 암송(reciting), 해석(interpret)을 포함한다(Wallace, 1992). 먼저, 식별은 눈을 통해 문자를 인식할 수 있는지에 대한 것으로 시력 및 문자 인식과 관련된다. 다음으로, 해독은 글이나 단어의 의미 파악보다 그것을 소리 내어 읽을 수 있는가를 더 강조한 것으로, 문자의 상징체계와 소리를 연관시키는 능력을 말한다. 세 번째로 암송은 해독조차 포함하지 않고 기계적 연습에 의한 결과라고 할 수 있다. 문자나 글을 실제로 접하지 않고도 읽기가 가능한 경우이다. 마지막으로 해석은 의사소통의 일부분으로서 글에 대한 반응을 의미한다. 이것은 독자가 어떤 목적을 가지고 글을 쓴 사람이 전달하고자 하는 의도를 이해하고자 시도한다는 것이다.

읽기는 언어의 입력을 위한 중요한 활동이며 특히 음성언어를 통한 목표어의 입력이 부족한 EFL환경에서 그 중요성은 더욱 크다. 읽기 교육은 학습자를 자연스럽고 풍부한 언어에 노출시키며, 손쉽게 활용할 수 있고 흥미를 유발함과 동시에 지속적인 언어입력을 가능하게 한다. 따라서 우리는 학습자의 의사소통 능력 향상을 위해 초등영어 교육에서 성취하고자 하는 읽기의 기준을 명확히 알고 적절한 전략을 사용해 가르쳐야 한다.

1.1.2 읽기의 수준

가. 읽기의 준비도

읽기에 들어가기 전에 학습자는 필수적으로 도달해야 하는 두 가지 측면이 있다. 이것을 읽기의 준비도라고 하며 그 과정은 다음과 같다.

첫째로, 시각적 변별(visual discrimination)은 시각적 자극에 대해 구별되는 자질을 인식하는 것이다(Karlin, 1980). 이것은 곧 철자와 단어 간의 차이점을 구별할 수 있는 능력을 말한다. 영어 읽기를 배우는 학습자의 경우 알파벳을 정확하게 명명하고, 단어에 포함된 개별 문자와 문자 집단까지 인식하는 것을 말한다.

다음으로 청각적 변별(auditory discrimination)은 음성적으로 나타나는 소리의 차이를 인식하는 능력이다(Farr & Roser, 1979). 영어는 한국어와 음성체계가 달라서 초등학교 학생들이 영어를 음성적으로 인식하는데 어려움을 겪는다. 따라서 문자를 음성적으로 정확하게 변별하는 능력은 앞으로의 읽기에 영향을 미치며 특히, 영어의 소리 내어 읽기를 제대로 수행할 수 있게 하므로 사전에 학생들이 음성적으로 철자를 변별할 수 있는지를 알아야 한다.

나. 읽기 수준의 단계

읽기의 준비도가 갖추어진 학습자는 다양한 수준의 읽기 단계에 들어갈 수 있다. 읽기 단계는 문자 인식(letter recognition), 음소 분석(phoneme analysis), 단어 인식(word identification), 통사적 분석(syntactic analysis), 담화수준의 분석(discourse-level analysis), 스키마 수준의 분석(schema-level analysis)의 여섯 단계로 구성되며, 우리나라 초등영어 교육과정은 기초 읽기 수준인 문자 인식, 음소 분석, 단어 인식을 바탕으로 통사적 분석과 담화 수준의 분석에 이를 수 있도록 하는 발판이 된다.

1) 문자 인식 단계(letter recognition)

인간은 두 가지 측면으로 문자를 확인한다. 첫 번째는 인지적 범주의 확립이다. 이것은 알파벳에 각각 이름을 붙여 읽는 것과 관련된 것으로 "알파벳 문자를 말하기 위한 학습"을 의미한다. 두 번째는 시각적 윤곽을 다양한 인지적 범주와 연결시키는 것이다. 이것은 여러 가지 모양의 문자를 변별하여 서로 기능이 다르다는 것을 아는 것으로 "알파벳 문자를 인식하기 위한 학습"을 의미한다.

문자의 인식은 단어 수준의 읽기를 위한 준비 과정으로서 앞에서 언급한 시각적 변별과 인지, 즉 지식의 습득을 일으키는 사고와의 결합과 관련이 있다. 따라서 문자 이름을 아는 능력은 문자의 이름이 가지고 있는 소리를 근거로 단어 속에 포함된 문자의 소리를 인식하는 기초가 된다.

2) 음소 분석 단계(phoneme analysis)

음소 분석은 문자 기호를 소리로 번역하거나 전사하는 것을 말한다. 소리를 정확하게 듣지 못하면 정확하게 말할 수 없으며, 더 나아가 시각적 기호와 정확한 소리를 연결시키지 못하게 된다.

음소 분석은 알파벳의 이름과 순서를 알아야만 하는 것과 마찬가지로 이러한 음소 분석 능력 또한 성공적인 읽기의 지표이다(Dechant & Smith, 1977; Adams, 1990). 그것은 철자-음성이 대응되는 규칙성에 관한 지식이 음소 인식(phonemic awareness)에 의존하기 때문에 이것을 습득하지 못하는 아동은 독립적인 읽기를 할 수 없게 되고, 곧 읽기 숙달 능력에서 뒤처지기 때문이다.

소리의 식별은 시각적 변별과 함께 단어 수준의 읽기를 위한 필수적인 준비과정이므로, 아동은 알파벳 문자를 먼저 학습하고 일관성 있는 문자의 패턴(letter pattern)을 가진 단어 속에 문자와 소리가 연결되는 것을 학습해야 한다.

음소 분석은 음철법과 밀접한 관련이 있으며, 음철법에서 중시하는 것이 바로 음성적인 분석이다. 이는 문자를 익힌 학습자들이 단어를 익힐 때나, 혹은 단어를 인식한 학습자가 그 내부 구조를 알고자 할 때 반드시 필요하다.

3) 단어 인식 단계(word identification)

단어 인식을 위해 접근하는 방법은 전체 단어 인식(whole-word identification), 개별 문자 인식(letter-by-letter identification) 그리고 철자 패턴(spelling pattern)의 세 가지가 있다(Smith, 1994).

첫째, 전체 단어의 인식은 단어를 구조적으로 분석하지 않고 전체를 하나의 단위로 인식하는 것을 의미한다. 예를 들어 cat을 고양이라는 의미와 함께 연상적으로 기억한다는 것이다.

둘째, 개별 문자의 인식은 단어를 구성하는 문자들을 처음부터 하나씩 인식해 나가는 것을 의미한다. 예를 들어, cat을 c-a-t로 하나씩 분리해서 소리 내어 읽는다는 것이다. 이러한 주장에서는 문자 학습에서 발음이 중시된다.

셋째, 철자 패턴은 학습자들이 알파벳 원리, 예상되는 철자 패턴, 공유하는 연속적인 문자, 'hat, fat, mat/ hate, fate, mate'과 같은 일반적인 발음, 그리고 유추를 사용하는 것이다.

4) 통사적 분석 단계 (syntactic analysis)

어느 특정한 글의 종류에 따라, 어떤 문장 또는 어떤 단락은 보다 중요한 내용을 함축한다. 그러므로 주어진 글이 몇 개의 문장이나 단락으로 구성되어 있을 때 전체적인 내용에 영향을 미치는 서로 다른 문장이나 단락들이 사이의 논리적 전개와 관련성을 아는 것은 읽기 능력 향상에 필수적이다.

학습자가 본문의 구성 원리를 알고 사상에 어떻게 연결되는지를 알면 어려운 문장의 이해가 보다 쉬울 것이다. 또한 본문 구성 유형을 아는 것은 문장의 가능한 참뜻을 예측할 수 있고, 요지를 찾고, 선택적으로 읽게 되고, 특정 목적에 필요로 하는 정보를 쉽게 찾을 수 있을 것이다. 본문 조직을 이해하기 위한 본문 도식(text diagram) 지도 방법은 다음과 같다.

(1) 주로 시간적인 사건순서나 원인과 결과를 나타내는 텍스트를 선정한다.
(2) 박스를 이용해서 텍스트 내용에 대한 도식을 한다.
(3) 텍스트에서 박스가 갖는 구조적 역할을 나타내는 표지를 붙인다.
(4) 본문을 읽고서 박스가 전체 본문에 기여하는 내용을 각 박스 속에 채운다.
(5) 초기 학습자들의 이해를 돕기 위해서는 대부분의 박스에 내용을 채우고 학습자가 나머지 빈 박스에 내용을 채우도록 한다.
(6) 학습자가 모범답안을 통해 글의 논리적 전개 구조를 이해한다.

5) 담화수준의 분석 단계(discourse-level analysis)

담화 수준의 분석이란 담화의 다른 부분 간의 관계나 저자와 전달내용과의 관계를 보여주는 응집장치의 일종인 담화표지(discourse markers)를 인식하고, 나머지 부분을 예측하거나 이해하는 데 단서로 활용하는 과정을 말한다. Mackey(1985)가 분류한 담화표지의 유형에는 언급된 사건의 순서, 저자가 담화를 조직하는 태도, 사실들에 대한 저자의 관점을 보여주는 3가지 담화표를 제시하였다.

① 사건의 순서를 나타내는 표지

사건의 순서를 나타내는 담화표지는 before, finally, soon, after, that, while, then, at once, next, following day 등이 있으며, 이들은 명확하지는 않지만 본문에서 언급된 다른 사건에 관련해서 '언제?'에 대한 답으로 나타난다.

② 담화조직을 나타내는 표지

이 표지는 어떤 특별한 절 혹은 문장이 담화의 다른 부분과의 관계를 예시함으로써 저자가 나타내고자 하는 바를 보여준다. 그 기능은 다음과 같다.

> Sequencing: first of all, next, at this point, in conclusion, etc.
> Re-expressing: that is to say, or rather, to put it another way, i. e., etc.
> Specifying: namely, that is so say, viz., to wit, etc.
> Referring : in this respect, in that connection, we said, apart from this, etc.
> Resuming: to resume, to the previous point, setting back to the argument, etc.
> Exemplifying: to illustrate this, thus, for example, e. g., etc.
> Summarizing: to sum up, in short, to recapitulate, etc.
> Focusing: let us consider, we must now turn to, I shall begin by, etc.

③ 저자의 관점을 보여주는 표지

표지는 저자가 기술한 사실 혹은 생각 사이에서 저자가 인식하고 있는 관계를 보여 준다. 또한 저자가 상대적으로 중요하게 생각하는 것과 저자의 태도에 대한 것을 보여준다. 예를 들면 저자가 사실 혹은 생각을 예상 못했던 것, 유사한 것, 가설적인 것, 사실에 입각한 것으로 보는지를 보여준다. 이들 담화표지는 다음과 같이 분류할 수 있다.

> ㉠ 부가성(addictive)
> 이미 다룬 사실이나 생각을 좀 더 강조하거나 추가하기 위해 사용되는 표지로 대표적인 것은 and이다.

ⓛ 반의성(adversative)
기대가 이미 말한 것과 반대되는 정보를 보여주는 기본표지는 but이다.
ⓒ 인과관계
이 표지는 원인, 의도, 조건의 관계를 보여준다.
ⓔ 이접사(disjunct)
저자가 글 쓰는 방법 또는 쓰고자 하는 내용에 대한 태도를 나타내는 표지를 말한다. 이 표지는 저자가 말하고자 하는 것의 진실에 대한 언질정도와 언어를 사용하는 방법을 나타내는 표지를 말한다.

위와 같은 담화표지는 글의 흐름이 느슨하지 않고 앞, 뒤 내용이 서로 밀접하게 연결되도록 해주는 것으로 텍스트의 논리적인 전개구조를 파악하는데 중요한 단서가 될 수 있다. 위의 담화표지 기능에 대한 이해는 다음과 같은 방법으로 향상될 수 있다.

첫째, 담화표지에 해당하는 부분을 지운 텍스트를 학습자에게 보여준다.
둘째, 학습자가 빈칸을 중심으로 텍스트의 앞, 뒤 내용을 읽도록 한다.
셋째, 두 부분의 논리적인 관계를 파악하고 적절한 담화표지를 추론하도록 한다.
넷째, 학습자가 담화표지와 이해에 대한 추론단서를 밝히도록 한다.
다섯째, 모범답안을 통해 정답을 확인하고 필요시 추론과정을 수정·보완한다.

6) 스키마 수준의 분석 단계(schema-level analysis)

스키마 이론은 학습자의 배경지식(background knowledge)또는 선험지식(previously acquired knowledge)을 중요시하는 이론으로서 글을 읽을 때 독자가 기존에 가지고 있는 선험지식이 독해력에 큰 영향을 미친다고 본다. 선험지식이란 '기억 속에 체계적, 조직적으로 저장되어 있는 지식 구조'를 의미하며, 단순한 언어적 지식뿐만 아니라 독자가 이미 경험을 통해 획득한 지식 등을 모두 포함하는 개념이다. 따라서 스키마 수준의 분석 과정은 학습자가 자신의 배경 지식과 텍스트 사이의 상호작용을 통해 문맥을 이해하며, 읽기 내용을 자신의 선험지식에 연결시킬 수 있는 능력이 요구된다.

1.1.3 읽기의 과정

읽기의 과정은 두뇌의 작용에 의해 발생하는 과정으로, 눈이 인쇄물에서 본 글자들로부터 의미를 얻어낼 때 발생하는 두뇌의 움직임을 말한다. 읽기의 과정에는 여러 가지 요인이 포함되어 있지만 크게 두 가지 요인으로 나누어 생각할 수 있다. 하나는 글과 관련된 요인이며 또 다른 하나는 독자와 관련된 요인이다. 글과 관련된 요인에는 글자, 단어, 단어군의 의미, 서로 연결시키는 기능을 하는 통사 또는 문법, 그리고 단락이나 글의 구조 등이 포함된다. 독자의 요인에는 글의 주제나 구조에 대한 독자의 사전 지식이나 경험, 언어 능력, 추론 능력, 기억력 등이 포함된다. 읽기의 과정은 3가지 모형으로 상향식 읽기(bottom-up reading), 하향식 모델(top-down reading), 상호 보상적 읽기(interactive-compensatory reading)로 구분할 수 있다(Nuttal, 1996).

가. 상향식 읽기(Bottom-up reading)

이것은 독자가 읽는 글 속의 문자와 단어의 존재를 먼저 인식하고, 음소와 문자소의 대응 관계를 인식하며, 그 다음 어휘, 문법, 의미, 담화 속의 관계 등을 글 속에서 차례대로 파악해 나간다고 가정하는 방식이다. 즉 문자 단계에서부터 보다 높은 단계인 절이나 문장 등을 연속적으로 처리함으로써 전체의 정보, 의미를 파악해 나가는 과정이라고 할 수 있다.

Cambourne(1979)은 '상향식 읽기'란 용어 대신에 '외부입(outside-in)'이란 용어를 사용했는데, 그 과정을 다음과 같이 나타내고 있다.

> 글자 → 각 문자 → 음소나 문자소 → 혼합 → 의미파악

이 모델은 독자가 문자를 인식하고, 그 문자를 독자가 이미 알고 있는 그 언어의

의미의 최소 단위인 음소·문자소에 견주어 음소·문자소를 서로 혼합하여 단어를 형성하고, 그 단어의 의미를 형성하게 된다는 것이다. 그러므로 의미는 언어의 한 상징형태에서 다른 상징 형태로 전화되는 과정의 최종 단계에서 생겨난다고 가정하고 있다. 이러한 방법이 많은 비판에도 불구하고 여전히 살아남아 있는 것은 우리가 글을 읽을 때 일어나는 현상을 합리적이고 논리적으로 설명해 주고 있는 것처럼 보이기 때문이다.

나. 하향식 읽기(Top-down reading)

이 방식은 글 자체의 언어적 요소보다는 글이 포함하고 있는 맥락에 주로 의존하여 가설을 예측하는 것 보다 높은 인지과정을 통해 읽기가 이루어진다는 가설에 근거하고 있다. 이 방식은 글자 보다는 독자 자신이 읽기 행위의 중심에 있다고 가정하는데, Cambourne(1979)이 제시한 과정을 살펴보면 다음과 같다.

> 독자의 경험·언어적 직관 → 선별적 의미 파악
> → 필요한 발음·문자·문법의 확인

이 모델의 특징은 언어 형태로부터 의미의 도출이 아니라 의미의 재구성을 강조하며, 읽기 과정의 중심은 독자와 글 사이의 상호작용이라고 보는 점이다. 즉, 독자는 글의 내용과 관련된 자신의 schema(자신의 사전지식, 경험, 언어의 작동원리에 대한 예견, 동기, 흥미, 태도 등)를 글을 읽는 과정에 동원하여, 그 글의 내용과 활발한 상호작용을 함으로써 그 의미를 파악한다고 가정한다. 따라서 읽기란 어떤 가설을 설정하고, 그 가설이 옳은지 그른지를 글을 읽어 가면서 확인하는 과정이라고 설명한다.

다. 상호 보상적 읽기(interactive-compensatory reading)

하향식 읽기 방식의 약점은 읽기의 초보자와 숙달자를 잘 구별하지 못할 수도 있다는 점이다. Stanovich(1980)는 읽고 있는 글의 내용에 대해 계속적으로 가설을 설정하고 확인해 나가는 읽기 방식은 상향식 의미 도출보다 오히려 시간이 더 걸릴 수도 있다고 지적하였다. 이렇게 위에서 살펴본 2가지 방식 모두 약점이 있으므로 상호 보상적 모델(interactive-compensatory model)을 제안하였다.

즉 읽기는 상향식과 하향식의 두 가지 방법이 동시에 적용되는데, 어느 한 쪽의 약점은 다른 쪽의 장점으로 보상이 된다는 가설이다. 상향식의 배경지식 이용과 같은 높은 수준의 읽기 과정은 낮은 수준의 읽기 과정이 모두 끝나야 적용된다는 약점과, 하향식의 낮은 수준의 읽기 과정은 높은 수준의 읽기 과정에 직접 연결되지 않는다는 약점을 둘 다 보완한다는 것이다.

초등학교에서의 영어 읽기는 초보적인 단계로 어휘에 치중하면서 문자 그대로 읽거나 번역을 하여 의미를 구성하는 상향식 처리 책략을 주로 적용하나 비록 초보적인 단계일지라도 문자 자료에만 전적으로 의존하여서는 필자가 전하는 의미를 충분히 파악하지 못하는 경우가 있다. 이런 경우에는 배경지식이나 상황에 대한 지식을 요하는 하향식 처리 책략도 활용해야 할 것이다. 지나치게 하향식 과정에 의존할 경우 많은 경우에 특히 문화와 관련되어 지식을 영어에 잘못 적용할 수 있으며, 지나치게 상향식 과정에 의존하여 어휘 익히기와 문자가 갖는 지시적인 의미를 파악하는 상향식 과정에만 의존해서는 보다 고차원적인 읽기로 발전하는 데 한계가 있다. 따라서 교사는 텍스트의 유형과 학습자의 언어 수준에 적합한 책략을 사용할 수 있도록 이끌어주는 것을 읽기 지도의 궁극적인 목표로 삼아야 한다.

1.2 읽기 학습 활동 시 고려 사항

효과적인 읽기 지도를 하려면 무엇보다도 학습자 및 학습자와 관련한 요소를 잘 이해해야만 한다. 과거에는 학습자를 고려하지 않은 채 일방적인 교사의 해석 및 설명에 의한 읽기 지도 방법이 대부분이었으나, 영어 교육이 학습자 중심, 과제 중심으로 변해 가는 추세를 반영하여 읽기 지도 방법에도 변화가 필요함을 알 수 있다. 즉, 읽기 지도에 있어서 학습자라는 요소를 고려하여 학습자 중심의 효과적인 지도를 해야 한다. 학습자와 관련하여 크게 학습자의 언어적 능력, 학습자의 선험지식 및 학습자의 정의적 측면의 세 가지를 고려할 볼 필요가 있으며, 특히 학습자의 선험지식 및 학습자의 동기, 흥미, 구체적 설명 태도 등과 같은 정의적 측면은 과거 그 어느 것 보다 중요한 역할을 한다.

읽기 학습의 활동들을 선정 할 때는 우선 두 가지 조건이 필요하다. 하나는 언어 학습을 쉽게 만드는 요소들을 파악하는 것이며, 다른 하나는 학습자에 대한 이해로서 이 두 가지 요소가 파악되면 그것에 맞는 적절한 학습 활동과 내용들을 선정하면 된다. 이 두 가지 조건에 대해 자세히 살펴보면 다음과 같다.

1.2.1 언어 학습을 쉽게 만드는 요소

언어를 배우기 쉽게 만드는 요소와 어렵게 만드는 요소는 다음과 같이 구분할 수 있다.

〈표 1〉 언어 학습에 영향을 미치는 요소

쉬울 때	어려울 때
▶ 언어가 실제적이고 자연스러울 때	▶ 언어가 인위적일 때
▶ 전체적일 때	▶ 단편과 조각으로 쪼개어 질 때
▶ 의미가 있을 때	▶ 무의미할 때
▶ 흥미가 있을 때	▶ 지루하고 흥미가 없을 때
▶ 학습자와 관련이 있을 때	▶ 학습자와 무관할 때
▶ 실제 사건의 일부일 때	▶ 상상 밖의 일일 때
▶ 사회적 유용성이 있을 때	▶ 사회적 가치가 없을 때
▶ 학습자의 목적과 부합될 때	▶ 분별되는 목적이 없을 때
▶ 학습자가 스스로 선택할 때	▶ 타인에 의해 떠 맡겨졌을 때
▶ 학습자에게 쉽게 접근할 수 있을 때	▶ 학습자에게 쉽게 접근할 수 없을 때

즉, 언어 학습 과정과 활동이 학습자와 밀접한 연관 관계를 가질 때 보다 효과적인 학습이 일어나고, 추상적이고 자신들의 흥미와 실생활과 관련이 없을 때 그 효과가 떨어진다는 것이다. 읽기를 가장 효과적으로 가르치기 위해서는 위에서 언급한 것과 같이 학습을 용이하게 하는 상황에서 학습자들이 가장 쉽고 재미있게 언어를 학습하도록 하는 것이다.

1.2.2 학습자에 대한 이해

학습자의 학습 동기와 방법 및 학습자의 성격, 특성, 흥미 등을 파악하여 읽기를 가르치기 위한 방법은 다음과 같다.

가. 모국어에서 학습된 인지 능력과 배경 지식의 사용

외국어 학습에서 쉽게 경시되어 질 수 있는 것이 모국어를 통해 개발되어진 학습자의 인지 능력이다. 즉, 영어를 가르칠 때에는 국어를 가르칠 때와 색다른 방법으로 가르쳐야 한다는 것과, 외국어에 대한 언어 능력이 결여되었기에 사고할 수 있는 인지 능력까지도 결여된 것으로 취급하는 경우에 종종 있다. 그에 대한 적절한 예로 초등학교 3, 4학년 되는 학습자들에게 혹은 학습자가 성인들임에도 불구하고, 인지 발달이 덜 된 외국인의 3~4세 언어 습득 방법을 사용하여 외국어를 가르치려고 한다거나, 성인들의 추론 능력, 초등학교 학생들의 창조력 등을 무시하고 단순한 기능을 활용한 활동(skill-based activity)을 선택하는 경우가 있다. 그러나 아이들은 무엇을 하든 너무 쉬운 것보다는 자신의 한계에 도전할 수 있는 과제가 주어졌을 때 학습에 대한 동기 또한 상승한다. 그러므로 외국어 학습 시 모국어를 통해 이미 학습되어진 학습자의 유추 능력, 추론 능력, 읽기 방법의 기술(reading skill), 배경적 지식(background knowledge)을 적절하게 활용해야만 한다. 단순하게 외국어의 단어를 암기하고 읽는 읽기 학습보다는 보다 빠르고 정확한 읽기를 통해서 해결할 수 있는 문제가 주어졌을 때 학습 효과가 높아진다.

나. 창조력과 적응력을 이용한 비판적 읽기(Critical Reading)

12~13세의 아동들에게 가장 왕성한 것은 창조력이라고 해도 과언이 아닐 것이다. 이러한 아동의 인지적 특성을 이용하면 더욱 더 동기화된 학습 활동을 선택할 수 있다. 아동들은 언어 자료가 제한적이라도 그것을 나름대로 자신의 목적에 맞게 변용하여 이용할 줄 안다. 즉, 상황에 맞는 적절한 어휘가 생각나지 않는다고 할지라도 자신이 알고 있는 한도 내에서 이해하고 해석하며 자신의 의사를 표현할 수 있는 창의적 언어 능력을 사용하고 있다.

이와 같은 창의적 언어 능력을 발전시키기 위해서는 항상 아동들의 상상력과 창조력을 자극할 수 있는 언어 학습기회를 제공해 주어야 하는데, 그에 대한 적절한 예로 읽기 전 학습(Pre-Reading)을 들 수 있다. 학습자들이 상황에 맞는 의미를 창조하기 위해서는 텍스트를 바로 읽고, 해석하는 읽기 활동보다는 읽기 전 학습(pre-reading)을 통해서 텍스트가 자신들과 어떻게 관련되어 있으며 학습자 중심의 의미를 형성해 보고, 저자가 의도하는, 또는 다른 학습자들이 이해하는 의미들을 교환하면서 최종적인 텍스트의 의미를 형성할 수 있는 기회를 제공한다. 이와 같은 읽기 전 학습에서는 새로운 단어들까지도 자신들의 실생활과 의미적으로 관련시켜 학습함으로 읽기 학습을 좀 더 흥미롭고 쉽게 만든다.

다. 아동들의 오감을 이용하는 활동적인 학습 활동

효과적인 언어 학습 활동은 학습자들이 사용할 수 있는 다섯 가지의 감각을 모두 사용하도록 장려하는 학습 활동이라고 할 수 있다. 이와 같이 실제 상황에서 학습자 등의 신체적 반응을 요하는 학습 방법을 TPR(Total Physical Response) Approach 라고 한다. 사실, 초등학교 정도의 아동들은 끊임없이 움직이고 활동하기를 좋아하기 때문에 TPR을 이용한 읽기 학습 방법은 저학년 아동들에게 매우 적합한 교수법이다. TPR을 이용한 게임 활동에서는 적절한 보상과 함께 팀별 게임을 유도하면 효과적인 학습을 이루어 낼 수 있다.

라. 초등학교 학생들의 흥미를 고려한 학습 내용 선정

학습자의 수준에 맞는 그리고 흥미에 맞는 학습 내용과 자료를 선택하는 것이 읽기 학습에서는 무엇보다도 중요하다. 최근에 들어와서 외국어 읽기 학습의 가장 커다란 안건으로는 사실적인 학습 자료(Authentic Material)에 대한 것이다. 외국어 학습에 있어서 사실과 가장 근접한 언어 사용 상황을 설정해 주는 것이 매우 효과적인 13~14세의 학습자들의 흥미를 만족시켜 주면서 사실적인 언어 읽기 상황을 제시해 줄 수 있는 한 가지 예로 "만화"를 들 수 있다. 만화는 구어체 문장이 다양하게 복합되어 있기 때문에 다양한 언어 스타일을 접할 수 있는 좋은 읽기 학습의 사실적 자료이다.

1.3 읽기 지도 내용 및 방법

1.3.1 개정 교육과정에 따른 초등영어 읽기 지도

읽을 수 있다는 것은 첫째로 문자를 식별하고 식별한 문자로부터 의미를 파악한다는 것이다. 즉, 읽기 과정은 문자해독과 의미파악의 두 과정이 필수적이다. 근래에는 총체적 언어학습법(Whole Language)의 영향으로 읽기 교수법은 문자해독에 관한 방법보다는 의미파악의 과정을 강조하여 왔다. 그러나 최근에는 문자해독 능력이 약하면 의미파악 능력도 길러지지 않는다는 사실이 보고 되었다. 특히, 우리나라의 초등영어 개정 교육과정에 나타난 읽기 지도의 목표는 '알파벳을 식별하고(3학년), 소리와 철자의 관계를 이해하며(4학년), 쉽고 간단한 문장을 읽고 의미를 이해하고(5학년), 일상생활에 관한 짧고 쉬운 글을 읽고 주요 내용을 이해하는(6학년)' 것으로, 문자해독이 중요한 과정으로 다루어지고 있다.

〈표 2〉 개정 교육과정에 따른 초등 영어 읽기 영역 성취 기준

교육과정 학년	개정 교육과정
3학년	(가) 알파벳 인쇄체 대·소문자를 식별한다. (나) 소리와 철자와의 관계를 대략적으로 이해한다. (다) 쉽고 간단한 낱말을 따라 읽는다. (라) 그림, 실물, 동작 등을 통해 쉽고 간단한 낱말의 의미를 이해한다.
4학년	(가) 소리와 철자의 관계를 이해한다. (나) 쉽고 간단한 낱말을 소리 내어 읽는다. (다) 쉽고 간단한 낱말이나 어구를 읽고 의미를 이해한다. (라) 들은 것과 일치하는 낱말이나 어구를 찾아 읽는다. (마) 쉽고 간단한 문장을 따라 읽는다.
5학년	(가) 쉽고 간단한 문장을 소리 내어 읽는다. (나) 쉽고 간단한 문장을 읽고 의미를 이해한다. (다) 영어의 강세, 리듬, 억양에 맞게 소리 내어 읽는다. (라) 주변의 친숙한 대상의 이름이나 표지판 등을 읽는다.
6학년	(가) 일상생활에 관한 짧고 쉬운 글을 읽고 주요 내용을 이해한다. (나) 개인 생활을 소개하는 짧고 쉬운 글을 읽고 이해한다. (다) 그림이나 도표가 포함된 쉽고 간단한 글을 읽고 이해한다. (라) 쉬운 이야기를 읽고 줄거리를 이해한다.

따라서 초등학교 6학년 학생을 대상으로 문장의 내용 이해에 초점을 둔 읽기 지도를 할 때 전반적인 독해 기술의 습득에 역점을 두기는 어려울 것이므로, 간단한 문장의 의미 파악, 몇 개의 문장들이 연결된 글의 대강 줄거리를 파악하는 정도의 지도가 필요하다. 대강의 줄거리를 파악하기 위해서는 글의 내용에 대해 여러 가지 질문을 해서 줄거리를 파악하도록 이끌어 주거나, 글의 중심 문장을 찾아내도록 하는 방법 등을 활용할 수 있다.

영어는 왼쪽에서 시작해서 오른쪽으로 읽는다는 것을 제외하고는 우리는 한글과는 언어적 기질이 매우 다르다고 하겠다. 알파벳이 주는 시각적인 면에서부터 철자가 결합하는 방식, 음운 체계, 문장 구조에 이르기까지 우리글과 비교하여 생소한 점이 너무 많기 때문에 영어를 배우는 일이 매우 어렵게 느껴진다.

그러나 초등학교 3학년 수준이면 그 동안 한글을 배워 온 경험에 의해서 음소(phonemes)와 문자소(graphemes)의 관계를 연결하는 능력을 어느 정도 터득하고 있을 것이므로, 영어를 읽고 써 보려는 충동감은 영어의 읽기 학습에 전이적(transfer) 효과가 될 것이다. 초등학교에서의 읽기 지도는 기초 단계임을 감안하여,

- ▶ 영어의 자음과 모음을 보면서 읽기
- ▶ 그림 카드 등 시각 자료에 나타난 단어나 구를 보면서 따라 읽고 뜻을 알기
- ▶ 간단한 생활 영어를 따라 읽고 의미를 알기
- ▶ 고학년에 제한적으로 문장을 읽으면서 의미를 파악하기

등을 포함할 수 있을 것이다.

  읽기 지도에는 음성과 글자 관계, 내용의 의미 관계, 구문 관계 등이 강조되어야 하지만, EFL의 어린 학생들에게는 시각적 자료가 요구되며 의미 파악에는 체험적 기회가 제공되는 것이 바람직하다.
  초기 단계의 읽기 지도는 학생들의 발음이 형성되어 가는 과정이므로 눈으로 읽게 하기보다 소리 내어 읽는 습관을 길러 주도록 하는 것이 좋으며, 흥미 유발을 위해 처음에는 그림이나 flash card 등 시각 자료를 보여주며 읽도록 하고 점진적으로 그림의 도움 없이도 읽을 수 있도록 지도해야 한다.
  또한 읽기 지도는 어린 학생들의 생활 주변에서 쉽게 접할 수 있는 구체성 있는 단어(content word)를 먼저 제시하고, 다음에 기능어(function word)를 포함한 구나 문장 수준으로 확대되는 연습이 뒤따라야 할 것이다.
  영어를 처음 학습하는 어린이들에게 우리말과 다른 글자를 읽게 한다는 것은 큰 부담감으로 작용할 수 있다. 개정 교육과정에서는 이러한 부담을 줄이기 위해 읽기와 쓰기 등의 문자 학습은 단계적으로 도입하도록 되어 있다. 읽기가 처음 도입되는 3학년에서는 문자의 인식수준에 국한하고 4학년은 낱말, 5학년은 간단한 문장, 6학년은 일상생활이나 개인과 관련된 짧고 쉬운 글로 범위를 제한하고 있다.

1.3.2 읽기 지도 방법

이와 같이 영어 읽기 활동을 통해 학습자의 전반적인 언어 기능을 향상시키고, 다른 언어 기능으로의 전이 효과로 인하여 언어 능력을 향상시킬 수 있다. 또한 EFL 환경에 있는 학생들에게 다양한 읽기 자료를 통하여 영어 환경에 접할 수 있는 기회를 제공하며, 좀 더 자유로운 분위기에서 영어 노출의 상황을 부여함으로써 의사소통 능력을 향상시키고, 지식과 정보를 접할 수 있도록 해야 한다. 이를 위해서는 책을 처음 접하는 학생들에게 책 읽기가 재미있고 흥미로운 것이라는 인식을 심어주는 것이 중요하다. 따라서 본 장에서는 읽기 지도를 위한 다양한 읽기 지도 방법에 대해 알아보도록 하자.

가. 소리 내어 읽기(Reading Aloud)

소리 내어 읽기란 교사가 큰 소리로 아동들에게 책을 읽어주는 활동으로 초등학교에서 꼭 필요한 읽기 교수 활동이며, 교사와 아동 간에 독자와 청자의 관계가 형성된다. 소리 내어 읽어주는 활동은 학생들이 읽기에 흥미를 가질 수 있는 환경을 조성해 주고, 배경 지식을 제공해 주며, 읽기 역할 모델을 마련해 주는 이점을 가지고 있다(Trelease, 1982). 초보 읽기 학습자에게는 정기적으로 그들이 좋아하는 주제의 읽기 자료를 제시해주고, 다양한 정서를 담아 풍부한 표현력으로 읽어 주어야 하며, 내용 이해와 관련된 질문에 정답을 원하기보다는 활자에 대한 학습에 호기심을 강화하도록 해야 한다. 그리고 읽기 수준이 그림을 보는 정도에 그치는 아동일지라도 스스로 읽어 볼 기회를 매일 주어야 하며, 동시에 교사 스스로 읽기에 대한 즐거움을 느끼고 있음을 학생들에게 보여주어야 한다.

나. 함께 읽기(Shared Reading)

1) 함께 읽기의 특징
함께 읽기는 아이들이 잠자리에 들기 전에 부모가 읽어 주는 이야기에서 읽기를 배운다는 관찰에서 시작한 읽기 방법이다. 이는 뉴질랜드에서 아이들을 가르치는 교사들에 의해 개발된 읽기 지도 방법으로 Holdaway(1979)에 의하여 알려졌다.

실제로 함께 읽기는 초보 읽기 학습자들에게 다른 사람과 함께 읽는 기회를 제공해 주며 책을 읽는 방법을 배우고 의미를 이해하면서 읽은 내용을 편안한 분위기에서 서로 확인하는 활동이다. 보통 삽화와 글자의 크기가 일반 책보다 훨씬 큰 책(Big Book)을 사용한다. 교사가 책을 소리 내어 크게 읽어주면, 모든 어린이들은 교사가 읽어주는 것을 들으며 동시에 책의 큰 글자와 삽화를 보고 감상하며 교사와 함께 읽게 된다. 이 때 며칠 동안 책을 여러 번 반복하여 읽음으로써 학생들을 책읽기에 적극적으로 참여시킬 수 있고, 책을 읽는 도중에 쉼을 두어 다음에 어떤 내용이 나오게 될 지 학생들에게 예측해보도록 하는 질문을 할 수 있다. 교사가 책을 읽어주는 것 이외에, 학생들 중 몇 명 또는 한 명이 자원하거나 지목되어 책을 읽을 수도 있다.

이와 같이 함께 읽기를 하는 동안에 하게 되는 반복 읽기를 통해 학생들이 언어나 구에 익숙해지게 되는데, 이때마다 다양한 목적을 가지고 읽을 수 있도록 이끌어주어야 한다(Yaden, 1988). 예를 들면 처음은 문자언어에 관한 흥미를 자극하고 즐기기 위해서 읽어야 하고, 두 번째는 이해를 구축하고 확장시키는 데 초점을 두고, 세 번째는 재미있는 언어나 어휘에 집중해서 읽어야 하며, 네 번째는 본문에 제시된 다른 단어들을 이용해서 문맥적 해석을 하는 것 등이다. 이런 과정을 통해 학생들은 이야기를 반복적으로 듣고 자신의 능력에 맞게 참여하여 읽으며 흥미를 갖게 된다. 이렇듯 교사가 책을 읽어주는 것에서 시작하여 다양한 목적을 가지고 함께 읽기를 하는 과정에서 아동들이 직접 자율적으로 참가하여 함께 읽기를 하고, 동료와 상호작용하면서 혼자 읽어 보기도 하는 과정을 가질 수 있는 것이다.

2) 함께 읽기의 종류
(가) 교사가 읽기(Teacher Reading)
우선 학생들을 집중시킨 다음 교사가 텍스트를 읽으면 눈으로 따라 읽거나 소리 내어 읽도록 한다. 본격적인 독서에 들어가기 전 학생들에게 책을 소개해주며 책 내용을 예측해보도록 하는 등의 활동을 하며 흥미를 유발한다. 책 제목, 저자, 표지 그림 등을 함께 살펴보며 관심을 갖도록 한다. 책 한권을 모두 소리 내어 읽기보다는 일부 챕터는 소리 내어 읽고 나머지 챕터는 눈으로 읽게 하는 등의 혼합된 형태로 활용하는 것이 좋다.

(나) 학생이 읽기(Student Reading)
학생이 자원하여, 혹은 교사가 지목한 학생이 읽기를 주도한다. 긴 이야기책 보다는 동시 등을 활용하는 것이 좋다. 학생에게 책임감을 부여함으로써 독서에 대한 확실한 동기유발이 이루어진다.

(다) 짝과 함께 읽기(Paired Reading)
학생들이 두 명씩 짝을 이루어 한 학생이 소리 내어 읽으면 나머지 학생이 따라 읽는다. 실력차이가 나는 학생들을 한 쌍으로 묶었을 경우에 특히 효과가 좋다. 읽기에 익숙하지 않은 학생이 읽기에 대한 부담감 없이 눈으로 따라 읽으며 자연스레 동기부여가 이루어질 수 있다.

(라) 오디오 들으며 읽기(Audio-assisted Reading)
과거 교사가 담당하던 역할을 요즈음에는 기계들이 대신하는 경우가 늘고 있다. 오디오 테이프, CD-ROM, 다양한 인터넷 사이트를 활용하여 오디오 파일을 틀어놓고 학생들이 교사의 지도하에 텍스트를 보며 눈으로, 혹은 소리 내어 따라 읽는다.

이와 같이 함께 읽기를 통해 아직 단어 인식력이 부족한 학생들에게 읽기 프로그램의 초기 과정에서부터 풍부하고 실제적인, 그리고 흥미로운 문학 작품을 도입할 수 있다. 또한 교사가 책을 읽어줌으로써, 읽기의 한 모델을 아이들에게 보여줄 수 있는 기회가 된다. 또한, 학생들이 스스로 읽을 수 있는 책들을 골라 읽기 지도가 이루어지는 경우에 얻을 수 없는 개념이나 언어 확장을 기대할 수 있다. 학생들이 한 권의 책을 여러 번 접하게 됨에 따라 책을 구성하는 글자와 삽화의 기능, 언어 패턴 습득, 그리고 단어 인식 능력을 기를 수 있다. 마지막으로 학생들 개인의 필요에 따라 학습의 양과 수준을 적절하게 조정하여 읽기 발달이 빠른 학생들에게는 자신들의 수준보다 약간 높은, 흥미롭고 보다 자연스러운 언어로 된 책들을 읽게 할 수 있고, 반면에 읽기가 느린 학생들은 교사의 도움으로 성공적인 읽기를 이루어냄으로써 읽기 능력을 습득할 수 있다.

함께 읽기의 목적은 학생들이 책을 읽는 즐거움을 갖게 하는 것이며, 텍스트를 읽고 이해할 수 있는 기반을 다지고 확장하는 것이다. 교사는 이야기책에 등장하는 흥미로운 언어나 어휘에 학생들이 주목하도록 하여 단어를 소리 내어 읽게 함으로써 책을 읽을 때 단어 인식 능력을 가르치기 위한 출발을 다질 수 있다.

다. 스스로 읽기(Free Voluntary Reading)

아동이 스스로 책을 읽는 활동은 언어 교육에서 가장 강력한 방법들 중의 하나이며, 제 2언어 습득에서 성공적인 향상을 가져 온다(Krashen, 1993). 따라서 풍부한 읽기 환경의 마련과 용이한 접근, 편안하고 조용히 접할 수 있는 읽기 도서관의 확보, 즐거움을 위한 읽기가 중요한 요소이다. 또한 스스로 읽기는 어휘 발달과 쓰기·스펠링 능력의 향상, 그리고 독해력 및 문법 능력의 향상에 매우 중요한 요소로 작용한다. 스스로 읽기는 읽기이해, 어휘, 문법, 쓰기, 제 2언어 습득에서 매우 유의미하게 관련되어 있다는 연구 결과도 있다(Elley, 1991).

다음의 <그림 1>은 Krashen(1993)이 스스로 읽기와 관련된 여러 연구 결과를 종합하여 얻은 읽기 가설이며, <그림 2>은 이 가설에 대한 해결 방안으로 활자가 풍부한 환경이 언어 능력 발달에 미치는 영향을 도식화한 것이다.

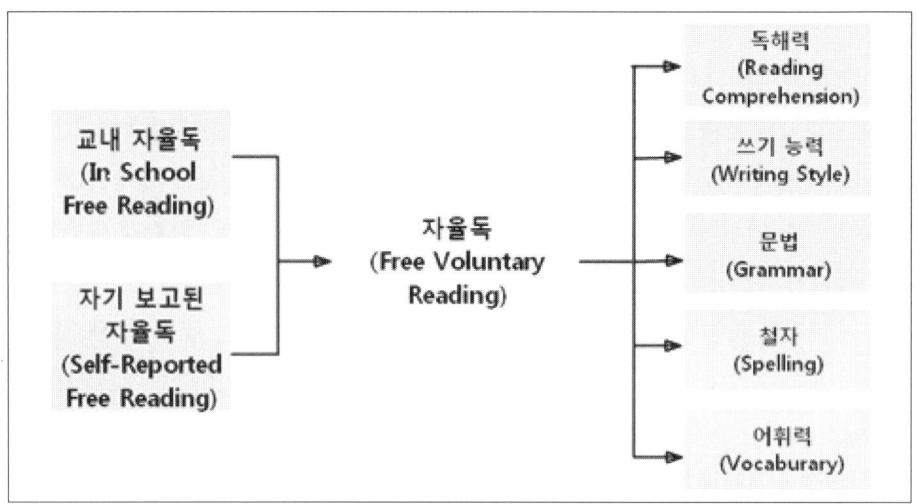

〈그림 1〉 스스로 읽기가 언어 능력에 미치는 영향 (Krashen, 1993, p. 13)

〈그림 2〉 읽기자료가 풍부한 환경이 언어 능력 발달에 미치는 영향 (Krashen, 1993, p. 36)

<그림 1>과 <그림 2>에서 다양한 읽기 경험 중 자신이 좋아하고 흥미 있는 읽기 자료를 접해서 읽을 기회를 가지는 것이 읽기 이해력이나 어휘력, 쓰기 능력 및 문법의 향상을 가져올 수 있다는 사실을 알 수 있다. 이는 자기 수준에 맞는 읽기를 자연스럽고 서두르지 않는 방식으로 하게 되므로 지속적인 읽기를 할 수 있게 하기 때문이다. 읽기 자료가 풍부한 환경에서 학생들이 쉽게 문자를 접할 수 있도록 하고 교사는 학생들에게 읽기의 한 모델로서 그 역할을 충실히 수행해야 한다. 이러한 외부 환경 조건이 학생들이 자신의 통제 내에서 읽기 자료를 접할 수 있는 기회를 제공하며, 그런 가운데 익숙하지 않은 내용을 접했을 때 학습자가 스스로 이해를

해나가는 법도 배울 수 있게 된다. 특히 학생들이 읽고 싶은 책을 스스로 선택하는 경험을 통해 긍정적인 영향을 줄 수 있으며 의사 결정력을 배양해 나갈 수 있다.

1.3.3 읽기 지도 단계

이야기책을 활용한 읽기 활동에서는 교사가 아동들에게 말하고 들을 수 있는 기회를 가능한 많이 주고 이야기책을 자주 읽어 주면서 관심을 가지도록 유도하며 질문과 응답을 많이 하고 아동 스스로 질문을 만들어 보게 하여 능동적인 사고를 하도록 돕는 것이 중요하다. 아동들이 친숙하게 받아들이고 활동적으로 참여할 수 있는 다양한 읽기 활동을 읽기 전, 읽기 중, 읽기 후의 세 단계로 나누어 살펴볼 수 있다. 이 전략의 사용은 독립된 독자에게 관련된 스키마를 활성화시키고 유지시키기 위한 토대를 제공하는 것으로, 스키마 이론은 사전 읽기 활동과 이해 전략 훈련에 대해 강력한 이론적 근거를 제공해 준다(Carrell, 1985).

가. 읽기 전 활동

읽기 전 학습은 독자의 선험적 지식을 길러 주어 텍스트에 대한 이해도를 높여주는 활동이다. 이는 학생들이 가지고 있는 주제에 대한 지식을 활성화시키고 글을 읽어 가면서 필요한 언어를 준비하며, 학생들이 글을 읽고 싶다는 의욕을 갖게 함으로써 동기를 부여하는 데 필요하다. 읽기 전 활동에서는 교재에 나온 그림이나 지도, 도표 등의 시각 자료를 보고 생각하기 활동을 하며, 이것을 보고 말하기 활동으로 앞으로 전개될 상황이나 내용에 관해 생각하거나 추측한 바를 발표하거나 토의하게 한다. 또한 교재의 제목을 보고 내용을 연상하는 것도 좋은 방법이며 학습자가 영어 단어와 구문에 어느 정도 익숙해지면 교재의 내용 전부나 또는 일부를 먼저 대충 훑어 읽도록 하는 활동(previewing)을 한다(배두본, 1997).

읽기 전 활동의 예를 들면 다음과 같다.

① 새 단어 소개하기

교사가 이야기에 나오는 중요단어의 이해에 도움을 줄 수 있는 그림 또는 단어 카드를 제시, 직접 책에 나오는 실물 사용, 마임(mime) 등의 방법으로 아동들의 흥미를 유발하면서 단어를 소개할 수 있다.

② 새 단어 익히기

단어를 흥미 있게 익히기 위해 배우게 될 주요 단어의 메모리 게임을 하거나 그림과 단어를 서로 연결하는 활동, 단어와 그림의 쌍을 각각 덮어놓고 뒤집어서 같은 짝이 나오면 갖는 활동, 빙고 게임, 단어와 관련되는 그림 그려서 맞추기 게임, 철자 알아맞히기 등의 활동 등이 있다.

③ 이야기의 주제와 내용 예측하기

이야기책의 겉표지나 제목을 보고 질문하기, 삽화 보며 떠오르는 생각, 관련 되는 경험 이야기하기, 내용에 대해 함께 토론하기, 이야기의 줄거리 말해 보기, 중요 단어나 주요 문장을 10개 정도 적어놓고 이야기 예상해 보기 등의 활동을 통해 듣거나 읽게 될 이야기의 주제와 내용을 예측해 보게 한다.

나. 읽기 중 활동

읽기 중 활동으로는 교사가 이야기를 읽거나 들려주기 또는 학습자 스스로 읽은 후 그 내용에 대한 질문을 하는 활동 등이 있다. 초등 수준의 학습자의 경우 교사가 질문하고 학생이 대답하는 활동이 포함되며, 책 내용에 관한 질문을 만들어 보게 하면서 이해 정도를 확인할 수도 있다. 이 밖에 내용 예측하며 읽기, 중요 구문 및 후렴구 익히기 등의 활동도 할 수 있다. 이 단계에서 활용할 수 있는 다양한 읽기 활동은 다음과 같다.

① 다시 이야기하기

이야기를 활용한 영어지도에 있어서 다시 이야기 활동은 학습자가 자신만의 새로운 이야기를 만들고자하는 창작 욕구를 강화시키고, 영어 학습에 적극 참여하게 한다. 다시 이야기하기는 아동들이 직접 제작한 작은 이야기 책을 활용하는 방법이 있으며, 학습자의 언어 능력에 따라 교사의 이야기를 듣거나 교사가 읽어주는 것을 들은 다음, 학생들이 이야기를 재구성하여 말하게 하는 것과 학생들이 글로 다시 써보게 할 수 있다. 또는 학생들이 이야기를 읽은 다음 이야기를 재구성하여 말하게 하거나 글로 다시 재구성하여 써볼 수도 있다.

② 유도읽기사고 활동(directed-reading-thinking-activity: DRTA)

유도읽기사고활동은 Stauffer(1976)에 의해 개발된 것으로 기본적으로 의미에 중점을 둔(meaning-centered) 읽기 지도 방법이다. 학습자들을 소집단으로 구성하여 학습자들에게 그 자신들의 읽기 목적을 밝힐 기회를 주고, 이야기를 읽기 전과 읽는 동안에 이야기 내용을 예측하게 한다. 학습자들은 이야기를 읽는 과정을 통해 자신의 생각과 작가의 생각을 비교할 수 있다.

다. 읽기 후 활동

책을 읽은 후에는 텍스트의 내용을 다시 한 번 정리해 보는 것이 필요하다. 읽기 후 학습은 이야기를 듣고 읽는 연습이 충분히 이루어진 후 그 이야기에 대한 이해나 창조적 활동 단계로 이루어진다. 읽기 후 학습 활동의 예는 다음과 같다.

① 이야기 지도 그리기(Drawing a map)

아동들에게 이야기의 내용을 요약한 지도를 그리게 하는데, 그 지도에 길을 표시하고 중요 지점에는 순서를 매겨 글의 전개 과정의 이해를 돕게 하는 방법이다.

② 극화하여 낭독하기

극화하여 낭독하기는 수업시간에 활용한 이야기책을 대화체로 단순화시켜 극화하거나, 누구라도 다 알고 있는 이야기를 영어로 읽고 그것을 극화하여 낭독하는 활동이다. 이는 학습자들의 영어 수준이 증진됨에 따라 읽기에 대한 동기를 유발하고 낭독과 독해, 쓰기 실력을 배양하기 위해 낭독한 내용을 녹음하여 다시 들어보는 방법으로 적극 활용할 수 있다.

③ 책 만들기

학습자 자신의 언어를 사용해서 쓰여 진 문장이나 글은 읽기 초보 학습자들에게 좋은 읽기 자료가 된다. 다시 말해서 그러한 문장이나 글은 학습자에게 중요하거나 의미가 있는 내용을 담고 있기 때문에 읽기와 쓰기 학습에서 재미있게 듣거나 읽고 싶은 강한 동기를 학습자들에게 부여할 수 있고 효과적인 학습 성과를 거둘 수 있다. 이야기 책 만들기는 개인별 혹은 소집단으로 할 수 있는데, 책의 형태는 입체모양의 책, 아코디언 책, 왼쪽 묶음 책, 위쪽 묶음 책, 다시 말하기 그림책 등 다양하게 있고, 학습자와 수업 분위기에 따라 다양하게 이용할 수 있다.

④ 그림 직소 읽기(Picture jigsaw reading)

직소읽기는 아동들이 모둠별로 협력하여 그림과 글을 찾아 순서대로 맞추어가는 활동이다. 이야기의 그림과 글을 장면별로 따로 분리하여 카드 한 세트씩 봉투에 넣어서 각 모둠별로 나누어 준다. 4명이 한 모둠이 되어 한 사람이 두 개의 그림과 글을 갖는다. 자신의 글을 다른 친구들에게 순서대로 읽어 주면 그 글과 일치되는 그림을 갖고 있는 아동들이 그림과 글을 교환하고, 나중에 힘을 합하여 글의 순서를 구성해 나간다. 이 때 이야기의 사건 전개가 시간적으로 뚜렷할 경우에는 한 가지 순서로 통일할 수 있지만, 그렇지 않을 경우에는 여러 가지 조합들이 나타날 수 있는데, 아동들에게 왜 그와 같은 순서를 정했는지 발표하도록 하여 아동들의 창의성을 고양시킨다.

⑤ 학습지 활용

읽기 활동이 끝난 후 몇 부분을 변형한 학습지를 제작, 배부하여 주고 그것을 읽고 읽은 내용을 회상할 수 있도록 한다.

⑥ 이야기 분석하기

이야기 분석하기는 학습자들의 문제 해결 능력과 읽기 자료 분석 능력을 키워주는 활동이다. 이야기의 배경, 사건, 사건과 그 해결부분을 교사와 함께 분석해 본다.

⑦ 책 내용 인터뷰하기

인터뷰는 학생들이 흥미 있어 하고 간단하게 할 수 있는 읽기 후 활동으로, 학생들이 특정 장르의 읽을거리(소설, 산문, 잡지 기사, 시, 연극 대본 등)를 읽어온 후, 읽은 내용에 대해 두 명씩 혹은 서너 명 그룹으로 짝을 지어 인터뷰를 하는 것이다. 책을 읽은 후 이해한 내용과 자신의 생각을 정리하는 방식으로 크게 쓰기 활동과 말하기 활동이 있는데, 인터뷰는 말하기 활동에 속한다. 두 명 이상의 학생들이 함께 인터뷰하는 형식으로 기자와 독자라는 가상적 역할을 부여받음으로써 학습자의 흥미도와 책임감이 높아지며, 두 명이 함께 하나의 과제를 완성하는 것이므로 개인이 갖는 부담감도 줄어들 수 있다. 인터뷰 형식과 내용은 자유롭게 할 수도 있으나 초, 중급 학습자들이 자유로운 형식의 인터뷰를 어려워할 경우 미리 구조화된 질문지를 학생들에게 나누어주고, 그 구조에 맞추어 인터뷰가 이루어지도록 한다.

⑧ 의미망 만들기

읽기 활동 후 어휘 학습과 관련된 활동에는 의미망 만들기(semantic mapping)가 있다. 의미망의 작성이란 일반적으로 어떤 단어가 가지는 연상어들을 브레인스토밍하고 그 결과를 도식화하는 것을 말한다. 즉, 학습자들이 어떤 한 단어에서 연상한 단어들을 분류하여 단어들의 관계성을 맵에 그리는 것으로, 맵은 여러 가지 다양한 형태가 가능하므로 의견 조정 과정을 통해 학습자들의 상호작용을 증진시키는 효과가 있다. 또한, 학습자들은 나중에 맵에 새 단어를 추가할 수 있으므로 이 방법은 어휘의 연결 관계만이 아니라 학습자의 어휘의 확장을 시각적으로 보여주는 장치(visual reminder)가 된다. 의미망의 작성절차와 특징은 다음과 같다(Johnson & Pearson, 1984, p. 12).

㉠ 단어나 토픽을 선정한다.
㉡ 도표나 칠판에 단어를 적는다.
㉢ 선정된 핵심어와 관련된 단어를 최대한 많이 생각하고 종이에 범주화 시키며 적게 한다.
㉣ 학생들은 준비한 단어리스트에 대해 함께 이야기 나누고, 모든 단어를 학급 맵에 범주화하여 적는다.
㉤ 의미망의 각 범주들에 이름을 붙이며 단어를 분류하는 연습을 할 수도 있다.
의미망 활동을 통해 학습자는 적극적인 참여자가 되며, 이야기에 나온 단어들이 서로 어떻게 연결되어있고 어떻게 사용되는지 알게 된다. 즉, 단어에 대한 자신들의 이해를 명료화하고 확장하게 되며, 새로운 개념을 자신의 배경지식에 연결시켜 더 나은 이해를 얻을 수 있다.

⑨ PWIM(Picture Word Inductive Model)의 활용

PWIM이란 학습자와 친숙한 대상, 행동, 장명을 담고 있는 그림을 사용하여 학생들의 구두 어휘로부터 친숙한 단어를 이끌어 내는 읽기지도를 위한 교수 방법이다. 이 전략은 그 단어들의 음성적, 구조적 원리를 살펴보고 분류하는 것을 도와 학습자들의 쓰기 어휘(writing vocabulary)뿐만 아니라 학습자들의 일견어휘(sight reading vocabulary)를 신장시키는 것을 돕는다.

PWIM의 정식 지도 절차는 다음과 같다.

1. (목표 학습 어휘에 대한) 그림을 고른다. (또는 그림을 그린다.)
2. 학생들에게 그들이 보고 있는 그림이 무엇인지 물어보고 확인한다.
3. 그림의 확인된 부분에 이름을 적는다. (확인된 대상이나 공간에서부터 선을 그어, 단어를 말하고, 그 단어를 쓴다; 학생들에게 그 단어의 철자를 큰소리로 말하도록 하고, 단어를 발음해 보게 한다.)

4. 그림 단어 차트를 크게 읽으며 복습한다.
5. 학생들에게 단어들을 읽도록 요청한 후 (필요하다면 차트의 선을 이용한다) 단어를 다양한 그룹으로 분류하고 전체 학급과 함께 공통점을 찾아 강조한다. (예를 들면 첫 자음, 운율 단어)
6. 단어의 철자를 말하고, 다시 말해 보게 하여 그림 단어 차트를 읽고 복습한다.
7. 원한다면 그림단어차트나 단어 뱅크에 단어를 추가한다.
8. 학생들이 그림단어차트의 제목을 직접 지어보도록 유도한다. 학생들에게 그림의 정보에 대해 생각해 보게 하고, 무엇에 대해 이야기하고 싶은지 묻는다.
9. 학생들에게 그림단어차트에 대해 한 문장이나 여러 문장 또는 단락을 만들도록 요청한다. 그 다음 학생들에게 문장을 분류해 보라고 한다; 문장을 알맞은 단락에 넣는 모델이 된다.
10. 문장과 단락을 읽고 복습한다.

PWIM의 기초 단계는 파닉스, 문법, 기법(mechanics)과 용법(usage)을 강조한다. 학생들은 단어들의 발음을 여러 번 정확하게 듣게 되며, 그림단어차트는 이런 단어를 그들의 일견어휘에 추가할 수 있는 즉각적인 자료가 된다. 교사는 거의 모든 소리와 상징의 관계를 소개할 것인지 또는 숙달되도록 할 것인지 선택하여 강조할 수 있다. 또한, 학생들은 낯 번이고 단어를 듣고, 글자를 보면서 확인하고, 정확하게 써 볼 수 있다.

문장 쓰기에서는, 교사는 모범 영어를 사용하고(필요하다면 학생들의 문장을 변형한다) 정확한 구두점과 기법을 사용한다(예를 들어 쉼표, 대문자의 사용 등). 새로운 기법이나 문법장치가 사용될 때는 교사가 왜 이렇게 사용했는지 설명을 해 주어야 한다. 몇 번 이러한 수업을 하고, 교사의 시범을 경험하면, 학생들은 어떻게 기법이나 문법장치를 사용하는지 학습할 수 있다.

이 밖의 읽기 후 활동으로 이야기의 느낌 말하기, 재미있는 부분에 대해 말해보기, 주인공에게 편지 쓰기, 시점을 바꾸어 이야기 다시 해보기, 책 만들기 활동 등이 포함될 수 있다.

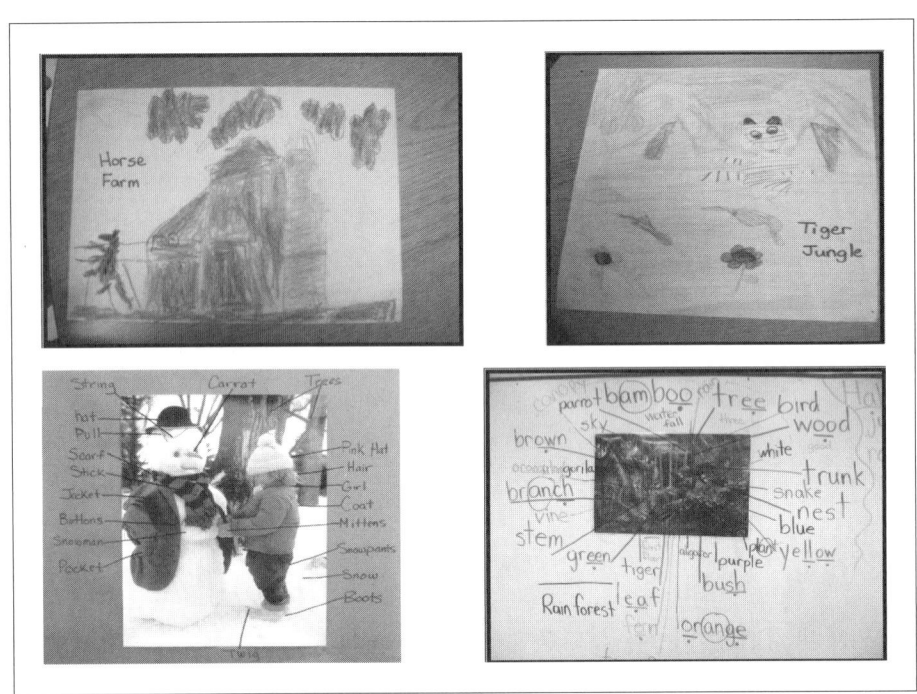

〈그림 3〉 PWIM활동의 예시(www.google.com)

1.3.4 다독(extensive reading)을 통한 읽기 지도

다독은 다양한 주제의 읽기 자료를 통해 책 읽는 목적과 방법을 달리 할 수 있게 하며 이로써 유창한 읽기 능력을 기를 수 있게 한다. 이 독서법은 개별적으로 조용히 이루어지며 학습자들은 가능한 많이 읽는 것이 중요하다. 다독은 학교 영어 수업만으로는 이루어지기 어려운 활동이므로 읽기 자료 선정에서부터 읽기 후 활동에 이르기까지 교사, 학습자, 학교(영어 도서관), 온라인 교수-학습 센터의 학습 주체 간 협력이 요구된다. 다독의 개념과 적절한 교재 선정 방법 및 실제적인 지도 방안에 대해 자세히 알아보도록 하자.

가. 다독의 개념 및 필요성

다독은 정독(intensive reading)과 대비되는 개념으로 상당한 양의 독해 자료를 구체적으로 특정 표현이나 문법에 주목하지 않고 글의 내용에 집중하여 대의와 요점을 파악하는 독서 방법이다. 정독이 정확한 읽기와 해석이나 질문에 답하는 것을 목표로 하고 있는 반면 다독은 유창하게 읽기를 목표로 하여 정보와 즐거움을 얻기 위해서 책을 읽는 것이다. 학습의 초점도 정독은 단어와 발음에 집중하지만 다독은 의미가 중요하다. 교재의 선택에 있어서도 정독의 경우는 교사가 선택하는 어려운 교재를 사용하지만 다독은 자기에게 쉬운 교재를 학생들이 직접 선택한다. 아울러 읽기 방법을 보면 정독은 적은 양을 사전을 사용하여 천천히 끝까지 읽지만 다독에서는 학습자 입장에서 원하지 않으면 읽기를 중단하고 다른 책을 다시 선택할 수 있으며 사전을 사용하지 않고 보다 빨리 많이 읽는 것이다.

정독이 갖고 있는 언어 습득상의 문제는 자발적 다독법을 통해 해결이 가능하다고 한다. 전통적인 정독법으로 읽기의 세부 기술 등을 가르치다 보면 읽기에 대한 즐거움과 흥미는 무시가 되는데 그러한 읽기는 진정한 읽기라 볼 수 없다.

외국어교육에서는 Palmer(1968)가 그 개념을 처음으로 도입하였으며, West(1936)는 '보충적 읽기(Supplementary reading)', Krashen(1982, 1993)은 '즐겁게 읽기(Pleasure reading)' 또는 '스스로 읽기(Free voluntary reading)'이라고 명명했다. Krashen은 다독이 완전히 자발적인 것이며, 유일한 조건은 이야기나 주요 아이디어가 학습자의 수준에서 이해 가능한 것이어야 하고, 주제는 학생들이 순수하게 흥미를 가진 것으로 모국어로 읽은 것과 같은 것이야 한다고 말하였다. 이러한 읽기 활동은 교실 밖에서도 가능하기 때문에 외국어 학습의 대안으로 대두되고 있다.

어휘 습득의 측면에서 볼 때 다독을 통해 학습자가 문맥 속에서 눈으로 인지하는 어휘(sight vocabulary)의 수가 증가하게 되면서 새 어휘를 배울 수 있고, 배웠던 어휘를 복습할 수 있는데 이러한 과정은 책을 읽는 동안 의도하지 않은 부차적인 어휘 학습(incidental vocabulary learning)이 이루어져 어휘 학습의 효과를 높일 수 있다. 다독의 중요한 특징 중의 하나가 '사전 없이 읽기'인데 학습자들은 읽는 도중에 어려운 단어를 찾기 위해 읽기를 멈추지 않으며 학습자의 읽기 능력이 발달할수록 읽기 속도는 빨라진다.

다독을 통해 다양한 내용을 글을 읽으며 정보와 지식이 증가하게 되며, 이러한 지식은 학습자의 선험 지식이 되어 새로운 글을 읽을 때 도움을 주고, 글의 내용을 예측하는 능력도 길러 준다. 글을 이해하기 위해서는 글쓴이의 의도 파악, 논리적 전개, 앞뒤 문맥 이해 등 다양한 인지적 과정이 필요한데, 이러한 과정의 반복을 통해 사고력을 증진시킬 수 있다.

오늘날 언어-교수 용어에서 다독(extensive reading)은 정독(intensive reading), 훑어 읽기(skimming), 찾아 읽기(scanning)와 함께 읽기의 4가지 유형(Style) 중 하나이다(Richard & Julian, 1998). 각 유형을 간단히 설명하면 <표 3>과 같다.

<표 3> 읽기의 4가지 유형

유형	특 징
다독 (extensive reading)	• 일반적인 이해와 즐거움을 목적으로 많은 양의 책을 읽는 활동 • 빠르고 유창하게 읽는 것이 특징이며, 언어적 관계를 익히기 보다는 글의 전체적이고 개략적인 내용을 이어가는데 어려움이 없을 정도로만 문맥 속에서 개략적으로 짐작할 수 있으면 넘어가도록 한다. • 일반적으로 교실 밖에서 일어나는 읽기 활동.
정독 (intensive reading)	• 정확하고 자세한 내용 파악을 목적으로 어휘적 언어 관계를 익히면서 읽는 활동 • 이후의 독서를 위한 훈련 과정이라 할 수 있으며, 교실에서 행해지는 대부분의 읽기 활동이 이에 속한다.
훑어 읽기 (skimming)	• 자료 전체를 빠른 시간에 훑어보면서 전체적 내용을 개략적으로 읽는 행위. • 모든 글자를 다 읽지 않고 전반적인 내용을 나타내는 목차나 표제만을 읽고 관심이 있는 관련 부분만 읽음.
찾아 읽기 (scanning)	• 독자가 생각하고 있는 특정한 정보를 자료에서 빠른 시간에 찾아내어 읽는 행위

초등학교의 경우 시험에 매여 있는 중, 고등학교와는 달리 자발적인 다독의 환경을 제공할 수 있는 유리한 조건이 된다. 따라서 교사들은 다독에 대한 많은 고찰을 통해 진정한 읽기를 위한 언어 환경을 제공해야 할 것이다(신규철, 2000).

나. 다독 자료의 선정

교재란 넓게는 교육을 위한 유형, 무형의 모든 입력으로서 상황과 환경들을 포괄하는 개념이고, 좁게는 교수와 학습에 직접적인 입력이 되는 언어 자료와 상황을 말한다(배두본, 1990). Rivers(1981)는 교재의 중요성에 대해 아무리 강조해도 지나치지 않는다고 하면서 교재는 교실 교수법과 학습자의 교실 외의 학습에 중요한 부분을 결정할 뿐만 아니라 학습자가 무엇을 배울 것인가에 관한 결정이 이미 되어 있는 것이라고 하였다.

다독 프로그램에서 가장 중요한 점은 교재의 적절성과 읽기의 흥미도이다. 교사는 학생 개개인의 능력을 잘 파악하여 수준에 맞는 읽기 자료를 제공해 주어야 하고 책과 가까워지도록 이끌어 주어야 한다. 학생들의 독서습관을 길러주는데 있어서 주된 조건은 학생들에게 제공되는 책이 즐길만한 것이어야 한다는 것이다. 다독을 위해서는 독서의 용이성과 내용의 적절성은 매우 중요하다. 다양하고 흥미 있는 '이해할 수 있는 언어'의 수준을 반영한 'i - 1'자료를 읽는 제 2언어 학습자들은 일반적인 어휘를 증대시킬 수 있다. 이러한 조건을 최대한 만족시켜주는 교재로 생각해 볼 수 있는 것은 바로 문학작품이다. Littlewood(1981)는 외국어 교재로서 문학이 좋은 이유를 다음과 같이 제시했다.

첫째, 교육적, 사회적 여건의 변화, 특히 학생들의 대화능력을 목표로 하는 교육 환경의 변화로 문학의 비중이 더욱 커졌다.

둘째, 문학 작품은 다른 텍스트들과 달리 그 특성상 학습자가 문학 작품에 관련된 과제의 수행 중에 작품 내에서는 물론 친구나 교사와 상호작용하게 되어 이 과정 속에서 학습자는 언어활동의 동기와 자극을 제공받게 되며 부수적으로 어떤 고양된 이해력이나 문학적 통찰력도 습득할 수 있게 된다.

셋째, 글을 읽어가면서 그 안에서 자연스럽게 실용문을 대하고 그 현실을 익힐 수 있어서 신문기사, 일기문, 편지글, 공문서의 형식을 알 수 있다.

한편, Nuttall(1996)은 다독 프로그램을 운영할 때 읽기 자료를 선정하는 기준으로 SAVE(short, appealing, varied, easy)이론을 주장했다.

1) 간결성(short): 책의 길이가 너무 길어서 읽기 전부터 싫증을 주어선 안 된다. 읽기를 빨리 끝마침으로써 따분함을 피할 수 있는 길이가 짧은 책이 필요하다.
2) 매력도(appealing): 독자들의 시선을 끌 수 있는 책이어야 한다. 인쇄가 잘 되었거나 색깔 있는 삽화가 들어 있어서 독자들이 쉽게 호감을 가질 수 있는 책이어야 한다.
3) 다양성(varied): 책의 내용과 학생들의 지적 성숙도에 따라 독자들의 다양한 욕구를 충족시킬 수 있는 다양한 책을 골라야 한다.
4) 용이성(easy): 현행 교과서의 수준보다 더 쉬워야 한다. 학생들이 읽을 책을 고를 때 모르는 단어가 한 쪽에 4~5개 이상 있는 책은 피하는 것이 좋다. 이보다 더 많이 모른다는 것은 너무 어렵다는 것을 의미한다.

제 2언어를 학습하는 학습자는 글이 어렵거나 복잡하면 읽기를 그만 두어버린다. 쉽게 책장을 넘기면서 이야기 속으로 빠질 수 있어야 읽는 즐거움을 느끼게 된다. 자주 그리고 많이 읽어 읽기에 자신감을 갖게 된다면 능숙한 읽기 학습자가 되어 제 2언어를 학습하기가 수월해지며 의사소통능력이 뛰어나 풍요로운 언어생활을 영위할 수 있게 된다. 그러므로 읽기 자료를 선정할 때는 SAVE 이론이 바탕이 되어야 한다.

다. 다독 프로그램의 운영

다독은 읽을 자료의 언어분석 작업이 아니라 전반적인 이해를 목적으로 하고 있다. 읽을 자료를 시간에 걸쳐 분석하는 것이 아니라 읽는 양을 중점적으로 보고 있으며, 빠르고 유창하게 읽어나가는 것을 목표로 한다. Day와 Bamford(1997)가 주장한 다독 프로그램 실시를 통해 학생들이 성취 가능한 목표는 다음과 같다.

1) 외국어 읽기에 대한 긍정적인 태도를 가질 수 있다.
2) 읽기에 자신감을 가질 수 있다.
3) 외국어 읽기에 동기를 가질 수 있다.
4) 모르거나 어려운 단어를 사전에서 찾지 않고 계속 읽을 수 있다.

5) 어휘력을 향상시킬 수 있다.
6) 책을 읽는 목적을 알고 읽는다.
7) 읽기 목적에 맞도록 읽는 속도를 조절할 수 있다.
8) 자신의 흥미와 읽기 능력에 맞는 읽기 자료를 고르는 방법을 알 수 있다.

위의 목표가 적절한지 또 성공적으로 성취될 수 있는지의 여부는 다독프로그램의 실시 강도와 실시기간에 달려있다. 프로그램에 참여한 시간이 많을수록 학생들이 많이 읽을수록 학생들이 효과적이고 유증한 독자가 될 가능성은 더 커진다.

다독 프로그램을 본격적으로 실행하기 전에 선행되어야 할 것은 읽기, 특히 영어로 읽는 것 자체에 대한 저항감과 부담감을 해소하고 친밀감과 익숙함을 길러주는 것이 중요하다. 자신이 선택한 책을 시간과 장소의 제약을 받지 않고 매일 매일 읽어나가는 독서습관을 길러주는 것이다(목양주, 2004). 중압감, 저항감, 따분함, 두려움을 가지고 억지로 읽는 것이 아닌 재미있고 저절로 책에 빠지는 효율적인 읽기를 통해 독해능력이 향상되는 것이다.

다독 프로그램에서 교사의 역할은 학생들에게 이 프로그램의 취지를 설명하고 정독에 길들여져 한 단어라도 사전을 찾지 않고는 넘어갈 수 없는 학생들의 억압된 사고를 지속적으로 바꿔주어 확신을 갖게 도와주며 자신도 역할 모범으로서 함께 참여하는 것이 바람직하다.

이러한 목표와 특징을 갖는 다독을 실제 학교 현장에서 실천하기 위한 구체적인 접근 방법은 다음과 같다(Richard & Julian, 1998, p.7).

1. 학생들은 교실 안팎에서 가능한 많이 읽는다.
2. 다양한 이유와 방법으로 읽기를 장려하기 위해 넓은 범주의 화제에 관한 많은 자료를 사용한다.
3. 학생 자신이 읽기 원하는 것을 고르며 흥미가 없어지면 읽기를 그만둘 수 있다.
4. 읽기의 목적은 즐거움과 정보 또는 내용의 일반적 이해이다.
5. 읽기 자체가 보상을 가진다.
6. 읽기 자료는 어휘나 문법 면에서 학생들의 언어능력보다 높지 않아야 하며, 유창한

읽기(fluent reading)를 위해 사전을 거의 사용하지 않도록 한다.
7. 읽기는 개인적인 활동이며 자신의 페이스에 따라 묵독한다. 학생이 원하는 시간과 장소에서 자유롭게 이루어질 수 있다.
8. 읽기 속도는 빠른 편이어야 하며, 단어 단위로 읽지 않고 사고 단위로 읽도록 한다.
9. 교사는 학생들로 하여금 프로그램의 목적에 익숙해지도록 하고, 방법을 설명해 주며, 읽기 기술에 대한 평가 대신에 독서일지, 독서 감상문 등으로 기록하게 한다.
10. 교사는 읽기의 역할 모델이 되어 교실 읽기에 적극적으로 참가하고, 독자가 어떤 존재인지, 독자가 얻는 보상이 무엇인지 직접 보여준다.

한편, 교실에서 이루어 질 수 있는 다독 프로그램의 활동들에 대해서 Day와 Bamford는 다음과 같은 것들을 제시하고 있다.

1) 지속적 묵독(Sustained silent reading)
지속된 묵독의 시간은 15~20분으로 이러한 읽기를 DEAR(Drop Everything And Read) 또는 USSR(Uninterrupted Sustained Silent Reading)이라고 불리기도 한다.
학생들이 묵독을 하는 동안 교사는 학생들의 읽기를 개별로 관찰할 수 있다. 누가 집중을 하고 누가 졸고 있는지, 누가 계속 책을 바꾸는지, 누가 책을 빨리 읽고 누가 천천히 읽는지 등 이런 정보를 가지고 학생들을 상담하며 책을 읽는데 방해되는 문제들을 어떻게 극복해야 하는지 안내해 줄 수 있다.
또한 학생들이 모르는 단어를 물으면 교사는 단어의 의미를 가르쳐 줄 수 있고 추측해보라고 권유하거나 단어를 무시하라고 제안해 줄 수도 있다. 그러면서 교사는 학생들이 수준에 맞는 이야기 자료를 읽는지를 체크해 본다.

2) 교사가 책 읽어주기
교사가 학생들에게 매일 크게 읽어주면 학생들의 실력이 크게 자라지 못한다고 Nancy Lee(1992, p.281)는 말하였지만, 그것은 어느 정도 영어 실력이 갖추어진 학생들에게 해당하는 말이다. 초보자 학생들에게는 침묵으로 책을 읽는 것과 동시에 책을 큰 소리로 읽어주는 것은 소리와 상징의 대응체계를 확립해나가도록 해주며 학생들이 생소한 문자언어에 익숙해지도록 도울 수 있다고 Bamford(1997, p.130)는 제안하였다.

큰 소리로 읽어주는 것은 학생들에게 처음 읽기를 소개하는 방법으로서 다독을 촉진시키기 위한 전략이 된다. 책의 장르와 작가와 책의 가치에 대해 큰 소리로 읽어주는 것으로 시작할 수 있다. 교사가 크게 읽을 때 학생은 조용히 복사본이나 OHP로 제시되는 본문을 읽는데 학생들의 나이나 언어 수준, 책의 흥미도 등을 고려하여 책 읽는 시간을 조절해야 한다. 학생들의 반응을 살펴 지루해 한다면 책 읽기를 중단하도록 한다. 시처럼 짧은 것이나 내용의 일부분만 읽어 준다면 학생들은 궁금증을 불러 일으켜서 그 책을 읽도록 하는 동기를 유발할 수 있다.

3) 반복해서 읽기(Repeated timed reading)

이것은 시각적으로 어휘력을 향상시키기 위한 목적으로 하는 연습이다. 학생들은 처음 읽을 부분을 연필로 표시해 둔다. 교사가 시작을 알리면 조용히 편안한 속도로 읽어나간다. 2~3분 후 멈추라는 신호를 보내면 멈춘 부분을 표시한다. 그리고 다시 처음 시작했던 부분으로 돌아가 교사의 지시에 따라 또 다시 읽는다. 이렇게 세 번을 다시 읽는다. 그러면 학생들은 자신들의 읽기 능력이 많이 향상되었음을 관찰할 수 있다.

4) 같은 책 다시 읽기(Reading the same material)

반복해서 읽기와 유사한 활동으로 책을 다시 읽는 방법이 있다. 모든 책을 두세 번 읽을 수는 없겠지만 같은 책을 다시 읽어 보는 활동은 학생들의 읽기 유창성과 시각적인 어휘력(sight vocabulary)을 증진시키는 데 많은 도움을 준다. 따라서 교사는 이러한 활동을 촉진시켜 주어야 한다.

5) 학급용 이야기 책(Class reader)

한 학급의 학생이 동시에 읽을 수 있는 만큼의 책을 말한다. 물론 다른 책들을 그 양만큼 사는 것이 더 가치 있고 융통성 있는 일이겠지만, 한 학급이 동시에 이용할 수 있도록 같은 책을 구입하면 문화를 가르치거나 읽기와 다른 기능들인 말하기, 쓰기 등의 영역과 통합할 때 유용하다.

제목을 보고 책의 내용을 예측해 보도록 하고 불필요한 세부사항은 무시하며 중심 생각을 파악해 보도록 하거나 이야기에 나오는 문화에 대해 토론을 시켜 볼 수도 있다.

6) 읽기실습카드(Reading laboratory)

책에 나온 어휘나 짧은 읽기 단락과 이해 점검을 위한 문제를 제시하여 학생들이 어느 정도 책의 내용을 이해했는지 점검하는 카드이다. 학생들은 자유롭게 카드를 선택하고 스스로 확인해 봐서 주어진 단계에 무리가 없다면 다음 단계로 넘어가도 된다.

7) 자유 시간(Free time)

이 시간은 다독과 관련된 활동이라면 학생들은 하고 싶은 모든 활동을 할 수 있는 자유로운 시간으로 학생들에게 책임감이 주어진다. 이렇게 구조화 되지 않은 형태는 학습자들의 자발성을 기르는 가장 강력한 방법으로 자유시간은 다독이 궁극적으로 달성해야 할 목표이다. 학생들에게 다독의 과정과 목표가 얼마나 깊이 내재화 되었는지에 따라 이 시간이 달려있다. 교사는 이 시간에 관찰, 상담, 과제 점검, 읽기의 모범을 보이는 등 학생들의 읽기를 도울 수 있는 모든 활동을 한다.

8) 읽기가 어려운 독자들을 돕는 활동(Help for struggling readers)

읽기에 어려움을 겪는 이유는 여러 가지인데 모국어로도 읽기 능력이 부족한 경우일 수도 있고 외국어 지식이 없어서일 수도 있으며 읽기를 해본 경험이 없는 경우도 있다. 그러나 다독은 개별적으로 이루어지는 것이므로 읽기 능력이 부족한 학생들은 낮은 단계의 책을 읽으면 된다.

이렇게 어려움을 겪는 학생들에게 친구가 많은 도움이 되기도 한다. 조금 더 유창한 읽기를 하는 학생이 소리 내어 읽어주면 그 학생은 조용히 책을 따라 읽어나간다. 또는 교사가 도움을 줄 수도 있다. 교사는 몇 단락을 소리 내어 읽어주고 학생이 어느 정도 읽기에 참여하는 것 같으면 학생 스스로 교사가 읽어준 부분부터 다시 조용히 읽도록 한다. 이렇게 조용히 읽으면서 듣는 것은 학생들의 읽기 유창성도 향상시키면서 읽기에 대한 동기를 높일 수 있다.

성공적이고 효과적인 다독 프로그램은 저절로 이루어지는 것이 아니라 교사의 세밀한 준비가 있을 때 가능하다. 학생들에게 읽기에 대한 적절한 안내를 해주고 때에 따라 상담해주며 학생들이 가능한 한 많이 읽을 수 있도록 여러 활동을 통해 동기부여를 해주어야만 하는 것이다.

라. 다독 프로그램 운영의 실제

교사는 학생들에게 매력 있는 책들이 효과가 있다는 사실을 확신하고 학생들로 하여금 책에 빠질 수 있도록 하는 모든 활동들을 활용해야 한다고 Nuttall은 말하였다(1996, p.127). 다독 프로그램의 운영을 위해서는 적절한 이야기 읽기 자료를 구비하는 것이 중요하다 Day와 Bamford는 그 준비 단계에서 다음과 같이 다독을 위한 도서관을 만드는 단계를 제시하고 있다.

- ▶ 프로그램의 규모를 결정하기
- ▶ 예산 세우기
- ▶ 학생들의 읽기 수준 결정하기
- ▶ 학생들의 흥미 조사하기
- ▶ 이야기 자료 구입하기
- ▶ 자료의 목록 작성 및 조직하기
- ▶ 자료를 배치할 장소 선정하기
- ▶ 체크하는 제도 만들기
- ▶ 자료 전시하기

이러한 과정은 1~2달이 걸릴 수도 있고 6개월 이상이 걸릴 수도 있는데 다독 프로그램을 시작하기 전에 반드시 선행되어야 할 작업들이다. 이러한 작업을 통해 다독 프로그램을 시작할 준비가 완료되었다면 다양한 활동들을 계획하여 읽기 활동이 더욱 가치 있고 즐거운 활동이 될 수 있도록 교사의 준비가 필요하다. 초등학교에서는 아침 자습시간이나 점심시간을 활용하여 다독 프로그램을 운영하는 방안을 생각해볼 수 있다. 아침자율학습 시간 30분을 활용하여 읽기 전, 중, 후 활동들을 각자 수행해볼 수 있도록 하는 것이다.

책을 읽기 전에는 책읽기에 대한 흥미나 관심을 잃지 않으면서 자신이 고른 책을 즐겁게 읽을 마음의 준비를 할 수 있도록 표지그림이나 제목을 보고 내용을 추측하고, 그림을 훑어보면서 이야기의 내용을 예측하는 활동을 해볼 수 있도록 한다. 읽기 중에는 읽기 전 예상했던 내용을 확인하면서 읽거나 읽으면서 모르는 단어를 만났을 때 그 의미를 추측해 보면서 조용히 집중하여 책을 읽을 수 있도록 지도할 수 있다. 모르는 단어를 만날 때마다 사전을 찾거나 의미를 다 이해하고 넘어가는 것은 자연스러운 독서의 흐름을 방해할 수도 있기 때문에 학습자들이 이러한 융통성을 기를 수 있도록 지도하는 것도 필요하다. 책을 다 읽고 나면 인상 깊었던 장면을 기록하거나 어려웠던 단어의 의미를 확인하도록 하고, 내용의 이해 정도에 따라 다양한 반응을 기록해볼 수 있도록 독서 일지를 권하는 것도 방법이 될 수 있다.

아침자습시간을 통해 다독 프로그램을 실천하는 경우 읽기 활동 그 자체에 중심을 두기 때문에 다양한 독후 활동을 기대하기는 어렵다. 따라서 아침자습시간과 더불어 클럽 활동시간을 활용하여 다독을 운영해 볼 수 있다. 다음 <표 4>의 예시를 바탕으로 각 학급의 상황과 학습자의 수준 등을 고려하여 흥미로운 독후활동을 다양하게 계획할 수 있을 것이다.

<표 4> 다독 프로그램의 활동 내용

활동	지도 내용
다독 프로그램 소개	전체 내용 소개, 읽기 방법(읽기 전, 중, 후) 지도
교사가 책 읽어주기	'waked up, sun'으로 교사가 읽어주기
책 광고하기	인상 깊었던 책 골라 광고 만들기

미니 책 만들기	제한 시간 내에 어휘 맞추기 스피드 퀴즈
독서퀴즈 문제 내기	조끼리 책 정해서 책 내용 문제내고 맞추기
독서 퀴즈	학급 공통으로 책 정해서 퀴즈대회
자유 시간	읽기와 관련된 자유로운 활동 하기
반복 읽기	읽었던 책 다시 읽기
토론하기	같은 책을 읽은 학생들끼리 모둠지어 이야기에 대해 토론하기

이처럼 외국어 학습에서 다독(Extensive reading)의 중요성을 요약하면 다음과 같다. 첫째, 읽기 활동은 개인적인 활동이므로 다양한 언어 수준의 학습자들이 획일화된 수업 체제 하에서는 불가능한 그들 자신의 수준에 맞는 학습 활동을 가능하게 한다. 둘째, 학습자들은 언어 수준 뿐 아니라 그들의 흥미에 맞는 도서를 자발적으로 선택할 수 있고 이는 읽기 활동 및 언어 학습 전반에 대한 동기를 끌어올린다. 셋째로 다독은 영어 학습을 교실 수업으로 한정하지 않고 언어 입력의 양을 극대화할 수 있는 가장 효율적이고 활용도가 높은 활동이라 할 수 있다. 다독을 통해 최상의 효과를 얻기 위해서 교사는 학습자의 읽기 기술의 향상을 위해 노력하기보다 자율적이면서 즐거운 마음으로 지속시켜 나아갈 수 있는 독서 습관을 기를 수 있도록 도와야 한다.

1.4 수준별 읽기 지도

학습자의 수준 차이가 크게 나는 문자 언어 교육에 있어서 학습자의 수준에 따라 적절한 읽기 자료를 선정하고 알맞은 교수 및 학습 방법을 적용하는 수준별 읽기 지도는 매우 중요하다. 초보 학습자들을 위해서 읽기 자료는 더욱 친숙하고 흥미로운 주제이어야 하며, 문화적 정보나 실재물을 보여줄 수 있어야 한다. 또한 다양한 종류의 글이 제시됨으로써 학생들이 다양한 글을 읽어낼 수 있는 능력을 길러 주어야 한다.

본 장에서는 학교 영어 수업에서 활용할 수 있는 수준별 읽기 활동의 유형, 학습자 읽기 능숙도에 따라 과업/활동을 달리하는 수준별 읽기 교수-학습 방법, 단계화된 읽기 자료를 활용한 단계별 읽기 교수-학습 방법에 대해 안내하여 실제 학교 현장에서 활용할 수 있는 수준별 읽기 지도 방법을 제시하고자 한다.

1.4.1 초등 영어 수준별 읽기 지도(Reading instruction for the differentiated English class)

초등학교 영어 시간의 운영은 학생 개개인의 학습 능력의 차이를 고려하여 심화·보충형 수준별 수업을 할 수 있다. 기본과정 수업을 진행하다가 수준별 수업을 실시할 시점은 교사가 결정한다. 수준별로 나누어져 있지 않은 한 학급의 어린이들에게는 개인의 학습 능력에 맞추어 모든 단계의 지도가 필요하다고 볼 수 있으나 이는 현실적인 어려움이 있으므로 능력에 맞게 소집단별로 나누어 수준별 지도를 하는 방법이 모색되어야 한다.

모둠 유형은 기본, 보충, 심화의 3개조로 나눌 수도 있고, 보충과 심화 모둠으로 나눌 수도 있으며 그 밖의 방법도 가능하다. 모둠을 나누는 준거는 교사의 판단, 학생의 희망, 평가를 통해서 이루어질 수 있으나 교사의 판단이 가장 중요하다. 학년이 올라가면서 학습내용이 많아지고 문자 언어 학습 부담감이 커지면서 수준별 읽기 지도의 필요성은 더욱 뚜렷해진다.

초등영어 읽기에서 중요한 것은 학습자가 모든 단어를 이해해야한다는 부담감에서 벗어나 읽기에 대해 자신감을 갖게 하는 것이다. 읽기도 듣기에서와 마찬가지로 읽은 결과가 어떤 행동의 결과로 나타나도록 과제 및 활동을 중심으로 하고, 주어진 과제를 완성하는 데 필요한 정보를 얻을 수 있는 성공적인 읽기가 되어야 한다. 수준별 읽기 지도에서 활용할 수 있는 여러 가지 읽기 활동의 유형을 심화 단계와 보충 단계로 나누어 살펴보기로 한다. 같은 읽기 활동 유형이라도 내용을 보다 심화하여 학습지를 제작하면 보충 단계의 읽기 활동 유형의 예도 심화 단계에서 활용할 수 있다.

가. 보충 단계 읽기 활동(황은주, 2001)

(1) 단어 배열하기

글을 이해하기 위해서는 문장의 구조와 법칙을 알아야 한다. 그러나 어린이의 경우는 복잡하고 체계적이며 분석적인 문법 학습보다는 개략적이며 구나 문장과 같은 덩어리 상태의 경험을 통해 학습이 이루어진다. 초보단계에서는 한 문장을 소리 내어 몇 번 읽게 한 뒤, 각 단어를 잘라 섞어 놓고 다시 하나의 문장이 되게 배열해 보도록 한다.

예 Mrs. Lee is an English teacher.

| English | is | Mrs. | an | Lee | teacher |

(2) 어구 배열하기

의미군이 되는 어구를 잘라서 아무렇게나 나열하고 순서를 바로 잡아 읽게 하는 방법이다. 여기에 흥미를 더하기 위해서 구체적인 명사는 그림으로 대신 제시할 수도 있고, 반복되어 나오는 어휘는 기호로 정하여 제시하는 방법 등 다양하게 할 수 있다.

예

(3) 문장 짝 찾기

학습자들이 문장의 일부만을 보고 완전한 문장을 만들기 위해서 짝을 찾는 활동이다. 전체가 한 쪽만을 가지고 찾는 전체 활동으로 할 수도 있고, 짝이나 그룹이 서로 반쪽의 문장을 가지고 짝이 되는 문장을 찾아보는 그룹 활동을 할 수도 있다. 그리고 서로 묻고 대답하는 형태의 문장끼리 짝을 찾아보게 하는 방법도 있다. 이때에는 보다 난이도를 쉽게 조절하기 위해서 그림을 줄 수도 있다.

```
                   문장의 짝 찾기

  1. 아래의 문장을 소리 내어 읽고 점선대로 잘라서, 서로 짝
  이 되는 문장을 찾아보세요.
  2. 짝이 되는 문장을 찾았으면 옆 짝과 한 문장씩 주고받으
  며 대화 연습을 해보세요.

  ┌─────────────────────────────────────────┐
  │ I am going to New York.                 │
  ├─────────────────────────────────────────┤
  │ What is she going to do this summer?    │
  ├─────────────────────────────────────────┤
  │ Where are you going this summer?        │
  ├─────────────────────────────────────────┤
  │ She's going to do read fifty books.     │
  ├─────────────────────────────────────────┤
  │ What is he going to do this summer?     │
  ├─────────────────────────────────────────┤
  │ I am going to Cheju-do.                 │
  ├─────────────────────────────────────────┤
  │ He's going to do practice Chinese.      │
  ├─────────────────────────────────────────┤
  │ Where are you going this summer?        │
  └─────────────────────────────────────────┘
```

(4) 문장 배열하기

어떤 사물이나 사건에 대한 글을 문장 단위로 잘라 순서를 섞어놓고 순서를 바로 잡게 하는 활동이다. 글을 읽고 내용을 이해할 수 있는 어린이들에게 적당한 방법이며, 초보 단계에서는 보다 쉽게 하기 위해 그림을 제시해 주면 효과적이다.

```
문장 배열하기

1. Read the story에서 배운 내용입니다. 소리내어 읽고 문장의 순서대로 배열해 보세요.

Peter is going to visit his sisters.

It's summer.

He will have a good time.

He didn't see them last year.

♤ 잘라서 순서대로 배열한 후에 맞추어 보세요.
It's summer. Peter is going to visit his sisters. He didn't see them last year. He will have a good time.
```

(5) 문장과 그림 연결하기

문장의 내용을 이해하는 활동으로 그림을 찾아 연결시키기를 할 수 있다. 물론 문장을 완전히 이해하지 못해도 그림과 연결할 수 있다. 어린이들에게 처음부터 문장의 완전한 이해보다는 추측과 예측 등을 통하여 읽기란 어려운 것이 아니라 쉬운 것이며 일상적인 활동에 필요한 것이라는 생각을 갖게 하는 것이 중요하다. 아주 초보적인 단계에서는 그림에 대한 표제를 찾는 것에서부터 제작이나 사용 설명을 위한 지시문에 해당 그림 찾기 혹은 그림과 말 주머니 연결하기, 비슷하지만 서로 다른 여러 그림의 내용을 기술하는 내용문 찾기 등 다양하게 할 수 있다.

(6) 플래시 카드 만들기

학습 결손이 심한 어린이들에게 알맞은 학습 방법으로 교사가 단어와 그림을 복사하여 제공하여 손쉽게 제작할 수 있게 한다.

플래시 카드를 만들면서 새로운 어휘를 익히고 스스로 만든 카드를 가지고 재미있는 게임을 할 수 있으며, 개인의 카드가 늘어나는 성취감을 맛볼 수 있다.

① A4 용지를 8등분하여 미리 잘라놓는다.
② 새로 나온 어휘와 그에 알맞은 그림을 복사하여 나누어 준다.
③ 교사와 함께 새로운 단어를 읽고 알맞은 그림을 찾는다.

④ 단어와 그림을 잘라 준비된 용지(A7)에 풀로 붙인다.
⑤ 완성된 카드를 이용하여 다양한 게임을 한다.

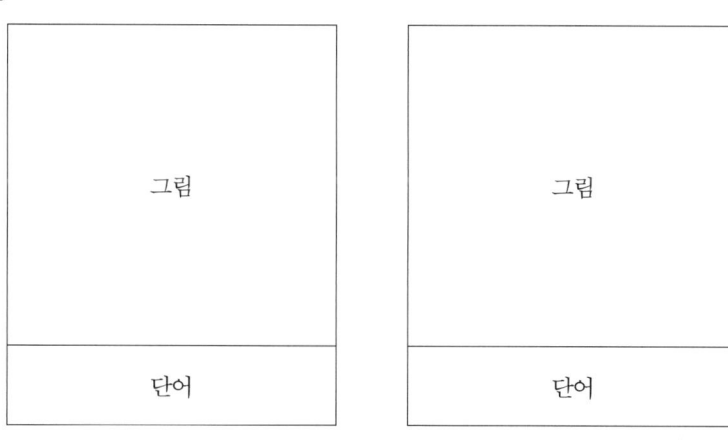

(7) 메모리 게임

어휘를 기억하도록 하는 게임으로 그림과 단어가 같이 있는 플래시 카드를 이용하여 간단하고 쉽게 할 수 있다.

① 플래시 카드 2조(1조 6매가 적당)를 섞어 그림이 보이지 않게 뒤집어서 펼쳐 놓는다.
② 가위 바위 보로 순서를 정하여 이긴 사람이 카드를 두 번 뒤집는다.
③ 처음 뒤집은 카드와 두 번째 뒤집은 카드의 그림이 일치하면 카드에 써진 단어를 읽고 그 카드를 가지게 된다. 단어가 일치하지 않거나 일치하더라도 단어를 읽지 못하면 카드를 다시 그 자리에 뒤집어 놓고 다른 사람에게 기회가 넘어가게 된다.
④ 카드가 남지 않을 때까지 실시한 후 카드를 더 많이 가진 사람이 이기게 되는 게임이다.

나. 심화 단계 읽기 활동(황은주, 2001)

(1) 지시문 읽고 만들기

어린이들이 좋아하는 물건을 만드는 과정을 단계적으로 제시한다. 각 과정은 하나의 행위만을 나타내어 쉽고 짧은 문장으로 나타낸다. 어린이들이 지시문을 읽고 해당 물건을 만들게 한다. 우리말을 사용하지 않고 말과 글 뿐 아니라 여러 가지 시각적인 단서를 가능한 한 많이 이용한다.

> **예** 팽이 만들기
>
> You need: card, color, pens, scissors, pencil, ruler
> ① Color the car red, blue, green and yellow.
> ② Turn it over.
> ③ Write the words bag, pencil, chair and book on the card.
> ④ Put a pencil through the card.

(2) 색칠하기

물건과 색을 위한 단어를 익히고 문장 속에 단어의 배열을 익히기 위하여 문장을 읽고 색을 칠하게 한다. 학습자는 글을 읽고 색칠하는 과제를 수행하므로 그 결과물을 통해 글의 이해도를 점검할 수 있다. 개별적으로 문장을 보고 색칠하게 할 수도 있지만 짝 활동으로 한 어린이가 문장을 보고 읽고 다른 어린이는 그것을 듣고 색칠을 하면 소리 내어 읽는 활동과 듣기 활동을 동시에 할 수 있다. 활동이 끝났을 때에는 다른 짝과 비교하여 스스로 잘못된 부분을 고치게 할 수 있다.

> **예** Da-hae's table
>
> This is Da-hae's table. There are three pencils on the table. One green pencil and two yellow pencils. There is an orange pen under the Min-ho's chair. A cat is sitting on his chair. It is black and white. His chair is green and Da-hae's chair is yellow.

(3) 모형 배치하기

과제 수행을 위한 읽기 활동으로 그림판 위에 여러 가지 물건 모양의 자석이나 스티커를 준비하여 지시문을 읽고 배치하게 할 수 있다. 초보적인 단계에서는 위치를 나타내는 전치사의 의미와 사물을 나타내는 단어들을 익힐 수 있지만, 수준이 높아감에 따라 점차 복잡하게 배치를 하도록 하는 것도 가능하다.

> 예) Put a toy on some place.
> ① Put the dolls on the bed.
> ② Put a car under the bed and a train in the toy box.
> ③ Put a kite on the chair and two robots on the floor by the chair.

(4) 읽고 지칭하기

제시되는 내용이 비슷하지만 서로 다른 대상을 설명하는 말을 읽고 이름을 쓰게 할 수 있다. 여기에서는 여러 가지를 임의로 부가할 수 있는 상상의 괴물이 좋은 소재가 될 수 있으며, 비슷한 사람들의 그림이지만 옷과 머리 모양, 색만 다른 칼라 그림도 좋은 소재가 된다. 똑같은 칼라 그림을 여러 장 구하기 어려울 경우 같은 그림이 인쇄된 학습지를 나누어주고 교사가 첫 번째 그림은 노란색, 두 번째 그림은 파란색 등으로 불러주면서 학습자가 스스로 색을 칠하고 학습지를 해결하게 한다.

예 설명을 읽고 제시된 괴물의 이름을 쓰시오.

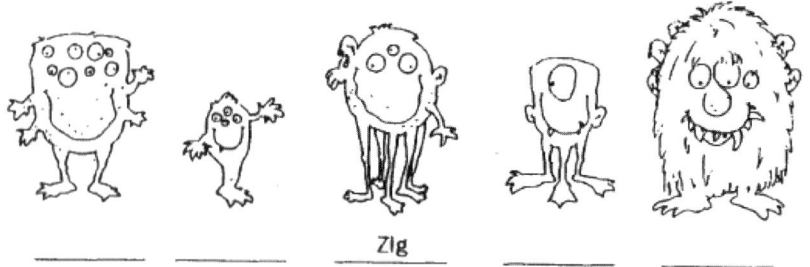

① Zog Monster is orange. He's got three legs, three big feet and nine toes.
② Zug Monster is very ugly. He's blue and hairy. He's got five ears, three yellow eyes and big teeth.
③ Little Zeg is red. She's got one leg and one tooth. Her eyes are blue. She's got two arms and twelve fingers.

(5) 읽고 그림의 순서 맞추기

순서가 있는 일련의 사건이나 이야기에 대한 단편적인 그림을 순서대로 나열하게 하는 활동이다. 상황에 따라서는 그림 자체만을 보고도 순서를 정할 수 있으나 초보적인 단계에서는 알려진 정보가 많을수록 성공 경험을 갖게 되어 효과적이다. 다른 한편으로는 언어 학습이 어린이들을 테스트하는 것이 아니라 가르치는 것이라는 면에서 알려진 정보로 과제를 해결한다고 하여도 스스로 확인해 볼 수 있는 기회를 제공하게 되는 것이다. 그리하여 학습자의 영어 수준이 올라갈수록 그림에 대한 정보를 점점 배제하여 조금 더 복잡한 과제를 제시할 수 있다.

(6) 읽고 도식화하기

도식은 어떤 정보를 일목요연하게 보여주기 때문에 학습자들이 일상생활에서 많이 접하는 읽기 양식이다. 따라서 설명적인 글을 읽고 도표를 만들어보는 활동으로 읽은 글에 대한 이해를 점검할 수 있고 사고력을 길러줄 수 있다. 그러나 초보적인 단계에서는 어린이들이 구체적으로 해야 하는 과제를 명확히 해 주어야 한다.

예 He likes ice cream.
  ① 칠판에 교차하는 두 원을 그린다.
  ② 어린이 두 명을 세우고 그들의 이름을 각각 원 안에 쓴다.
  ③ 두 명 각각에게 'Do you like ice cream?'하고 질문한다. 둘 모두가 'Yes'라고 대답하면 원의 중복 부분에 'ice cream'을 쓰고 둘 중에 하나만 'Yes'라고 대답하면 그 어린이의 원에 'ice cream'을 쓴다.
  ④ 다른 음식도 같은 방법으로 물어보고 위와 같이 도식한다.

(7) 암호 해독하기

읽기란 단순히 겉으로 나타난 글자를 인지하는 것으로 끝나지 않고 필자가 의도하고 있는 뜻을 파악하는 것이다. 특히 암호나 비밀문서는 겉으로 나타난 것과는 판이하게 다른 뜻을 나타낸다. 필자의 의도가 무엇인지 알아내기 위해서는 상황을 이해하고 독자가 알고 있는 모든 지식을 총동원해서 주어진 글자와의 관계를 맺어야 한다. 이 같은 암호 풀이는 글자에 대한 주의 집중을 가져오고 도전감을 준다.

예 Find the secret tape.
  ① 거울에 비친 글자들의 모습을 인지하는 연습을 한다.
  ② 그림에 대한 설명을 한다.
     Here's a man. His name is Ivan. He is a spy.
     He must find a secret tape. Can you help him?
  ③ 4~5명의 그룹으로 나눈다. 그림과 함께 같은 글자를 주고 비밀 테이프가 어디에 있는지 찾아내게 한다.
     Where is the secret tape?
  ④ 비밀 테이프의 단서가 되는 글을 나누어주고 읽게 한다.
  ⑤ 그림에서 해당되지 않는 곳을 하나씩 지워나가게 한다.
  ⑥ 마지막 남은 한 곳을 찾아내게 한다.
     The secret tape is (   ).
  ⑦ 글을 거울에 비추어서 보여준다.

(8) 미니북 만들기

어린이들 스스로 책을 만들어 보게 하는 방법으로 하나의 주제를 정하여 자기만의 책을 제작해 보도록 하는 것이다.

① B4 용지를 다음 그림과 같이 순서대로 접는다.

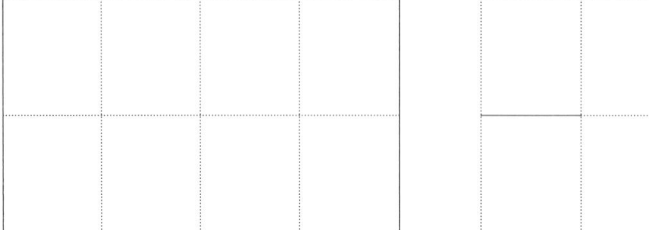

㉠ 8등분으로 접는다.

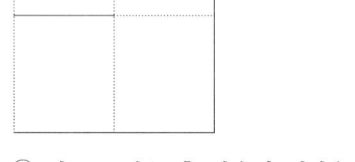

㉡ 반으로 접은 후 가운데 실선을 가위로 자른다.

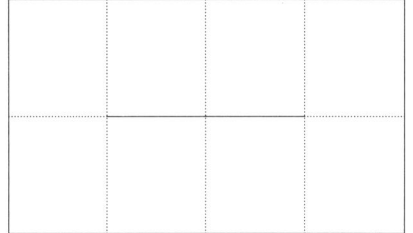

㉢ 펼치면 가운데가 잘려있다.

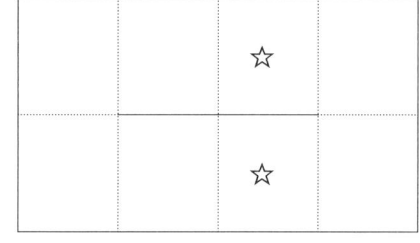

㉣ 가로로 반을 접은 후 ☆ 부분의 선을 앞으로 잡아당기면 좌철의 책 모양이 생긴다.

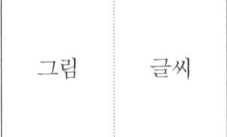

㉤ 왼쪽 그림과 같은 면이 4개 생긴다.

② 알맞은 그림을 그리거나 오려 붙이고 글씨를 쓴 다음 색칠하여 나만의 책을 만든다.
③ 완성된 미니북을 펼쳐 뒤집어서 반대로 접으면 다른 내용의 책을 만들어 사용할 수 있다.

이상으로 여러 가지 읽기 활동의 유형을 수준별로 적용할 수 있는 예를 살펴보았다. 학습자의 수준에 따라 소요되는 시간이 달라질 수 있으므로 여분의 과제를 준비하는 것이 효과적이다. 과제를 다 끝냈을 때 과제 결과를 서로 비교해 보게 한 후 답안을 칠판에 제시해 주면 교사가 일일이 확인하는 수고를 덜 수 있다.

1.4.2 학습자 수준별 읽기 지도(Reading instruction by the student's reading level)

읽기 초보 학습자들을 위한 읽기 자료는 더욱 친숙하고 흥미로운 주제이어야 하며, 문화적 정보나 실재물을 보여줄 수 있어야 한다. 또한 다양한 종류의 글이 제시됨으로써 학생들이 다양한 글을 읽어낼 수 있는 능력을 기를 수 있도록 한다. 초급 혹은 중급 학습자를 위해 제시된 과업 및 활동으로는 추측하기, 훑어 읽기, 요지 찾기, 특정 정보 검색하기, 문맥적 추측하기, 빈칸 메우기, 이해력 확인하기, 추론하기, 사회 언어학적 특징 알아내기, 담화 구조 알아내기, 연결어 및 지시어 알아내기 등이 있다. 고급 학습자의 경우 읽기 자료를 단순히 독해하는 능력을 기를 뿐 아니라 글의 구조를 거시적으로 파악하고 글쓰기와 같은 학습자의 생산적인 활동이 추가적으로 제시된다. 예를 들어 개요 짜기, 바꿔 쓰기, 분석 및 평가, 창조적으로 상술하기 등의 활동이 이에 해당한다. 학습자 수준별 읽기 능숙도 향상을 위한 구체적인 추천 과업 및 활동은 <표 5>와 같다.

〈표 5〉 읽기 능숙도 향상을 위한 추천 과업/활동(Hadley, 2001, p. 206)

초급/중급 학습자 (Novice/Intermediate)	고급/최상급 학습자 (Advanced/Superior)
예상/추측하기 (Anticipation/Prediction activities)	훑어읽기/특정 정보 검색하기 (Skimming/Scanning)
읽기 전 활동 (Prereading activities)	이해력 확인하기 (Comprehension checks)
훑어읽기 (Skimming)	문맥적 추측하기 (Contextual guessing)

요지찾기 (Gisting)	추론하기 (Making inferences)
글의 기능 찾기 (Detecting functions of texts)	특정 정보 발췌하기 (Extracting specific information)
특정 정보 검색하기 (Scanning)	바꿔쓰기 – 목표어로 (Paraphrasing – target language)
특정 정보 발췌하기 (Extracting specific information)	이력서 쓰기 – 모국어 혹은 목표어로 (Resumé – native or target language)
문맥적 추측하기 (Contextual guessing)	노트 필기하기/개요짜기 (Note taking/Outlining)
빈칸 메우기 – 선다형 (Simple cloze – multiple choice)	사회언어학적 특징 알아내기 (Identifying sociolinguistic features)
빈칸 메우기 (Filling out forms)	관용구 이해하기 (Understanding idioms)
이해력 확인하기 (Comprehension checks)	담화 구조 이해하기 (Understanding discourse structure)
실마리 찾기 (Clue searching)	글쓴이의 의도 파악하기 (Understanding intentions)
추론하기 (Making inferences)	분석 및 평가 활동 (Analysis and evaluative activities)
조각난 이야기 맞추기 (Scrambled stories)	창조적으로 상술하기 (Creative elaboration)
이력서 쓰기 – 모국어로 (Resumé – native language)	
문단 완성하기 (Passage completion)	
사회언어학적 특징 알아내기 (Identifying sociolinguistic features)	
담화 구조 알아내기 (Identifying discourse structure)	
연결어/지시어 알아내기 (Identifying link words/referents)	

이와 같은 읽기 능숙도 향상을 위한 과업 및 활동은 다음과 같이 다섯 단계의 교수 단계로 구성할 수 있다(Hadley, 2001). 첫 번째 단계는 가르치기 전/준비 단계로 본격적인 글을 읽기 전 추측, 예상 등의 활동이 이루어져야하며, 두 번째 단계는 훑어 읽기/특정 정보 검색하기 단계로 글을 훑어 읽으며 요지 및 주요 정보를 얻는 활동이 이루어져야한다. 세 번째 단계는 해석/정독 단계로 본격적으로 꼼꼼하게 글을 읽는 단계이며, 네 번째 단계는 이해 단계로 글을 정독하고 나서 글에 대한 이해도를 확인하는 단계이다. 마지막 다섯 번째 단계는 전환 가능한/통합적 기술의 단계인데, 이는 읽기 교수의 궁극적인 목표로서 학생들이 어떠한 글을 읽을 때에나 읽기 학습을 통해 익힌 기술 및 전략을 적용할 수 있도록 하는 것이다.

가. 가르치기 전/준비 단계(Preteaching/Preparation Stage)

학생들이 도표로 이루어진 읽기 자료를 보고 예상/추측(anticipation/prediction)할 수 있는 능력을 개발시킨다. 또한 학생들이 그들이 읽으려는 자료에 대해 기대감을 가지도록 한다. 가르치기 전/준비 단계의 활동의 예는 다음과 같다.

- 글에 나타날 주요 논점에 대해 브레인스토밍한다.
- 글과 함께 제시된 도표, 그림 등의 시각적 자료, 제목, 표제, 기타 문맥적 보조 자료를 살펴본다.
- 글의 제목 또는 첫 번째 문장을 기반으로 다음에 올 주요 내용을 예상하거나 가정한다.

〈표 6〉 예상/추측하기(Anticipation/Prediction) 예시 활동(Hadley, 2001, p. 210)

능숙도	목표	활동	읽기 자료
초급/중급 (Novice/ Intermediate)	학생들은 목표어로 쓰여진 잡지나 신문의 개인 구인 광고 내용을 읽고, 특정 정보를 찾아낼 수 있다.	학생들은 나이, 인종, 직업 등 다양한 개인 정보로 이루어진 신문의 구인 광고를 읽기 자료를 보기 전 개인정보 목록을 미리 제공받는다. 그들은 실제 구인 광고 내용에 포함될 내용을 예상하여 표시해놓고 읽기 자료를 읽기 시작한다. 읽기 자료를 모두 읽은 후 학생들은 실제 자료와 자신이 예상했던 목록을 비교하면서 목표어로 된 전형적인 신문 구인 광고가 어떠한 형식으로 쓰여지는지 파악할 수 있다.	신문 지면상 개인 구인 광고

나. 훑어 읽기/특정 정보 검색하기 단계(Skimming/Scanning Stages)

능숙한 독자는 글을 훑어 읽으며 특정 정보를 검색한다. 읽기 활동에서 교사들은 학생들로 하여금 '훑어 읽기'에서 '특정 정보 검색하기'로 바로 이동할 수 있도록 지도해야 한다. 다음과 같은 활동들이 이에 해당한다.

- 짧은 글, 문단, 기타 시각적 자료들의 요지를 찾는다.
- 글의 주제문과 요지를 찾는다.
- 글의 요지나 결론 부분을 바꿔서 가장 잘 표현한 문장을 찾는다.
- 주어진 문단에 가장 잘 어울리는 부제를 고른다.
- 글의 주요 개념을 사용하여 표나 빈칸을 완성한다.
- 주어진 글의 제목이나 표제를 완성한다.
- 주어진 글의 전체적 맥락을 파악한다.

〈표 7〉 훑어 읽기/특정 정보 검색하기(Skimming/Scanning) 예시 활동(Hadley, 2001, p. 211)

능숙도	목표	활동	읽기 자료
초급/중급 (Novice/Intermediate)	학생들은 목표어로 쓰인 여행 안내책자를 보면서 내용상 요지를 파악할 수 있다. 중급 학습자의 경우 발췌 부분에 제목 붙이기, 출발/도착지, 가격, 기간 등 자세한 정보 파악하기 등이 추가될 수 있다.	목표어가 사용되는 나라에서 공부하는 모국어 학습자들이 그들의 고향에 편지를 보내 자신들이 그곳에서 본 광경에 대해 쓰고 있는 상황을 가정한다. 학생들은 편지에 써진 모국어 표현을 보고 목표어로 써진 여행안내 책자에서 그에 해당하는 표현을 찾는다.	여행 안내 책자
초급/중급 (Novice/Intermediate)	학생들은 목표어로 쓰인 호텔에 관한 묘사를 읽고 필요한 정보를 얻을 수 있다.	학생들은 목표어로 써진 호텔 광고문을 보면서 전망, 식당, 부대시설, 대금 결제 등 자신들이 원하는 여러 조건에 일치하는지 확인한다.	호텔 광고문
초급/중급 (Novice/Intermediate)	학생들은 목표어로 쓰인 대중교통수단 웹사이트에서 여행을 위해 필요한 정보를 찾고 계획을 짤 수 있다.	학생들이 교환학생프로그램으로 목표어가 사용되는 나라에 머무르며 주말을 이용해 기차여행을 하려는 상황을 가정한다. 학생들은 목표어로 쓰인 기차 편 안내 웹사이트에 접속하여 자신들의 여행계획에 필요한 차편 정보를 얻고, 그것을 표로 기록한다.	기차 편 안내 웹사이트
초급/중급 (Novice/Intermediate)	학생들은 목표어로 쓰인 여행 숙박 시설에 관한 안내 책자 혹은 웹사이트를 보고 휴가 계획을 세울 수 있다.	학생들은 목표어가 사용되는 나라로의 여행을 가정하고, 목표어로 쓰인 여러 여행 숙박 시설 광고문을 읽는다. 그 중 자신에게 가장 적합한 것을 선택하고, 그 시설의 위치와 선택 이유를 한 문단으로 쓴다. 중급 학습자의 경우 목표어로 쓰기활동이 이루어질 수 있다.	여행 숙박 시설 안내 책자 및 웹사이트
중급 (Intermediate)	학생들은 목표어로 쓰인 신문 지면의 여행안내 광고문을 보	학생들은 목표어가 사용되는 여행지에 관한 여러 광고문을 읽으	신문 지면상 여행안

		고 자신에게 필요한, 자신이 원하는 정보를 찾아낼 수 있다.	면서 요구사항에 모두 만족하는 여행지(여행상품)를 선정한다. 더 나아가 학생들은 자신이 가장 가고 싶은 여행지를 선정하고 그러한 선택을 한 이유가 무엇인지 소그룹으로 토론한다. 소그룹 토론은 각 그룹별로 하나의 공통된 의견을 모으는 회의 과정이 될 수도 있다.	내 광고문
중급 (Intermediate)		학생들은 목표어가 사용되는 나라의 음식문화와 관련된 (목표어로 쓰인) 짧은 글을 읽고 정보를 얻을 수 있다.	학생들은 목표어가 사용되는 나라의 음식문화에 관련된 (목표어로 쓰인) 짧은 글을 읽고, 그 문화와 모국의 음식 문화를 비교하는 표를 완성한다. 이해력만 측정할 것인가, 또는 목표어 쓰기도 포함할 것인가에 따라 표를 완성하는 언어가 모국어 또는 목표어로 결정될 수 있다.	음식문화 관련 짧은 글

다. 해석/정독 단계(Decoding/Intensive Reading Stage)

이 단계는 학생들이 "학습을 위한 읽기"가 아니라 "읽기를 위한 학습"에 있어서 가장 중요한 단계라고 할 수 있다. 이 단계에서는 독자가 모르는 단어나 어구에 대한 의미를 문맥상으로 추측하고, 단어, 문장 내, 문장 간, 담화 등 여러 차원에서 의미를 해석하게 된다. 독자가 읽는 과정에서 모르는 단어 또는 표현을 만났을 때 문맥적 추측을 할 수 있는 구체적인 전략은 다음과 같다.

(1) 특정 단어가 포함된 문장과 앞 뒤 문장 및 언어형태를 통해 그 단어의 품사가 무엇에 해당하는 지 판단한다. 즉, 동사인지 형용사인지 부사인지 등을 먼저 파악한다.
(2) 특정 단어가 다른 문장 혹은 문맥에서도 사용되었는지 확인한다. 또는 그 단

어가 포함된 문장 및 문단 안에서 의미상 대조, 혹은 유추가 가능한 단어가 있는지 살펴본다.
(3) 독자의 일반적 지식 및 문맥상 구체적 지시를 활용하여 가능한 특정 단어의 의미를 이끌어낸다.

〈표 8〉 해석/정독(Decoding/Intensive Reading) 예시 활동(Hadley, 2001, p. 222)

능숙도	목표	활동	읽기 자료
초급/중급/고급 (Novice/ Intermediate/ Advanced)	학생들은 짧은 광고문을 읽으면서 자신이 모르는 단어를 만났을 때 문맥상의 의미를 유추할 수 있다.	학생들은 목표어로 쓰인 휴가를 위한 짧은 민박 광고문을 읽으면서 자신이 모르는 단어나 표현이 있으면 밑줄을 긋는다. 각각의 모르는 단어들에 대해 전체 학생들은 뜻을 추측해본다. 초급 학습자들을 위해서 다른 학생이 쓴 작문이나 새로운 단어가 의도적으로 삽입된 글이 읽기 자료로서 쓰일 수 있다. 중급 및 고급 학습자들을 위해서는 신문이나 단편 소설 등 실제 읽기 자료에서 발췌하는 것이 좋다.	신문 지면상 민박 광고문
중급 (Intermediate)	학생들은 목표어로 쓰인 짧은 대화문을 읽으며 대명사와 그 대명사의 지시대상과의 관계를 이해할 수 있다.	학생들은 목표어로 된 짧은 대화문을 읽는다. 그런 후 그 글에서 대명사가 사용된 몇 개의 문장을 보고, 그 문장에서 특정 대명사가 어떠한 지시대상을 의미하는지 선다형의 선택지에서 고른다.	짧은 대화 발췌문
중급/고급 (Intermediate/ Advanced)	학생들은 목표어로 쓰인 짧은 글을 읽으며 한 문단 내에서 반복적으로 등장하는 특정 단어	학생들은 목표어로 쓰여 진 여행 안내 책자에서 반복되어 등장하는 특정 단어의 의미를 추	여행 안내 책자 발췌문

	의 의미를 문맥상 추측 전략을 이용하여 이끌어 낼 수 있다.	측하고, 그렇게 추측한 이유를 설명한다.	
중급/고급 (Intermediate/ Advanced)	학생들은 목표어로 쓰여진 짧은 서사형식의 글을 읽으며 서사에서 연결어의 사용이 어떻게 이루어지는지 알 수 있다. 또한 비슷한 의미를 가지는 다른 연결어를 익힐 수 있다.	학생들은 목표어로 쓰인 두 문단 정도의 글을 읽는데, 이 글은 시간 순서의 서사를 갖는 내러티브 형식의 글이고, 시간을 나타내는 표현은 모두 이탤릭체로 강조되어 있다. 글을 다 읽은 후 학생들은 제시된 유의어들 중에서 각각의 표현을 대체할 수 있는 단어들을 고른다.	짧은 서사 형식의 글

라. 이해 단계(Comprehension Stage)

학생들이 글을 다 읽고 난 후 다양한 종류의 이해력 확인 활동(Comprehension checks)을 통해 읽기 활동의 목적을 달성했는지 여부를 판단할 수 있다. 앞 절에서 제시된 예시 활동들이 포괄적인 의미에서는 모두 이해력 확인 활동이라고도 볼 수 있다.

마. 전환 가능한/통합적 기술(Transferable/Integrating Skills)

읽기 교수의 마지막 단계인 이 단계에서는 학생들로 하여금 문맥적 추측하기, 요지와 맥락을 같이 하는 추가 읽기, 적절한 사전 사용하기, 효과적인 다시읽기 전략 익히기 등의 활동이 이루어져야 한다. 이러한 활동들은 읽기 자료로 제시된 특정 글의 범위를 뛰어넘어 어떠한 글을 접할 때에나 적용 가능한 효과적인 읽기 기술과 전략을 익히는 것으로 볼 수 있으며, 이는 읽기 학습 및 교수의 궁극적 목표라고도 할 수 있을 것이다.

1.4.3 단계별 읽기 지도(Reading instruction for graded reading)

가. 단계별 읽기 지도의 개념과 지도 방법

단계별 읽기는 독자가 어려움 없이 읽기 쉬운 단계화된 읽기 자료(graded material)를 이용하기 때문에 기초 읽기(basal reading) 또는 간소화된 읽기(simplified reading)라고도 한다. 단계별 읽기에 이용되는 읽기 자료는 다양한 수준의 학습자들을 고려하여 단순화된 어법이나 문장구조, 시각 자료의 사용, 자주 사용되는 어휘에 따라 단계화되어질 수 있다. 학습자들은 수준이 향상됨에 따라 점차 높은 수준의 책을 선택하며 자신의 수준에 맞는 책을 골라 읽을 수 있다.

단계별 읽기 자료의 상당수는 고전을 단순화한 것이 많은데 그 내용은 낭만적인 이야기나 모험, 위인전, 실생활과 관련한 것 등 여러 종류가 있다. 단계별 읽기 활동 자료의 활용 목적은 문자 해독에 있는 것이 아니라 글의 의미 파악에 있으므로 되도록 빠른 속도로 읽는 것이 중요하다. 어휘가 지나치게 어렵거나 글 내용이 어려워 천천히 읽게 되면 단어 하나하나의 단위로 읽게 되어 결국 의미의 형성을 더디게 하기 때문이다. 내용이 쉬우면 빨리 읽게 되어 단어를 그룹을 지어 인지하게 되고 이것은 결국 구문 수준, 문장 수준으로 발전하게 된다. 이처럼 학습자들이 자신의 수준에 적합한 단계별 읽기 자료를 선택하여 읽게 되면 어려운 내용으로 인한 좌절감을 맛보지 않을 것이며 읽기란 쉬운 활동임을 깨닫고 자신감과 읽기 활동에 대한 동기를 가지게 될 것이다. 이것은 읽기 활동을 더욱 쉽게 즐길 수 있도록 하여 학습자들로 하여금 읽기 습관을 형성하도록 한다.

이와 같은 단계별 읽기 자료를 통한 단계별 읽기는 다독을 위한 방법이 될 수도 있고, 실제로 단계별 읽기와 다독은 비슷한 개념으로 사용되기도 한다. 하지만 몇 가지 측면에서 중요한 차이점이 있다. 즉, 단계별 읽기는 읽기 자료가 학습자의 수준별로 어휘, 문법, 문장의 길이, 시각자료의 제시 등의 측면에서 단순화되어 학습자들을 위해 준비되지만 다독은 읽기 자료에 대한 단순화 작업이 필요하지 않다. 다독은 읽기에 대한 동기를 부여하여 즐거움을 가지고 읽게 하는 것이 목적이지만 단계별 읽기는 지금 자신의 읽기 수준에서 유창성과 언어 지식을 동원한 읽기 연습으로 더 높은 단계로 이동하게 하는 것이 목적이다. 그래서 단계별 읽기는 다독이나 정독을 위한 수단으로서 사용될 수 있다.

단계별 읽기 지도에서 읽기 방법은 초보 읽기에서 유창한 읽기로 발전할 수 있는 수준으로 나누어진 단계별 읽기 자료들을 사용하여 자발적인 선택을 통해 다독할 수 있도록 하는 것이다. 그리하여 학습자 스스로 글을 읽고 의미를 파악하며 즐겁게 독서하고 이를 습관화하여 독서 능력을 갖춘 유창한 독서가가 되도록 하는 것이다.

나. 독서 능력 발달 단계

독서 발달 단계에 관하여 Chall(1996), 천경록(1999)의 연구를 살펴보면 연령과 교육과정, 독서의 특성 등을 중심을 단계를 구분하고 있으며, 이는 외국어교육에도 적용될 수 있다. 아동들은 독서 맹아기에서 독립 독서기까지 7 단계의 발전 과정을 거치며, 읽기 발달 단계와 주요 특징은 다음과 같다.

(1) 독서 맹아기

독서 맹아기는 글을 읽기 이전 단계로, 주로 음성 언어를 사용하는 단계이다. 태어나서 유치원을 다닐 때까지의 시기가 이 시기에 해당한다. 아동은 부모 형제, 친구 등으로부터 음성 언어를 배우고 사용한다. 아동의 직접적인 경험과 텔레비전에서 보게 되는 어린이 프로그램, 그림책 등은 이 단계의 언어 발달에 중요한 역할을 한다. 이 단계의 독서 발달에서는 부모의 역할이 매우 중요한데, 부모는 가정의 문식력 환경을 적극적으로 조성해야 한다.

독서 맹아기에는 아이들에게 책을 읽어주는 것이 효과적인 독서 지도 방법이다 (Wood, 1992). 유치원에서도 교사가 아이들에게 재미있는 이야기를 읽어주고 듣게 하는 것이 좋은 독서 지도 활동이다. 아이들에게 책을 읽어줄 때는, 아이들이 단순히 듣고만 있는 것이 아니라 읽기 활동에 적극적으로 참여하도록 권장해야 한다. 책을 읽어주는 중간 중간에 아이들의 느낌이나 생각을 물어볼 수도 있다.

(2) 독서 입문기

독서 입문기는 음성언어에서 문자 언어로 나아가는 단계이다. 학생은 말뿐만 아니라 글로도 의사소통할 수 있다는 것을 깨닫는 시기이다. 이 시기에 학생은 글자를 배우고 글자와 소리의 관계를 인식한다. 그리고 단어를 소리 내어 읽을 수 있는 단계이다. 이 단계의 독서에는 음독(oral reading)활동이 중요하다. 학생은 그림과 글자를 구분하고 글자가 그림보다 추상적인 실체라는 사실, 글자는 소리와 일정한 관계를 맺고 있다는 점, 기초 어휘에 대한 발음과 해독, 단어와 구절, 문장을 정확하게 끊어 읽기 등을 익힌다. 이 시기는 독서 학습(learning to read) 시기에 해당하며 이 단계에서 배우는 독서 학습은 다른 교과 학습의 기초가 된다.

독서 입문기는 Wood(1992)가 제시한 초기 독서 시기이다. 이 시기의 특징은 교사의 '책 읽어주기'를 통해 학생들은 다른 사람과 독서 경험을 공유한다는 점이다. '책 읽어주기'가 초기 독서 지도에서 중요하게 다루어진 것은 Holdaway의 10여 년에 걸친 프로젝트에서였다. Holdaway의 책 읽어주기 과정은 전통적인 방식의 책 읽어주기와는 다르다. 전통적인 책 읽어주기에서는 아이들에게 글자 크기가 확대된 글을 같이 읽는 기회가 주어진다. 먼저, 아이들에게 전에 읽어본 경험이 있는 이야기를 소개한다. 이 때 아이들이 많이 듣거나 익숙한 이야기가 선택된다. 그 다음, 읽기 단계에서는 글자 읽기를 중심으로 시범 읽기, 짚어가며 읽기, 쉬어가며 읽기, 가리고 읽기의 단계로 학습이 이루어진다. 아이들에게 책을 읽어주면 아이들의 상상력이 자극되며 주의력이 집중되고 듣기와 이해력이 증진된다. 그리고 아이들의 정서가 발달되고 독서에 대한 부정적 태도가 긍정적으로 바뀐다. 이 단계에서 아이들은 책이나 인쇄물의 기본적인 개념을 이해하기 시작하며 알파벳 대·소문자의 명칭을 알고 구사하는 것을 배우고 있다. 또한 음소, 음절, 운(rhyme)과 같은 많은 음성학적인 인지 기능을 발전시키고 있다.

처음 읽기를 시작한 어린이들은 자음과 단모음을 시작으로 소리와 상징의 관계를 배우기 시작하여 CVC(consonant-vowel-consonant)와 같은 형태의 단어들을 읽을 수 있게 된다. 또한 알파벳을 이해하고 음성학적인 인지와 초기 파닉스에 대해 이해하고 발전해 가고 있다. 또한 빈번하게 등장하는 다수의 단어들을 구사할 수 있다. 이해 책략과 단어 공략 기술에 대한 이해가 발전해가고 있으며, 다른 종류의 텍스트, 특히 사실과 허구에 대해 인지할 수 있으며 다양한 목적의 읽기가 있음을 인지할 수 있다.

(3) 기초 기능기

기초 기능기는 해독(decoding)에서 독해(reading comprehension)로 나아가는 기간으로 독서의 기초기능을 익히는 시기이다. 이 단계에서 학생은 긴 문장을 의미 중심으로 끊어 읽기(어구 나누기)를 시작한다. 글을 유창하게 소리 내어 읽을 수 있어야 하며 글을 읽을 때, 안구가 고착되는 것으로부터 점차 자유로워진다. 또 음독에서 묵독으로 넘어가는 과도기이다. 또한 학습 독서(reading to learn)가 시작되는 시기라는 점에서 앞 단계와 질적으로 구분된다. 즉, 이 단계에 이르러서는 읽기는 단어를 알기보다 이해하는데 치중하고 좀 더 자동화되며 아동들은 텍스트를 이해하는 데 있어 독립적으로 접근한다. 이 단계의 독자들은 매우 다양한 텍스트를 경험하게 되고, 다른 스타일과 장르를 인식할 수 있게 된다.

(4) 기초 독해기

기초 독해기는 해독보다 독해에 더욱 큰 비중을 두고 글을 읽게 되며 묵독이 강조된다. 아동들은 '읽기 위해 알기(learning to read)' 단계에서 '알기 위해 읽기(reading to learn)' 단계로 성공적으로 발전하게 된다. 그들의 독서는 자동화되고 알맞은 표현과 적절한 멈춤을 하게 된다. 읽기에 대해 온전히 이해하게 되고 다양한 이해 책략을 사용하게 된다.

(5) 고급 독해기

고급 독해기에는 글쓴이의 의도나 목적을 파악하며 글 읽기, 내용의 통일성 생각하며 글 읽기, 글의 구조 파악하기, 글의 일관성 평가하기, 추론하기, 읽은 내용의 신뢰성과 타당성 판단하기 등 작자의 관점, 태도, 글의 동기 등에 대하여 비판적 시각으로 글을 읽게 된다.

(6) 독서 전략기

독서 전략기에는 독해 기능을 구체적인 독서 목적에 맞추어 자기의 독서 상황을 점검하고 조정하면서 전략적으로 독서를 한다. 독자는 앞 단계에서 배운 독서 기능을 실제 독서 상황에 적용할 수 있어야 하며, 유연하고 융통성 있게 독자의 독서 목적에 맞게 독서 상황을 조절하면서 글을 읽을 수 있어야 한다. 또 초인지를 활용한 독서의 특성이 가장 잘 발휘되는 시기이다.

아동들은 광범위한 종류의 텍스트를 독립적으로 읽게 되며, 좀 더 어려운 읽기 자료들을 접하면서 그들의 읽기 기술을 세련되게 발전시킬 것이다.

(7) 독립 독서기

독립 독서기는 능숙한 독서단계이다. 독자가 각자의 교양, 학문이나 직업의 필요에 따라 전문적인 상황에서 필요한 책과 글을 스스로 선택하여 글을 읽는 시기이다. 이전까지의 시기가 남의 도움을 받아 책을 읽는 시기였다면 이 시기는 독립된 독자로서 책을 읽는 단계이다.

다. 단계별 읽기 자료

단계별 읽기에 사용되는 읽기 자료는 단어와 문장의 길이에 따라 구분되어지고 어휘의 수준은 표제어의 사용에 의해 정해진다. 단계별 읽기 자료를 출판하는 출판사들은 작가나 각색자가 자유롭게 사용할 수 있도록 단계에 맞는 적절한 단어를 포함한 표제어 리스트를 활용하여 표제어의 숫자에 따라 이러한 읽기 자료의 수준을 정한다. 단계별 읽기 자료를 구비할 때 다른 출판사라 할지라도 유사한 난이도의 책들을 구성할 수 있지만 출판사 고유의 자주 쓰이는 단어 목록이 있으므로 각기 다른 출판사의 책들로 단계를 정하여 분류할 때는 주의를 기울여야 한다.

단계별 읽기 자료를 준비할 때는 무엇보다도 학습자의 흥미와 수준을 고려하여 책을 구비해야 한다. 단계별 읽기를 활용할 때 학습자가 읽기에 대한 흥미와 자신감을 잃지 않고 꾸준히 읽는 것이 중요하므로 자신의 외국어 수준보다 약간 낮은 수준

(I-1) 정도의 책부터 읽기 시작하는 것이 바람직하다(Richard & Julian, 1998). 영어 읽기에 처음 입문한 초등학교 학생이라면 쉬운 책부터 읽기 시작하여 자신감을 가지고 올바른 독서 습관을 형성하면서 좀 더 높은 단계로 나아가는 것이 효율적인 방법이다.

또한 너무 어렵거나 읽고 싶지 않은 소재이거나, 자신의 학습 목표와 직접 관련이 없는 자료를 읽어야 하는 활동을 한다면 학습자의 학습 동기는 떨어질 것이다. 따라서 학습자의 흥미, 학습 목표, 실생활과의 친숙도, 난이도 등을 고려하여 단계별 읽기 자료를 선택, 학습자에게 내적 동기를 부여하여 꾸준한 독서 활동을 할 수 있도록 한다.

라. 언어학습자문학(language learner literature)과 단계별 읽기 자료(graded readers)

흥미와 이해가능의 두 가지를 만족시키는 것으로서 언어학습자문학은 가장 광범위하고 이용하기 쉬운 자료이다. 이것은 언어학습자를 대상으로 한 것으로 학습자의 언어수준이 고려되어 있는 소설이나 비소설 또는 학습자 수준에 맞게 단순화되어 개작되어진 짧은 분량의 책이다. Richard & Julian(1998, pp.61-97)은 언어학습자문학이 오락과 정보, 읽기 위한 학습과 책에 빠려들게 하는 요소들을 가지고 있으며, 의사소통이라는 의도를 가진 측면에서 실제적(authentic)이고, 언어와 개념에 있어 알맞게 단순화되었기 때문에 읽기자료로서, 상급 학습자를 제외한 모두에게 명백한 첫 번째 선택일 것이라고 했다.

언어학습문학에서 학습자의 문법 지식과 어휘 수준에 따라 단계별로 알맞게 단순화되어진 것을 단계별 읽기자료(graded readers)라 하는데, 단계별 읽기 자료의 중요한 카테고리 중 하나는 소설의 원작을 단계별로 단순화시킨 작품들이다. 소설 원작을 단순화시킨 작품들은 그러한 작품들이 문학 작품 자체의 가치를 떨어뜨리고 오히려 문학작품의 이해를 어렵게 한다는 측면에서 한동안 논란의 대상이 되어왔다. 그러나 Schmidt(1996)의 의견처럼 문학을 바탕으로 한 영화가 문학작품과 다른 독립성을 인정받듯이, 기존의 문학을 바탕으로 한 언어학습자문학도 그 대상의 특성상 학습자가 언어학습자문학을 통해 읽기를 얼마만큼 즐겼는가의 관점에서 평가되어야 한다는 견해가 더 합당하다. 원작을 단계별로 단순화한 작품을 통해 학습자는 영어를 읽는 데 있어서의 유창성과 자신감을 발전시킬 수 있고, 결국에는 원작읽기를 즐길 수 있는 능력을 기를 수 있다(Hill, 1992).

읽기 자료의 장르로는 이야기의 구성이 학습자로 하여금 다독을 지속시킬 수 있도록 동기를 부여할 수 있는 이야기가 좋으며, 길이는 학습자가 쉽게 성취감을 느낄 수 있을 정도로 충분히 짧아야 한다. 청소년 문학(Teenage and Young adult literature) 역시 이야기의 주제와 그리고 길지 않은 분량, 직선적인 구성의 측면에서 언어 학습의 자료로 장점을 가진다(Richard & Julian, 1998).

마. 단계별 읽기 자료의 활용

단계별 읽기 자료의 활용에는 '학생 스스로 선택하여 읽기', '학생들이 분류된 문고집 동시에 읽기', '한 그룹에 위의 2가지 방법을 모두 사용하여 읽기'의 3가지 방법이 있다(Rosszell, 2000).

학생이 단계별 읽기 자료를 스스로 선택하여 읽는 것은 선택하는 자유로움을 좋아하는 학습자에게 입력보충 과정으로 효과적이며 좋은 독서습관을 발전시킬 수 있도록 도와주어 독립적인 학습자들에게 유용한 방법이다. 학생들이 교사가 선정해준 분류된 문고집을 동시에 읽는 것은 그룹 토론과 어휘 학습 과정의 핵심으로 유용하며 이야기에 대한 좀 더 심도 있는 판단을 할 때, 논쟁에 대한 깊은 이해를 필요로 할 때 효과적이다. 하지만 학급 문고 읽기 방법을 사용할 때 책을 읽을 수 있도록 격려하고 안내하는 교사의 조력 없이 깊이 있는 읽기와 해석하는 기술 등을 얻기 바라는 과도한 기대를 하면 실패하기 쉽다. 단계별 읽기나 다독 프로그램을 진행하면서 학습자들이 제 2언어를 학습할 때, 해석 기술이나 문법적 지식을 활용할 수 있도록 하려면 정독 읽기 활동이 동반되어야 한다. 그러나 정독을 강조하게 되면 읽는 즐거움이 감소할 수 있으므로 신중하게 고려해야 한다.

스스로 선택하여 읽기와 분류된 문고집 읽기를 동시에 투입한다면, 스스로 선택하여 읽기는 학습자들이 읽는 읽기의 양을 증가하도록 하는데 도움이 될 것이며, 분류된 문고집 읽기는 학습자들이 읽는 읽기의 질 향상에 도움이 된다. 따라서 교사는 단계별 읽기 자료를 활용할 때 제 2언어를 습득하는 학습자의 환경과 특성을 파악하여 알맞은 방법을 선택하여 활용하고 실행하는 지속적인 노력이 필요하다.

바. 단계별 읽기를 위한 이독성(readability)의 진단

이독성(readability)이란 이해도(comprehensibility)와 거의 같은 뜻이나 이해도가 음성과 문자 언어를 대상으로 하는 것과 달리 문자 언어만을 대상으로 한다는 점에서 구별된다. 즉, 이독성은 글을 읽고 이해할 수 있는 정도로써 이독성, 이독도, 가독성, 해독도, 독이성, 문장 난이성 등의 다양한 용어로 사용되고 있다.

넓은 의미의 이독성은 독자, 텍스트, 지면 그리고 기타의 요인을 포함하고 좁은 의미로는 텍스트 요인만을 지칭한다. 읽기는 추출, 예측, 검증, 확인의 순환 과정을 거치는 인지 작용인데 글을 읽고 완전히 이해하기 위해서는 이 순환과정을 성공적으로 끝마칠 수 있는 충분한 사전지식이 독자에게 있어야 한다. 이러한 관점에서 문장의 이독성은 독자가 읽기의 모든 순환 과정을 성공적으로 거칠 수 있는 정도, 특히 전체 문장의 의미에 대하여 예측을 만들고 확인할 수 있는 정도라고 할 수 있다. 다시 말하면 문장의 이독성이란 독자가 문장의 의미를 재생해낼 수 있는 용이성의 정도이다(Park, 1979).

넓은 의미로서의 이독성이란 용어는 글을 읽고 이해하는데 영향을 미치는 모든 요인과 관계가 있다. 이들 이독성의 요인은 크게 독자의 요인, 텍스트의 요인, 지면(page)상의 요인의 세 가지로 분류되는데(Klare, 1984), 독자의 사전 지식, 글에 대한 흥미나 관심, 동기 등은 독자의 요인에 속하는 것이고, 단어의 길이와 난이도, 문장의 길이와 구조, 그리고 단락의 구성 등은 텍스트의 요인이며, 글자의 크기와 모양, 줄 간격, 페이지의 구성 등은 지면상의 요인에 속하는 것이다. 지면상의 요인은 보통 가독성(legibility)이란 용어로 설명되는데 이것은 페이지와 문자 디자인과 연관된 것으로 글자가 얼마나 빠르게 인식되는가를 나타내준다.

〈표 9〉 이독성에 영향을 미치는 세 가지 요인

요인	특징
지면상 요인	글자의 크기와 모양, 줄 간격, 페이지 구성, 지면의 모양, 지면의 배열 등
독자 요인	독자의 흥미와 동기
텍스트 요인	글.자체의 요인(좁은 의미의 이독성)

텍스트 요인에 초점을 둔 본격적인 이독성 요인을 연구한 사람으로 Gray와 Leary(1935)가 있는데 그들은 이독성에 영향을 미치는 요인으로 중복된 형태지만 모두 289개를 꼽았다. 여기에서 중복된 것을 통합하여 82개로, 다시 44개로 줄였다. 그러나 그들이 제시한 모형 구문은 이독성 분석의 기준으로는 너무 광범위한 것이어서 Brinton과 Danielson(1958, p.420)이 이 요인 중에서 다른 요인보다 문장 이해와 관련성이 높은 것으로 4개의 요인을 추출하였다. 그 4개의 요인을 이독성에 미치는 영향력이 큰 것에서부터 작은 것의 순서로 분류해 보면 다음과 같다.

    a. vocabulary
    b. sentence
    c. stylistics
    d. grammatical complexities

Stolurow와 Newman(1959, p.245)도 역시 위의 44개의 모형구문 가운데 92.8%를 차지하는 10개의 주요한 이독성 요인을 찾아내서 다시 그 중에서도 가장 결정적인 요인으로 다음 두 가지를 지적하고 있다.

    a. relative difficulty of words(34%)
    b. relative sentence difficulty (20%)

위의 요인 분석을 비교한 Klare(1963, p.163)는 다음과 같은 견해를 보여주고 있다.

 a. ... with few exceptions the 20 to 23 elements could be roughly grouped under two main factors, word and sentence difficulty.
 b. ... of the two, word difficulty is relatively the more important.

이상의 내용을 종합해 본다면 이독성의 가장 결정적인 요인 두 가지는 어휘 요소와 문장 요소라는 것을 알 수 있다. 여기서 어휘 요소는 다시 단어의 길이, 단어의 빈도, 단어의 친밀도 등 의미적 난이도(semantic difficulty)와 관련되는 요인이고, 문장 요소는 문장의 길이, 문장의 복합성과 같은 통사적 난이도(syntactic difficulty)를 나타낸다. 이처럼 이독성의 주요한 두 가지 요소인 어휘 요소와 문장 요소를 바탕으로 단계별 읽기를 위한 과학적 접근법으로 미국의 렉사일(Lexile) 지수와 한국의 리드(Read) 지수가 있다.

〈표 10〉 이독성의 가장 결정적인 두 가지 요인

요인	특징
어휘 요소	단어의 길이, 단어의 빈도, 단어의 친밀도
문장 요소	문장의 길이, 문장의 복합성

① 렉사일(Lexile) 지수
읽기를 위한 렉사일 표는 읽기를 위한 과학적인 접근법이며, 텍스트 측정법 이다. 렉사일 지수에는 렉사일 독자 지수(lexile reader measure)와 렉사일 문서 지수(lexile text measure) 두 가지가 있다. 렉사일 독서 지수는 렉사일 스케일에서 개인의 읽기 능력을 나타내 준다. 두 개가 함께 쓰일 때, 이들은 독자가 적절한 난이도 수준의 책이나 다른 읽기 자료를 선택할 때 도움을 줄 수 있다. 〈그림 4〉는 렉사일 척도(scale)에서 렉사일 리더 지수와 렉사일 문서 지수와의 관계를 보여준다.

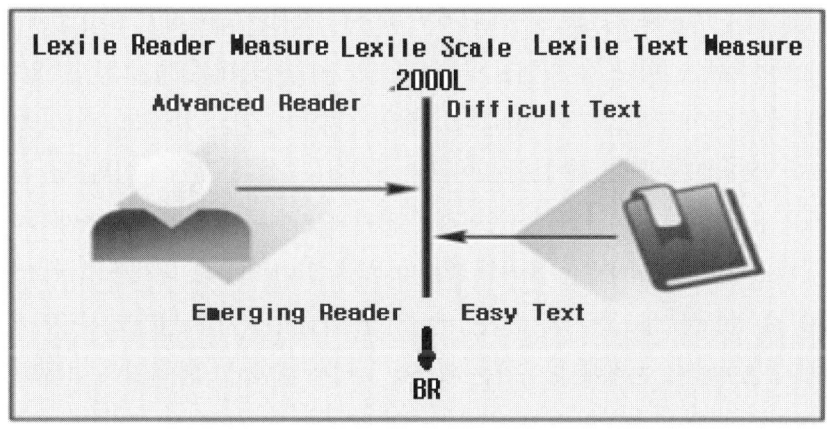

〈그림 4〉 렉사일 척도(scale)에서 렉사일 리더 지수와 렉사일 문서 지수와의 관계
(출처: www.lexile.com)

<그림 4>에서 나타나는 바와 같이 렉사일 지수는 가장 낮은 단계의 BR부터 가장 높은 단계의 2000L까지로 나타난다. 독자 렉사일 지수가 숫자가 낮은 5L 정도의 렉사일 지수를 가진 독자는 이제 막 읽기를 시작한 독자라고 할 수 있으며, 2000L에 가까울수록 능숙하고 뛰어난 독자라고 할 수 있다. 책 역시 5L 정도의 책은 매우 읽기 쉬운 책을 의미하며, 숫자가 작을수록 읽기 쉽고, 2000L에 가까울수록 읽기 어려운 책이라고 할 수 있다.

렉사일 독자 지수는 보통 독자로 하여금 읽기 이해 능력 시험을 통해서 측정하게 된다. 렉사일 지수를 나타내주는 약 24개의 시험이 있으며, Scholastic Reading Inventory, PASeries Reading, the Iowa Test of Basic Skills, End-of-grade State Assessments 등이 있다. 시험에서 독자의 점수는 렉사일 지수로 나타나며 가장 낮은 0L부터 가장 높은 2000L 까지가 있다. 그러나 독자가 0L을 나타내거나 혹은 그 아래의 점수가 나면 BR(Beginning Reader) 표시가 그들의 성적표에 나타난다.

렉사일 텍스트 지수는 렉사일 독자 지수처럼, 같은 렉사일 스케일에 나타난다. 렉사일 텍스트 지수는 책의 난이도 및 이독성을 수치화해서 나타낸 것이며 의미의 난이도(단어 빈도)와, 통사적 난이도(문장의 길이)에 따라 부여된 수치이다.

렉사일 독자 지수와 텍스트 지수의 매우 유용한 장점은 구체적인 렉사일 레벨로 독자가 텍스트를 얼마나 잘 이해할 수 있는지를 예측하는데 함께 쓰일 수 있다는 점이다. 예를 들어 만약 독자가 100L의 렉사일 지수를 가지고 있으면, 그는 100L의 텍스트를 75%정도 이해할 수 있을 것이라고 예상할 수 있다. 75%의 이해율은 '목표' 읽기라고 불리어진다. 이 비율은 독립적인 읽기에 기초를 두고 있다; 만약 독자가 도움을 받았다면, 그 이해율은 증가할 것이다. 목표 읽기 비율은 독자가 그 텍스트를 이해하기에 충분한 정도를 나타내주는 것이지만, 약간의 읽기 도전감도 마주하게 될 것이다. 이 도전감의 지점에서, 독자는 텍스트가 너무 쉬워서 지루하거나 이해하기에 너무 어렵다고 느끼지도 않을 것이다. 그 결과는 읽기 경험의 보상이 된다.

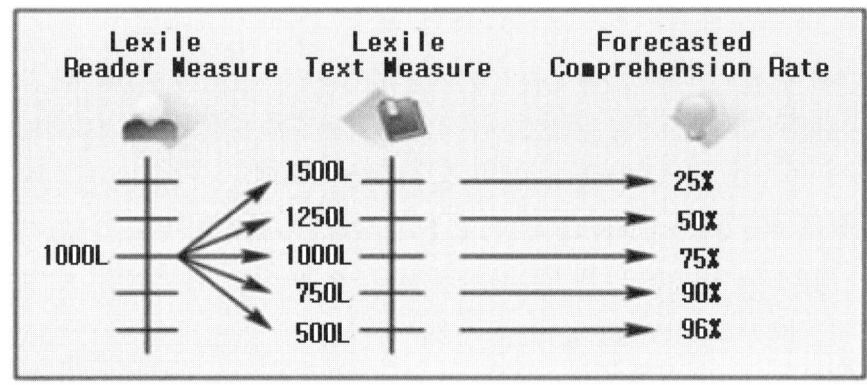

〈그림 5〉 독자의 다양한 책의 렉사일 지수에 따른 예상 이해율(출처: www.lexile.com)

<그림 5>는 1000L의 지수를 갖는 독자가 각기 다른 렉사일 텍스트 지수에 따른 예상 이해율을 나타내준다.

그러나 교사는 한 책의 렉사일 지수는 단지 그 텍스트의 난이도만을 언급한다는 것을 유념해야 한다. 렉사일 지수는 책의 내용이나 질을 설명해 주지는 않는다. 렉사일 지수는 텍스트가 이해하기에 얼마나 어려운가를 위한 두 가지 강한 예측 즉, 단어의 빈도와 문장의 길이에 따른 예측을 기초에 두고 있을 뿐이며 텍스트의 내용, 연령, 흥미, 독자 자신, 책의 디자인 등 다양한 요인들이 독자와 책 사이에서 영향을

끼친다. 따라서 렉사일 지수는 책을 선택하는 과정의 좋은 출발점이 되지만, 이러한 요인들이 책을 고르는 결정을 내리는데 있어 고려되어야 할 것이다.

② 리드(Read) 지수

READ지수는 Reading Environment & Ability Degree의 약자로 개인의 독서환경과 능력을 측정하는 READ검사와 READ지수도서로 구성된 종합적인 독서 프로그램을 말한다. 이는 '(주)낱말'에서 7년간의 연구개발 성과로 특허를 출원한 LECTIO™지수에 기반한 것으로, 텍스트의 난이도를 결정하는 의미의 어려움 및 구문의 어려움을 도서에 사용된 어휘의 난이도, 빈도와 문장 길이를 사용하여 지수화한 것이다. READ지수의 분석 기준은 어휘의 난이도와 사용빈도, 문장의 길이와 어절의 수, 글자의 크기, 삽화의 정도, 도서의 분량이다. 렉사일 지수와 비교했을 때 READ지수의 분석 기준이 다소 많지만 어휘의 난이도 및 문장의 길이로 분석 기준을 삼았음이 동일함을 확인할 수 있다.

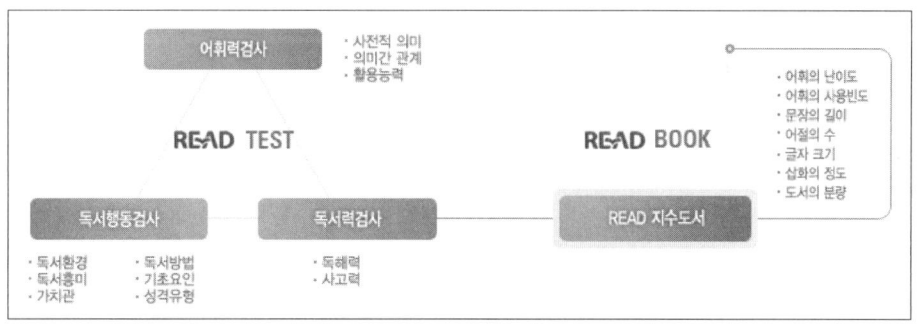

〈그림 6〉 리드(Read) 지수(출처: www. http://www.kyobobook.co.kr)

렉사일 지수가 렉사일 독자 지수(lexile reader meaure)와 렉사일 도서 지수(lexile book measure)로 나뉘듯, 리드 지수는 READ BOOK 지수와 READ TEST로 나뉘며 그 체계는 <그림 6>과 같다.

READ도서 지수는 도서의 난이도를 과학적·객관적으로 측정한 후 숫자로 표시하여 개인의 독서력에 맞는 도서를 선정하여 읽을 수 있도록 해주며 다음과 같은 특징을 갖는다.

- 100부터 1850까지의 READ지수로 도서의 난이도를 쉽게 파악할 수 있다.
- READ지수가 클수록 도서의 난이도가 높음을 의미한다.
- 독서력 검사 후에 확인할 수 있는 개인의 READ점수와 도서의 READ 지수를 매칭시켜 책을 읽으면 자기 수준에 맞는 책을 선택할 수 있다.
- READ 지수가 부여된 책들은 공신력 있는 기관/단체의 추천도서들을 중심으로 구성되어 있는 믿을 수 있는 양서이다.
- 연령별·주제별 다양한 도서들로 구성되어 있다.

독자들의 READ지수를 측정할 수 있는 테스트 종류는 크게 독서력 검사, 어휘력 검사, 독서 환경검사가 있으며 각각의 특징 및 평가 영역은 아래의 <표 11>과 같다.

〈표 11〉 READ TEST 종류 및 특징

검사 종류		특징
독서력 검사	검사의 특징	- 검사 결과로 나오는 개인별 READ점수와 도서의 READ지수를 매칭시켜 개인의 수준에 맞는 책을 추천해 줌 - 도서선택과 독서교육을 위한 객관적인 기준으로 활용할 수 있음 - 정기 측정을 통해서 독서능력 향상여부를 체크하고 지도할 수 있음
	평가 영역	- 기본 독해력 : 문장을 읽고 이해하는 기본 능력 - 사고력 : 사실적 사고력, 추론적 사고력, 비판적 사고력
	대상	초등학생~성인
	검사지 구성	1~7급 7종으로 구성
어휘력 검사	검사의 특징	- 23만개의 어휘DB를 바탕으로 인지어휘 난이도 기준에 따라 체계적으로 문항을 출제 - 단순한 어휘 지식뿐만 아니라 표현 능력 등 복합적인 언어 능력까지 측정 - 측정요소에 대한 강약점을 분석해주고 개인별 어휘학습 방향 제시

	평가 영역	- 어휘의 사전적 의미 - 의미간의 관계 파악 - 어휘의 적절한 사용
	대상	초등학생~성인
	검사지 구성	1~7급 7종으로 구성
독서 행동 검사	검사의 특징	- 독서에 영향을 줄 수 있는 모든 영역 진단 - 독서활동에 악영향을 주는 문제점들을 파악하게 해줌 - 개인의 성격에 따른 독서교육 계획의 지침을 마련해 줌 - 독서를 촉진시키는 바람직한 환경 조성방법 제시 - 진단결과에 대한 상세한 해석과 지도안을 제공하여 효과적인 독서교육과 상담에 활용 가능
	평가 영역	- 독서환경 : 독서를 위한 물리적, 교육적 환경 - 독서흥미 : 독서에 대한 관심과 의욕 - 가치관 : 책을 대하는 가치관 - 독서방법 : 현재의 독서전략 및 효율성 평가 - 기초요인 : 발달과정에서 나타날 수 있는 문제 파악 - 유형분석 : 개인의 성격과 독서스타일 분석
	대상	초등학생~중학생
	검사지 구성	4종으로 구성

READ 점수와 도서의 READ 지수와의 상관관계는 다음의 <표 12>와 같으며, 교사는 렉사일 지수와 마찬가지로 읽기 교재 선정 시 이를 활용할 수 있다.

<표 12> READ점수와 도서의 READ지수와의 상관관계

(출처: http://www.kyobobook.co.kr)

구분	이해도	특징
나의 READ 점수가 책의 READ 지수보다 250 이상 높은 경우	책에서 사용된 어휘의 90% 이상을 알고 있다.	• 나의 수준에 비해 너무 쉬운 책 • 깊이 있는 지적 활동이 이루어지지 않음 • 독서에 대한 흥미 저하, 독서효과저하
나의 READ 점수가 책의	책에서 사용된 어휘의	• 자신감 있고 편안한 독서 가능

READ 지수보다 −100~ +50 사이인 높은 경우	75% 이상을 알고 있다.	• 재미있고 효과적인 독서 가능 • 도전의식과 지적호기심 자극
나의 READ 점수가 책의 READ 지수보다 250 이상 낮은 경우	책에서 사용된 어휘의 50% 이상을 알고 있다.	• 나의 수준에 비해 너무 어려운 책 • 독서에 대한 좌절감 • 독서흥미상실, 독서 포기

1.4.4 학습 주체별 읽기 지도

이상으로 학습자의 수준에 따라 적용할 수 있는 읽기 지도 방법을 살펴보았다. 편차가 매우 큰 학습자 개개인의 읽기 능력에 맞는 교수−학습 방법을 적용하기 위해서는 학습 주체별로 다음과 같은 역할이 필요하다.

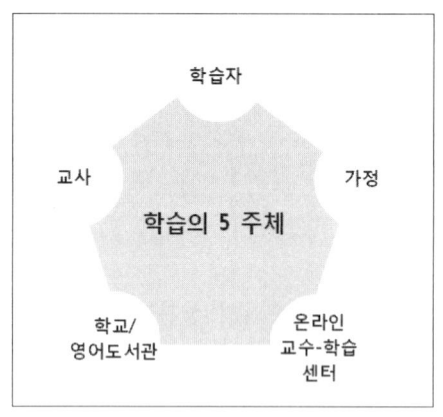

〈그림 7〉 학습의 5주체

영어 능력 신장을 위한 학습의 5주체는 <그림 7>과 같이 학습자, 교사, 가정, 학교 또는 영어도서관, 온라인 교수−학습 센터로 구성된다. 교사는 학습자에게 이해 가능한 입력을 제공하고, 읽기의 역할 모델이 되며, 언어 학습을 위한 안내자 및 조력자로서의 역할을 한다. 가정은 학습의 지원 및 지속적인 교실 밖 활동을 격려하고, 가족과 함께 독서, 녹음 및 다양한 체험을 함으로써 학습자의 영어 학습을 장려한다. 학교 또는 영어 도서관은 학습자가 많은 언어 입력 자료를 얻을 수 있는 장소이며, 책, 인쇄물, 오디오 및 비디오 자료 등 언어 학습 지원을 위한 기반이 된다. 온라인 교수-학습 센터는 학습자 개개인의 자기 주도적 학습을 가능하게 하며, 온라인을 통한 자료 제공, 공유 및 실질적인 언어 사용의 기회 제공, 학습 내용의 기록 및 커뮤니티 간 공유를 가능하게 하는 시간과 공간적 제약을 초월한 개별 학습 지원 공간이다. 각 학습 주체별 구체적인 역할을 살펴보면 <표 13>과 같다.

<표 13> 학습 주체별 교수-학습 방법

학습 주체	교수-학습 방법 및 역할
학습자	• 자신의 수준과 흥미에 맞는 도서 선택 • 혼자 읽기(independent reading) • 오디오를 따라 읽기(audio-assisted reading) • 스스로 소리 내어 읽기(self read aloud) • 학급 친구 또는 후배/동생에게 읽어주기(read aloud to others) • 독서 노트(book report) 기록 • 독서 신문(reading journal)/ 독서 퀴즈(reading quiz) 만들기 • 책 내용 기록 및 보고(report)하기
교사	• 방과 후 수업시간을 통한 읽기 활동 • 학생의 영어 읽기 수준 진단 • 읽기 방법 및 지침(reading guidelines) 제공 • 학생이 흥미를 가지고 계속 책을 읽도록 동기 부여 • 읽은 도서에 대한 이해 측정 • 읽은 도서에 대한 듣기, 말하기 및 쓰기 활동 장려 • 독서 일정 목표량 달성 또는 우수 말하기/쓰기 활동 모둠 시상
가정	• 학생의 흥미와 수준에 맞는 도서 선정 도와주기 • 영어 책 읽기 장려하기 • 부모와 함께 책 읽기 • 책 읽는 시간 확보 도움 주기 • 소리 내어 읽는 것 들어주기 • 소리 내어 읽는 것 녹음 도와주기 • 독서 신문 및 블로그 작성 도와주기 • 독서 후 부모와 함께 감상 나누기 • 독서 일정 목표량 달성에 따른 포상

학교 및 영어 도서관	• 다양한 읽기 자료 및 언어 입력 자료 구비 • 학생의 흥미에 맞는 도서를 선택할 수 있도록 일람표(inventory)제공 • 소리 내어 읽는 것 녹음 및 듣기/ 공유 지원 • 독서 내역 인증
온라인 교수-학습 센터	• 퀴즈, 게임, 급수제 등 독서 후 활동 지원 • 온라인 아이디 생성 및 아바타 지원으로 독서 활동 흥미 유발 • 온라인 커뮤니티 형성 지원 • 온라인 채팅, 자료방 및 게시판으로 독서 후 활동 공유 지원

1.5 읽기 수행 평가 방법

　읽기 평가는 듣기 평가와 마찬가지로 이해 능력을 측정한다. 최종 목표는 문과 비문의 식별, 일상생활에 관한 상황, 의미, 요지, 주제, 줄거리, 소재, 순서, 관계 및 의사소통 기능의 이해에 있다.

　읽기 기능 평가는 보통 초급 시기에는 어휘적인 능력을 다루고, 중급 시기에는 전반적인 문단 이해력을 다룬다. 초급 수준에선 알파벳을 식별하는 능력부터 시작하여 어휘의 의미에 대한 이해력을 그림을 제시해 주고 그 속에서 뜻을 맞추도록 한다.

　중급 수준에서는 그림을 사용하지 않고 말의 풀이로써 평가 문항의 어휘의 의미를 파악하는 능력을 측정한다. 이때 어휘는 독립적으로 주어지는 것이 아니고, 초급 수준에서는 문장 단위로, 중급 수준에서는 문단속에서 그 의미를 이해하는 능력을 측정해야 한다.

　보통 독해 평가의 문항은 선택형으로 많이 제시되는데 주의할 것은 문항의 어휘나 길이가 지문의 수준보다 어렵거나 지나치게 긴 문항은 좋지 않다. 아울러 완성형의 문항을 활용하여 통합적인 평가를 실시할 수 있다. 초등학교나 중학교 정도의 수준에서는 지문의 길이를 학년에 따라 다르게 하는 것이 좋다. 그러나 학습자의 수준과 시간적인 면을 고려하여 문항을 제작해야 한다.

1.5.1 읽기 수행 평가의 기본 방향

사실적, 추론적, 평가적 이해 능력은 모두 읽기에서 중요한 하위 능력 요소들이지만 읽기 평가에서는 특히 추론적 이해나 평가적 이해의 비중이 좀 더 크다. 읽기라는 활동 자체가 글자 그대로의 의미를 단순히 인지하는 것 보다는 글자로 표현된 글의 진정한 의미가 무엇인지를 찾아내어 이해하는 것이 더 중요하기 때문이다. 읽기의 수준이 올라감에 따라 사실적 이해 능력보다는 추론적, 평가적 이해 능력이 더 필요하다. 따라서 읽기 수행평가 기준을 설정할 때에는 기본적으로 사실적 이해 문항도 포함하되 추론적 이해와 평가적 이해 문항의 비중을 더 크게 하는 것이 바람직하다.

읽기 평가의 난이도에 영향을 주는 요인으로는 평가문항의 형태나 지시문의 명료성, 학생이 알고 있는 단어의 양과 수준, 읽기 자료 속에 담고 있는 개념이나 주체의 친밀성 및 복잡성, 읽기 자료 전체의 담화 조직성, 학생들의 스키마 부족이나 저자와의 스키마와의 불일치와 같이 읽기 자료 종류도 평가의 난이도에 영향을 준다. 따라서 이러한 요소들을 감안하여 평가가 진행되어야 한다.

평가 방법으로는 예비 읽기 활동, 각 문단의 첫 문장 읽고 전체 내용 이야기하기, 본문에 제시된 그림을 보고 내용 이야기하기, 끊어 읽기, 직독 직해 연습, 문장 내 주요 정보 파악하기, 연결 관계 이해하기, 읽은 내용에 대한 주제 쓰기, 섞은 문장 배열하여 문단 구성하기, 문단 제목 정하기, 주인공에 대하여 이야기하기, 세부사항 파악하기, 요약하기, 괄호 메우기, 읽은 내용에 대해 설명을 하도록 하거나 자기 의견을 말하게 하는 등 말하기 평가와 연관지어 측정할 수 있다.

1.5.2 읽기 수행 평가의 종류

읽기 평가는 Routman(1994)이 지적하는 바와 같이 독해력, 독해 전략, 읽기 기능, 읽기 태도, 자기 평가 면에서 실시할 수 있다. 독해력을 평가하기 위해서는 이야기 다시 이야기하기(retelling), 일화기록(anecdotal records), Short Answer Question

을 활용하며, 독해 전략을 평가하기 위해서는 독해 전략 점검표를, 읽기 기능을 평가하기 위해서는 규칙 빈칸 메우기 시험(Cloze test)과 C - 테스트(C - test)를, 읽기 태도를 점검하기 위해서는 독서 기록장이나 설문 조사서를, 자기 평가를 위해 독해 활동과 독해 전략에 대한 자기 진단법 등을 도입할 수 있다.

위에서 언급한 읽기 수행 평가 방법 중에서 몇 가지만 간단히 소개하면 다음과 같다.

1) 다시 이야기하기(Retelling)

읽은 글을 다시 이야기하기란, 학생의 읽기 능력을 실제적으로 직접 측정해 보는 관찰법과 면접법이 혼합된 평가 방법으로 볼 수 있다. 학생이 이 글을 읽고 난 후 교사의 일대 일로 대면하여 관찰한 내용을 다시 이야기하는 것으로 그 내용을 평가자의 평가 사항에 표시한다. 그 다음, 교사가 질문하고 학생이 대답하는 과정을 통해 학생이 다시 이야기에서 빠뜨린 사항에 대한 이해 여부를 알아보고 보다 많은 정보를 얻을 수 있다. 이 수행과정에서 학생은 읽은 글의 줄거리, 주요 등장인물의 이름과 글의 주제, 배경, 사건, 갈등과 해결을 다시 이야기할 수 있어야 한다. 다시 이야기에서 유의할 점은 학생이 읽기 전에 글의 내용에 대하여 아무런 토의를 하지 않고 다시 이야기를 해야 한다는 것을 미리 알려준다.

다시 이야기하기에서 자기 평가는 다시 이야기하기 활동에 대해 학생에게 스스로 생각하고 반성할 수 있는 기회를 제공할 뿐만 아니라 교사로 하여금 평가가 타당하였는지를 비교하여 분석해 볼 수 있는 기회가 된다.

2) 오독 분석하기

학습자가 읽는 과정에서 무엇을 하고 무슨 생각을 하는지를 직접적으로 보다 자세하게 관찰할 수 있는 방법으로, 자신이 잘 못 읽은 사항을 기록하기 위해 글의 복사본을 미리 준비한 뒤, 평가 대상 학습자가 읽는 동안 다음과 같은 사항을 검토해야 하며, 아래의 읽기 책략 평가 사항을 참고로 평가할 수 있다.

① 예측하기 위하여 앞의 내용을 맥락으로 이용하는 것
② 뜻이 통하지 않게 잘못 읽는 것
③ 뜻이 통하지 않게 잘못 읽은 것으로 고치는 것
④ 문장 구조, 의미, 글자와 소리를 단서로 사용하는 것

3) 클로즈 시험(Cloze Test)

본문에서 고의로 삭제된 단어들이 빈칸으로 제시된 문단을 읽으면서 학생이 이것을 메우는 시험이다. 학생들은 이 빈칸을 메우기 위해서 문화적 지식이나 선험적 배경지식 뿐만 아니라 통사적, 어휘적, 의미적 지식까지 사용해야 한다는 점에서 많이 사용되는 측정 방식이다. 독립적 읽기 수준의 학생들은 읽기 지문에 있는 대부분의 어휘와 내용을 인식한다. 지도 수준의 학생은 교사의 도움이 있을 때만 계속할 수 있다. 좌절 수준의 학생들은 도움을 받고서도 어려움을 겪는다. 대개 50~60% 이상의 정답을 맞힌 학생들은 독립 수준, 35~50%는 지도 수준, 35% 이하는 좌절 수준이라고 할 수 있다. 이 활동은 어떤 학생들이 도움이나 더 쉬운 자료가 필요한가 알아 볼 때 유용하며, 따라서 중급이나 고급 수준의 학생들에게 적당한 활동이다.

4) C-테스트(C-test)

이 평가는 문단에서 규칙적으로 삭제된 부분을 메우는 규칙 빈칸 메우기 평가와는 달리, 독해 자료의 매 두 번째 단어의 일부를 탈락시켜 그 부분을 채우도록 하는 평가법이다. 즉, 읽게 될 문장 속의 매 두 번째 단어마다 철자가 부분적으로 빠진 단어의 형태가 제시되는데 그 비어있는 부분을 완성하는 것이다. 예를 들면 영어의 경우 철자가 짝수인 단어는 그 숫자의 반은 제시되고 나머지 반은 빈칸으로 남게 되며, 철자가 홀수인 것은 철자 수의 반에 한 철자가 더 탈락되는 형태로 제시된다.

이를 테면, to나 this는 짝수의 철자를 갖고 있으므로 t-와 th-로 표시되며, their와 thanked는 홀수의 철자를 갖고 있어 th-와 tha-로 표시된다는 것이다. 한 가지 유의할 것은 많은 경우 C-test나 Cloze test가 쓰기 평가라고만 이해하고 있는데 읽기와 쓰기 평가에 모두 해당 될 수 있으며 원칙적으로 읽기 평가로 분류된다는 것이다.

5) 서술형(Short Answer Question)

간단하게 말하면 일정한 문장이 끝났을 때, 그 문장의 주제나 내용 등을 묻는 테스트를 말한다. 가장 기본적이고 널리 활용되고 있는 평가 형식으로 질문의 형태가 비교적 명료하게 이루어진다.

6) 읽고 그리기(Read and Draw)

이 방법에 사용되는 지문은 보통 묘사의 형식을 나타내는 경우가 많다. 학습자들은 읽기 자료를 읽고 거기에서 묘사되고 있는 상황과 모습을 그림으로 그린다. 평가 시 유의할 점은, 그림을 간단하고 정확하게 그릴 것을 주지시켜야 하며, 반드시 그려야 하는 항목을 정확히 정하는 것이다.

7) 개념 지도 그리기

최근에는 학생들의 관념 이해력과 관계성 파악능력을 확인하기 위해서, 개념 지도 작성법이라는 새로운 평가 도구들이 활용되고 있다, 개념 지도는 학생들이 개념 및 개념 간 관련성에 대한 자신의 이해 정도를 표현하기 위해서 스스로 만들어 낸 정보의 묶음 혹은 집단을 가리킨다, 개념 지도는 종이의 중앙에 핵심 개념을 적어 놓고, 그 개념과 관련 있다고 생각되는 개념들을 선이나 단어로써 연결하여 하나의 관념 망을 그려가는 것이다.

가. 읽기 수행평가시 주의사항

1) 수행평가 문항 작성의 어려움

처음 수행평가가 교실수업에 정책적으로 도입될 때 현장교사 뿐만 아니라 평가 담당자에게도 수행평가의 용어와 개념이 생소하고 불확실하였다. '수행' 및 '수행평가' 개념의 생소함과 불확실성으로 인하여 현장에서 수업과 평가를 담당하는 교사에게 많은 어려움이 있었다. 그 이유 중의 하나가 수행평가의 영역이 구체적으로 정해지지 않았으며, 수행평가 문항도 많이 개발되어 있지 않았기 때문이다. 물론 2

년 전에 교육부에 의해 절대기준 평가 기준안이 마련되어 수행평가 문항개발 지침을 제공하기도 하였지만, 교실수업에서 구체적으로 진행될 수 있는 평가문항으로 사용되기에는 아직 검증 및 여과 과정이 필요하다고 본다.

2) 수행평가 실시의 문제점

이렇게 어렵게 작성된 수행평가 문항을 실제로 평가에 사용하는 데는 많은 시간과 노력이 소요된다. 학생들이 영어작문이나 말하기와 같은 수행평가를 효율적으로 치를 수 있는 능력이나 여건이 조성되어 있는지 현재로서는 의심의 여지가 있다. 또한 교사들도 학생들의 영어수행을 타당하게 평가할 수 있도록 검증할 필요가 있으나, 이러한 검증 노력도 그리 간단히 해결될 문제는 아니다. 뿐만 아니라 영어의 의사소통능력에 필요한 세부능력에 대한 과제들을 다시 정의하고, 많은 문항 또는 평가과제를 개발하여 교사들에게 효과적인 지침이 될 수 있어야 하는데, 개발된 문항의 보안(security)도 무시할 수 없는 문제로 부각된다.

3) 채점의 문제점

영어 수행평가 문항에 따른 적절한 채점기준이 개발되어 채집된 수험자의 수행에 대해 채점을 객관적으로 실시함으로써 신뢰할 수 있는 점수부여가 이루어져야 한다. 수행평가를 통하여 수집된 수험자의 수행을 채점하는 시간과 노력도 많이 소요되지만, 수행평가에는 채점자의 주관성이 불가피하므로 가능한 한 채점의 객관성과 신뢰도를 확보하려는 노력이 아주 중요하다. 언어수행평가의 개발 노력이 시험의 수행을 가능한 한 일상적 언어사용과 일치시키려는 노력이라 할 수 있으나, 한편 수험자의 수행에서 산출되는 점수의 신뢰도가 큰 문제가 된다.

2장
초등영어 읽기 지도의 실제

2장에서는 1장 초등영어 읽기 지도에서 살펴본 지도 전략 및 수행 평가 이론에 대해 학교 현장에서 바로 적용이 가능한 실천적 학습 활동을 제시하고자 한다.

읽기 지도를 위한 활동들을 목적에 맞게 활용할 수 있도록 초기 읽기 지도를 위한 활동, 게임을 통한 읽기 활동, 읽기 지도를 위한 만들기 및 조작 활동, 읽기 지도를 위한 동기유발 활동, 수준별 읽기 지도를 위한 활동, 수행 평가 활동의 6가지 소주제로 분류하였으며, 이를 요목화하면 <표 1>와 같다.

<표 1> 읽기 지도를 위한 활동의 분류

소주제	활동유형	활동명
초기 읽기 지도를 위한 활동	Phonics	같은 소리를 가진 단어 찾기
	알파벳 지도	숨은 알파벳 찾기 활동
		대문자와 소문자 연결하기 활동
		그림과 같은 알파벳 짝 찾기 활동
	어휘지도	빙고 게임(Bingo game)
		빨리 잡기 게임(Snatch game)
		말판 놀이(Board game)
	생각하며 읽기	그림 보며 예상하기(Pre-reading with picture)
	오감을 이용한 활동	읽고 행동하기(TPR -read and do)
게임을 통한 읽기 활동	색칠하기 게임	알파벳 찾고 읽기(Find the Alphabet and Read)

		단어 게임	그림 색칠하기 놀이(Color the picture)
			원 표시하기(Mark circles)
			선 긋기(Draw Lines)
		그리기 게임	얼굴 그림 그리기(Draw a face)
		주사위 게임	주사위 읽기 게임(Dice game)
			좋아하는 음식 놀이(Favorite food game)
		순서 찾기 게임	순서 찾기 게임(Put them in order)
		알맞은 단어 찾기	수수께끼 놀이(Rebus Matching)
읽기지도를 위한 만들기 및 조작 활동		알파벳 익히기	파닉스 슬릿 카드(Phonics Slit Card)
			알파벳 플랩카드(Alphabet Flap Card)
		어휘 익히기	어휘 학습 원판 돌리기
			개구리 팔 부분이 움직이는 원판
			일견단어 카드(sight words card)
			내 가방에는 어떤 단어들이 있을까?(My Bag)
		어순 익히기	조각 그림 읽기(Jigsaw)
		문장 읽기	말풍선 역할놀이(Role-play with talk box)
			미니 북(Mini Book)
			Fun art craft(Spring Box)
			Fun art craft(Accordion Book)
읽기 지도를 위한 동기유발 활동		연상하기	스무고개(Twenty Questions)
			무슨 일이 일어났을까?(What happens?)
			이야기 그림 그리기(Draw the story picture)
			~한 적이 있니?(Have you ever?)
			어떤 이야기일까?(What happens?)
			누구일까?(Guess Who)
			생각지도 그리기(Mind Map)
		어휘 익히기	나만의 사전(My dictionary)
			단어의 소리(Sound of the word)
			농장 안에서!(In the farm!)
			빙고 게임2(Bingo 2)
			구멍 난 퍼즐(A hole puzzle)
			도미노(Domino)
			눈 깜짝할 사이(In a blink)
			빨리 집기 놀이2(Snatch game2)

		손가락 DDR(Finger DDR)
		짝 맞추기 놀이(Match game)
		내 단어에 동그라미(Circle my vocabulary)
	내용 알아보기	이야기 그림 색칠하기(Color the story picture.)
		손가락 인형(Finger puppet)
		그림 순서대로 놓기(Picture in order)
		무엇이 사라졌을까?(What's missing?)
	멀티미디어 활용	p. 143쪽 참고
수행평가	구술시험	구두로 익힌 어구나 문장 읽기
	실기평가	알맞은 문장을 완성하며 바르게 읽기
		간단한 대화글 읽고 내용이해하기
		이유를 묻고 답하는 대화를 읽고 이유 알기
		읽기의 의미를 이해하며 읽고 내용알기
		문장의 의미를 이해하며 글을 읽고, 금지하는 말 찾기
		일상생활에 관한 짧고 쉬운 글을 읽고, 그 뜻 알기
		축하와 기원 작별의 인사 읽기
		단어를 찾아 쓰고 읽기
		숨겨진 낱말을 찾아 동그라미 하며 읽기
		수를 나타내는 말을 읽고 이해하기
		일상적으로 쓰이는 쉽고 간단한 낱말 읽기
	상호관찰평가	초대하는 글을 느낌 살려 읽기
	관찰평가	초대하는 문장을 만들고 읽기
		일상생활에 관련된 표현을 문자로 제시하고 읽기

이러한 예시 활동을 바탕으로 교사는 새로운 아이디어를 얻거나, 각 교실의 상황과 학습자 변인에 알맞게 변형 및 보완하여 다양한 방법으로 실천하고 공유할 수 있을 것이다. 각 소주제 별로 구체적인 지도 방법에 대해 알아보기로 하자.

2.1 초기 읽기 지도를 위한 활동

3학년에서 4학년으로 올라가면서 문자 언어를 처음 접하게 되면서 아이들은 읽기 활동에 많은 부담을 느끼게 된다. 이러한 부담을 줄이고 음성 언어 능력을 문자 언어 능력으로 전이시키기 위해서는 초기 읽기 활동의 지도가 무엇보다 중요하다. 읽기의 준비도를 갖추기 위한 초기 읽기 지도 활동에는 음철법에 따른 읽기 지도, 알파벳 지도, 그림을 통해 내용 예상하기 활동 등을 예로 들 수 있다. 음철법과 알파벳 지도 방법에 대해 2.1.1, 2.1.2에서 알아보고, 이에 대한 예시 활동 및 그림을 통해 내용 예상하기 활동의 예를 알아보도록 하자.

2.1.1 음철법에 따른 읽기 지도

음철법에서는 문자 언어의 글자소(grapheme)와 구두 언어의 소리(phoneme)들 간의 관계를 가르침으로써 논리적인 방법으로 글자를 읽을 수 있는 방법을 알게 해준다. 따라서 학습자는 단어의 철자를 보고 어떻게 소리 나는지를 예측할 수 있게 된다.

그러나 글자와 소리 관계에 있어서 불규칙한 경우가 너무 많기 때문에 영어 단어를 읽을 때 음철법의 규칙을 적용하는 데 문제가 있다고 생각하는 경우가 많다. 하지만 중요한 점은 음철법이 학습자들에게 단어를 읽는 법을 기억하기 위한 체계를 가르쳐준다는 데 있다. 음철법 지도를 받은 학습자들은 친숙한 단어들을 정확하고 또 자동적으로 알아볼 수 있으며, 새로 접하는 단어를 두려움 없이 스스로 읽어보려고 시도한다. 이것은 단어 하나하나를 읽는 능력뿐만 아니라 연결된 글 안에서 읽을 수 있는 아동의 능력에도 크게 기여한다. 또한 불규칙한 철자를 가진 단어들의 경우에도 대부분이 규칙적인 철자 – 소리 관계에 따라 읽을 수 있는 부분을 포함하고 있어서 학습자들이 단어를 읽는 법을 기억할 수 있도록 도와준다.

음철법은 듣기 경험이 충분하지 않은 우리나라 학습자들에게 학습이 끝난 후 교사의 도움 없이 혼자서 스스로 단어나 문장을 읽고 소리 내어 학습할 수 있게 해주어 초급 수준의 읽기를 하는 초등학교에서는 필수적인 읽기 전략이라 할 수 있다. 또한 알파벳에 익숙하지 않은 학습자들에게 어느 정도 문자를 쉽게 인지시킬 수 있는 기술적인 방법을 제공해 주므로 읽기 학습을 용이하게 도와줄 수 있다.

그러나 읽기가 문자를 소리 내어 읽는 것 외에도 의미까지도 파악하는 것을 포함하므로, 의미와 관련 없이 음성적인 것과 문자의 형태에만 의존하는 음철법은 보다 고차원적인 의미파악과 의미형성을 위한 읽기로 발전시키는 데 한계가 있다. 따라서 우리는 음철법을 의미 있고 실질적인 전후 상황을 통해서 가르치는 등의 다른 방법들과의 병행이 필요하며, 음소 단위로 떼어 가르치는 것 보다는 음소 인지력 (phonemic awareness)을 키우는 데 더욱 노력을 기울여야 한다.

2.1.2 알파벳 지도

우리나라의 영어 교육은 EFL상황이며, 국가 교육과정에 의해 초등학교 3학년에서 영어가 처음 지도된다. 따라서 영어 알파벳이 주는 시각적인 면에서부터 철자가 결합하는 방식, 음운체계, 문장 구조에 이르기까지 우리 글자와 비교하여 생소한 점이 너무 많기 때문에 알파벳을 도입할 때 그 방법을 고려해 볼 필요가 있다.

영어 사용권에서는 알파벳을 제시할 때 문맥을 통해 알파벳을 제시하거나 어휘를 통해 알파벳을 학습한다.

문맥을 통해 알파벳을 제시하는 방법은 알파벳 문자의 이름과 이들 알파벳에 의해 나타나는 소리의 학습을 돕는 데 활용하기 위한 알파벳 이야기 책(Eledredge, 1998)을 예로 들 수 있다. 이러한 알파벳 이야기책에 제시된 어휘들은 미국의 어린이들이 주변에서 음성 언어로 쉽게 접하는 친숙한 것들이며, 이들 어휘의 첫소리는 각각의 알파벳이 가장 흔히 만드는 소리로 구성되어 있다.

다음으로 어휘를 통해 알파벳을 학습하는 방법은 알파벳을 자음과 모음으로 구분하여, 먼저 자음은 각 자음으로 시작되는 낱말의 문자 및 그림을 함께 제시하고, 다음 단계에서 모음을 A, E, I, O, U의 순으로 제시하는 것이다. 모음 또한 다양한 그림 및 문자 어휘와 함께 제시되나 모음은 어휘 첫머리에 있지 않고 어휘 가운데 위치하도록 되어 있다.

우리나라의 교과서는 해당 단원에 나온 어휘를 통해 알파벳을 제시하는 방법을 택하고 있으며, 교과서에는 철자 이름 알기, 대소문자의 구별, 철자의 모양과 이름 대응하기 등 다양한 알파벳 인식 활동이 제시되어 있다. 우리는 이에 더하여 다음과 같은 점을 고려하여 지도해야 할 것이다.

첫째, 알파벳에서 구별하기 어려운 철자 d, b/ p, q/ m, n 등을 충분히 연습할 수 있는 기회를 제공해야 한다.

둘째, 각 철자가 가지고 있는 다양한 음가를 인지할 수 있는 활동을 추가하여 소리와 철자와의 관계를 익힘으로써 초기 읽기의 기본적인 원리를 습득할 수 있도록 해야 한다.

셋째, 각 단원에서 학습한 알파벳이 들어있는 다양한 단어를 제시하는 후속 활동이 필요하다. 이는 학습자가 소리와 철자 관계를 인식하여 단어를 인식하는 과정으로 발전하기 위해 반드시 필요한 단계이다.

넷째, 알파벳 학습은 쓰기 활동과 함께 이루어져야 한다. 언어 학습 발달은 4기능이 고르게 이루어져야 하며 베껴 쓰기, 덮어쓰기와 같이 쓰기 활동을 병행하는 경우 알파벳 인지가 더욱 효과적으로 이루어질 수 있다.

다섯째, 각 단원에서 소개된 알파벳을 후속 단원에서 지속적으로 반복·강조하여 학습자들의 기억이 지속되도록 도와야 한다.

즉, 학습자의 읽기 학습을 촉진하기 위해서는 교과서를 바탕으로 발달 단계에 적합한 읽기 재료와 읽기 활동이 필요하며, 교실 수업에서 교사는 학습자들이 알파벳을 기계적으로 암기하도록 가르칠 것이 아니라 문맥과 어휘, 그림 및 발음 지도를 통해서 체계적으로 접근해 갈 수 있도록 이끌어 주는 역할을 해야 한다.

그 밖의 초기 읽기 활동으로는 책의 표지나 삽화를 통해 그 내용을 예상해 보는 '생각 하며 읽기' 활동, 학습자들의 5감을 활용하여 교사와 함께 읽은 내용을 행동으로 표현하는 TPR활동, 책을 읽기 전 문자 및 단어를 인식하고 이야기에 나올 단어에 대한 학습 및 새로운 단어를 익히기 위한 활동인 어휘 지도 활동 등이 있으며 그 예시는 2.1.3과 같다.

2.1.3 초기 읽기 지도를 위한 활동

[읽기] - [초기 읽기 지도] - [Phonics] - [같은 소리를 가진 단어 찾기]

활동 유형	〈1. Phonics 활동〉
활동명	같은 소리를 가진 단어 찾기
적용가능 학년 및 단원	4학년, 5학년, 6학년
수업 중 활용 단계	전개 단계 또는 평가 단계
지도 방법	1. 대표로 제시하는 한 단어의 모음이나 자음의 소리와 같은 소리가 들어 있는 단어를 고르는 활동이다. 2. 학습지 형태의 개별 활동으로 진행 할 수도 있고, 교사가 대표 단어를 제시하고 학생들이 단어 카드 중에서 찾아 들어 보이며 답을 하는 전체 활동으로 진행할 수도 있다. 〈Teacher Talk〉 "Listen carefully to the sound and find the same sound in the word." "Raise your card which have the sound I told you."
활동 시간	5~10분
유의점	학생들의 수준에 따라 제시하는 단어의 뜻을 그림과 함께 제시할 수도 있고 단어만 제시할 수도 있다.
활용 자료	※ 다음 단어와 모음의 발음이 같은 단어를 고르시오. bed 10 　　　　　　 √ten　　bat　　cup

[읽기] - [초기 읽기 지도] - [알파벳지도] - [숨은 알파벳 찾기]

활동 유형	〈2. 알파벳 지도〉
활동명	숨은 알파벳 찾기
적용가능 학년 및 단원	3~4학년
수업 중 활용 단계	전개 또는 평가 단계
지도 방법	1. 영어를 처음 접하는 학생들에게 알파벳읽기를 지도한 후에 그림 속에 숨어 있는 알파벳을 찾으며 소리와 문자를 연결하여 연습하도록 한다. 2. 개별 활동으로 할 수도 있고 교사가 찾아야 할 알파벳을 불러주며 전체 활동으로 진행 할 수도 있다. 〈Teacher Talk〉 "Some alphabets are hidden in the picture." "Listen carefully what I told you and find the alphabet from the picture."
활동 시간	5~10분
유의점	학생들이 스스로 답을 찾을 시간을 충분히 주며 쉽게 포기하지 않도록 격려해 가며 진행하는 것이 중요하다.
활용 자료	출처: http://www.indischool.com/indi20/660182

[읽기] − [초기 읽기 지도] − [알파벳지도] − [대문자와 소문자 연결하기]

활동 유형	〈3. 알파벳 지도〉
활동명	대문자와 소문자 연결하기
적용가능 학년 및 단원	3~4학년
수업 중 활용 단계	전개 또는 평가 단계
지도 방법	학생들에게 알파벳 대소문자를 모두 지도한 후에 둘을 짝지을 수 있는지 알아보는 활동으로 초등학생들이 좋아하는 색칠하기 활동과 연결하여 지도할 수 있다. 〈Teacher Talk〉 "Let's find the right pair of big and small alphabets." "Color in the box of the right pair."
활동 시간	5~10분
유의점	학생들이 스스로 답을 찾을 시간을 충분히 주며 쉽게 포기하지 않도록 격려해가며 진행하는 것이 중요하다.
활용 자료	* 알파벳 대문자와 소문자가 알맞게 짝지어진 것을 골라 색칠하세요. 뭐가 보이나요? 〈정답지〉 * 알파벳 대문자와 소문자가 알맞게 짝지어진 것을 골라 색칠하세요. 뭐가 보이나요? 팽이 출처 : http://www.indischool.com/indi20/1858255

[읽기] - [초기 읽기 지도] - [알파벳지도] - [그림과 알파벳 짝 찾기]

활동 유형	〈4. 알파벳 지도〉
활동명	그림과 알맞은 알파벳 짝 찾기
적용가능 학년 및 단원	3~4학년
수업 중 활용 단계	평가 및 정리 단계
지도 방법	1. 학생들에게 알파벳읽기를 지도한 후에 그림에 해당하는 단어의 첫소리를 찾아 표시하도록 하는 활동이다. 2. 학습지 형태로 제시하여 평가 자료로 활용하거나 수준별 학습의 보충학습 자료로 이용할 수 있다. 〈Teacher Talk〉 "What's the first sound of the word?" "Draw a circle on the first alphabet of the word."
활동 시간	5~10분
유의점	학생들이 스스로 답을 찾을 시간을 충분히 주며 쉽게 포기하지 않도록 격려해가며 진행하는 것이 중요하다.
활용 자료	※ 다음 그림의 첫소리를 찾아 ○하세요.  O P Q R S T o p q r s t 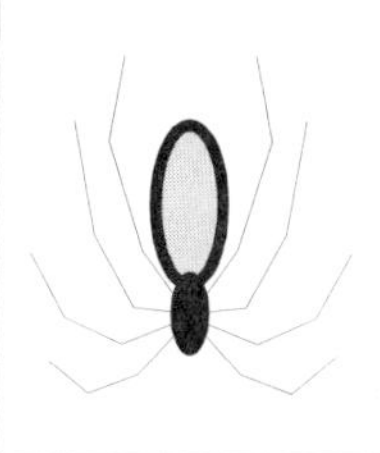 O P Q R S T o p q r s t

[읽기] — [초기 읽기 지도] — [생각하며 읽기] — [그림 보며 예상하기]

활동 유형	〈5. 생각하며 읽기〉
활동명	What happens?(무슨 일이 일어날까?)
적용가능 학년 및 단원	전 학년
수업 중 활용 단계	읽기 전 활동단계
지도 방법	1. 책의 겉표지 그림이나 제목을 보고 내용을 예측하도록 한다. 2. 그림을 먼저 보여주고 제목을 말해보게 할 수도 있다. 3. 그림의 시대적, 공간적 배경에 대해 추측하고 이야기 속에서 어떤 일이 일어날 것인지 상상해 보도록 한다. 4. 그림 속에서 다양한 물건들을 찾아보고 어떤 모습인지, 또 왜 그런지 설명하게 한다. 〈Teacher Talk〉 "What can you see in the picture?" "Guess what is the dog doing now." "What is the meaning of 'spot'?" "What will the dog do?"
활동 시간	5분
유의점	모든 학생이 그림을 볼 수 있도록 Big book을 준비하거나 화면으로 확대하여 보여준다. 배경과 상황에 대한 구체적인 발문을 통해 이야기의 내용을 짐작할 수 있도록 한다.
활용 자료	Where's Spot? Eric Hill 출처 : http://www.kizclub.com/stories1.htm

[읽기] - [초기 읽기 지도] - [학생들의 5감을 이용한 활동] - [TPR]

활동 유형	⟨6. TPR⟩
활동명	읽고 행동하기(Read and Do)
적용가능 학년 및 단원	5~6학년
수업 중 활용 단계	전개 단계
지도 방법	1. 말로 지시를 하는 전형적인 TPR 대신 교사가 문장 카드로 지시하면 학생들은 문장 카드를 읽고 문장에 맞게 몸으로 표현한다. 2. 학생들의 이해도 파악을 위한 개별 활동으로 진행할 수도 있고, 모둠별 대항의 게임식으로 진행할 수도 있다. ⟨Teacher Talk⟩ "Let's read the card and follow the direction." "Express what you read." "Let's make two teams and play a game!"
활동 시간	5분
유의점	문장 수준의 읽기가 가능한 학생들에게 적용 가능하다. Read and Do 활동 후에 다 같이 소리 내어 읽기를 하며 문장 읽기를 복습할 수도 있다.
활용 자료	**Wash your hands.** **Clap your hands three times.** **Touch your nose.** **Touch your ears.** **Take off your cap.**

[읽기] － [초기 읽기 지도] － [단어 인식 지도] － [빙고게임하기]

활동 유형	〈7. 단어 인식 지도〉
활동명	빙고게임(Bingo game)
적용가능 학년 및 단원	전 학년
수업 중 활용 단계	전개 단계
활동 방법	특정 표현을 익힌 후 쓰기와 읽기를 통합하여 지도할 수 있는 활동이다. 활동 단계는 다음과 같으며 짝 활동으로 진행한다. 1. <보기>에 있는 단어 중에서 9개를 골라서 빙고 칸에 쓴다. 2. 가위 바위 보를 하여, 이긴 사람이 먼저 단어를 부르며 동그라미 하고 진 사람의 경우 그 단어가 있으면 동그라미 한다. 3. 서로 번갈아 가며 단어를 부르고, 3줄 빙고를 먼저 외친 사람이 승리한다. 〈Teacher Talk〉 "We'll play a game with your partner." "Choose nine words from the options and put them in the blank." "Toss up for deciding who will be first." "Call a word by turns and draw a circle on the word." "The one who complete three lines of circles win the game."
활동 시간	5～10분
유의점	짝 활동이나 모둠활동으로 진행하며 단어를 바꾸어가며 모든 단계에서 즐겨 활용할 수 있다.
활용 자료	<보기> | bag	watch	bike	doll	pencil	bat	eraser
book	cap	ruller	robot	computer	pencilcase	candy	 <bingo board>

[읽기] – [초기 읽기 지도] – [단어 인식 지도] – [빨리 집기 게임]

활동 유형	〈8. 단어 인식 지도〉
활동명	빨리 집기 게임(Snatch game)
적용가능 학년 및 단원	5~6학년
수업 중 활용 단계	새로운 표현을 익힌 후 읽기 및 말하기 연습을 더 하기 위한 게임 활동으로 활용
활동 방법	1. 칠판 위에 질문들에 대한 답을 동그라미 안에 여러 개 써넣고 두 명이 한 팀이 되거나 그 이상의 사람이 한 팀이 되어 자기 팀의 리더가 문제를 낸다. 2. 자기 팀의 구성원과 다른 팀의 구성원이 함께 문제를 읽고 빠르게 칠판 위에서 적절한 답을 찾아내면 된다. 〈Teacher Talk〉 "Let's play a snatch game." "Please form into two groups and appoint a leader." "The leaders will give you a sentence card in turns. Then the players should read the card and find the right answer among these cards on the board." "The first team to get five points win the game."
활동 시간	5~10분
유의점	학생들 간에 지나치게 경쟁이 과열되지 않도록 공정하고 차분하게 활동을 진행해야 하며 경쟁 학생간의 수준을 고려하여 적당한 문제를 제시하는 교사의 융통성이 필요하다.
활용 자료	<칠판의 예> Season and Weather (summer) (winter) (hot) (cool) (fall) (sunny) (rainy) (spring) (snowy) <문제의 예> 1. We can swim. It's hot. 2. We have Christmas in this season. 3. Beautiful flowers are everywhere.

[읽기] — [초기 읽기 지도] — [단어 인식 지도] — [말판 놀이]

게임 종류	〈9. 단어 인식 지도〉
게임 이름	말판놀이(Board Game)
적용가능 학년 및 단원	전 학년, 전 단원
수업 중 활용 단계	어휘를 익히고 난후 연습에 활용하거나 정리 단계에 활용
지도 방법	1. 특정 어휘가 담겨 있는 보드판을 준비한다. 2. 짝별 또는 팀별로 주사위를 던져서 나온 숫자만큼 말을 옮기고 그 칸에 해당하는 단어를 정확하게 읽는다. 3. 출발점에서 도착점에 먼저 도착하는 사람이 이기는 게임이다. 〈Teacher Talk〉 "Throw a dice and put your marker on that space." "The other team asks the question and the first team answers them." "The first team to reach 'FINISH' wins."
활동 시간	5~10분
유의점	활동 시 교사의 적절한 궤간 순시를 통해 학생들의 발음을 도와주며 주사위를 던져 말을 옮기는 활동에만 집중하지 않고 꼭 단어를 영어로 읽으며 게임을 진행할 수 있도록 지도해야 한다. 학생들의 수준에 따라 단순히 단어 읽기만 연습하도록 할 수도 있고 영어로 묻고 답하기 활동을 하며 단어를 읽어보도록 지도할 수도 있다.
활용 자료	<table><tr><td>Finish</td><td>toilet</td><td>chair</td><td>Bomb!! 다음 기회에</td><td>armchair</td><td>computer</td><td>2칸 뒤로</td></tr><tr><td></td><td></td><td></td><td></td><td></td><td>⇧</td><td>처음으로</td></tr><tr><td>micro wave</td><td>2칸 앞으로</td><td>bookcase</td><td>curtain</td><td>Lose a turn</td><td>table</td><td>bed</td></tr><tr><td>desk</td><td></td><td>⬇</td><td></td><td></td><td></td><td></td></tr><tr><td>refrigerator</td><td>1칸 뒤로</td><td>clock</td><td>lamp</td><td>TV</td><td>Start</td><td></td></tr></table> 〈게임 방법 설명〉 1. 주사위를 던져서 나온 수만큼 이동합니다. 2. 해당하는 단어를 보고, 상대방은 "Where is the (물건 이름)?"이라고 물어봅니다. 주사위를 던진 사람은 "The (물건 이름) is in the (장소)."라고 말합니다. 3. 만약 말하지 못하면 원래 자리로 돌아갑니다.

2.2 읽기 게임 활동

2.2.1 읽기 지도에서 게임의 활용

게임은 초등영어 지도에서는 빼 놓을 수 없는 매우 효과적인 지도 방법이라 할 수 있다. 게임은 놀이를 통하여 어휘를 학습하게 해주며 의사소통에 꼭 필요하고 습득해야 할 특정한 구문을 인식하고 자연스럽게 자동적으로 익혀지게 할 수 있다. 이와 같은 장점들은 의사소통 능력의 신장에 크게 기여한다.

가장 좋은 학습 활동은 아동들이 내재된 동기를 가지고 학습에 적극 참여 할 때 이루어진다. 게임은 자칫 지루하고 단조로워지기 쉬운 교실 수업을 역동적으로 만듦으로써 아동들의 동기유발과 학습흥미를 지속시켜 줄 뿐 아니라 게임 활동을 통하여 언어 어휘 구조 용법 등을 익히게 하고, 자연스러운 의사소통 상황에서 언어를 학습, 경험할 수 있게 하므로 영어를 지도할 수 있는 가장 효율적인 방법이라 할 수 있다.

첫째, 게임이 가진 운, 협동과 경쟁, 불확실성 등의 요소는 아동들에게 언어 학습의 즐거움을 느끼게 해준다. 아동들이 언어 기능만을 가지고 게임을 한다면 게임의 우승자는 언제나 언어 기능이 우수한 몇몇의 아동들이 될 것이다. 이렇게 되면 대다수 아동들의 참여가 이루어지지 않을 수 있다. 그러나 게임을 재미있게 만들 수 있는 엉뚱한 요소들은 게임을 더 재미있게 해준다. Krashen(1982)의 정의적 여과장치 가설에 의하면 학습자의 동기 자신감 , 불안감 등의 정서적 요인들이 언어 습득에 영향을 미치며 정의적 여과장치가 낮아야 성공적으로 외국어를 습득할 수 있다. 이와 같은 관점에서 보면 게임이 주는 즐거움은 아동들의 정서적 여과장치를 낮게 하여 학습효과를 높일 수 있다.

둘째, 아동들의 능동적인 참여를 유도한다. 게임에서는 자기가 가진 언어지식 및 기능을 사용하여 다른 사람과 경쟁하기도 하고 두 사람 혹은 그 이상의 여러 사람이 같은 편이 되어 다른 경기자들과 경쟁하기도 한다. 아동들은 이기는 것에 관심이 매우 많기 때문에 게임 형태별로 활동이 주어지면 더 적극적으로 참여한다.

셋째, 아동들이 무의식적으로 언어를 습득하게 해준다. 언어 게임 속에는 그 게임을 통하여 이루고자 하는 교육적인 목표가 있기 마련이다. 그러나 게임을 할 때 아동들은 게임에 사용된 언어를 의식하지 않고 그 언어를 사용하면서 재미있게 게임을 하고 나면 그 결과로서 학습의 내용이 다루어져서 학습의 목표가 달성될 수 있는 장점이 있다. 게임에서 교사가 미리 계획한 언어 내용을 사용하면서 활동에 집중하다 보면 의식적인 노력을 크게 들이지 않고도 언어 내용을 자연적으로 습득할 수 있는 것이다.

넷째, 의사소통을 할 수 있는 연습의 기회를 제공할 수 있다. 언어는 사용하면서 배워야 실제 생활에서 제대로 사용할 수 있으며, 언어사용의 기회가 없다면 의사소통이라는 최종 목표에 도달할 수 없을 것이다. 의사소통을 위한 영어 교실은 교사와 학생 간에 또는 학생과 학생 간에 상호작용적인 활동으로 이루어져야 하는데 그와 같은 활동으로 짝 학습, 소집단학습 등이 있으며, 교사는 게임을 통하여 학습자로 하여금 단순한 목표어로 의사소통 할 수 있는 능력을 길러 줄 수 있다.

읽기의 다양한 게임은 2.2.2에서 자세히 소개하고자 한다.

2.2.2 읽기 지도를 위한 게임 활동

[읽기] - [게임 및 활동 방법] - [색칠하기 게임] - [알파벳 찾기]

게임 종류	〈1. 색칠하기 게임(Color game)〉
게임 이름	알파벳 찾고 읽기(Find the Alphabet and Read)
적용가능 학년 및 단원	저학년
수업 중 활용 단계	전개 단계
지도 방법	1. 학생들로 하여금 그림 속에서 글자를 식별하게 하여 어느 정도 알파벳을 식별해 내는지 진단한다. 2. 소리를 내며 대문자, 소문자를 구별해 색칠하면서 읽도록 한다. 3. 가장 많이 찾아낸 사람이 이긴다. (칭찬해 준다) 〈Teacher Talk〉 "Let's find alphabet in the pictures." "Paint different color on the big and small alphabet."
활동 시간	5분
유의점	지나치게 색칠에 집착하지 않도록 지도한다.
게임 활용 자료	※ 그림 속에 숨어 있는 알파벳을 찾아 색칠하시오. <출처: 경기도교육연구원(1997). 영어수업설계와 지도기법. 경기도: 세창문화사>

[읽기] - [게임 및 활동 방법] - [색칠하기 게임] - [그림 색칠하기]

게임 종류	⟨2. 색칠하기(Color game)⟩
게임 이름	그림 색칠하기 놀이(Color the picture)
적용가능 학년 및 단원	저·고학년, 전 단원
수업 중 활용 단계	전개 단계
지도 방법	1. 스크립트의 내용대로 그림 자료에 색을 칠한다. 2. "I like black color.", "This is a nose.", "It has a big mouse." 등의 표현을 하며 진행한다. 3. 맞게 색칠이 되었는지 서로 비교하며 영어로 말해 본다. 4. 지시에 맞게 색을 맞게 칠한 아동이 이긴다.
활동 시간	6분
유의점	정확한 색을 올바른 곳에 색칠하였는지 확인하고 틀린 부분은 수정하도록 지도한다.
게임 활용 자료	※ 다음을 잘 읽고 지시문 내용대로 색을 칠해 보시오. Color all the ☐ shapes red. Color all the ○ shapes purple. Color all the △ shapes black. Color all the ☐ shapes brown. 1. She has blue eyes. 2. She has a red nose. 3. She has orange hair. 4. She has a green mouth. <출처: 경기도교육연구원(1997). 영어수업설계와 지도기법. 경기도: 세창문화사>

[읽기] – [게임 및 활동 방법] – [단어 게임] – [원으로 표시하기]

게임 종류	〈3. 단어 게임(Word game)〉
게임 이름	원으로 표시하기(Mark circles)
적용가능 학년 및 단원	저학년, 전 단원
수업 중 활용 단계	전개 단계
지도 방법	1. 그림 자료를 보고 해당되는 알파벳이나 낱말을 읽으면서 동그라미를 한다. 2. 동그라미를 하고 그 내용에 따라 "There is a mouse in the tree?" "Yes, it is." 등의 영어로 말을 주고받는다. 3. 단어를 정확하게 빨리 찾은 팀이 이긴다.
활동 시간	7분
유의점	대응되는 낱말을 정확하게 동그라미 했는지 확인한다.
게임 활용 자료	※ 그림에 어울리는 낱말에 ○표를 하시오. (in) under on in ※ 아래 표에서 동물이름을 찾아 ○표를 하시오. B L P C H I K E N T U H O R H I E I G K A N G R O M O I S I R A G H A S M O F A O R C A T D L H A R U N O I L V S M M I E L E P T H K I T W M E I D G R I L L O S E U H N G L O O E O G M O U S Y T M U C O W G R U A S N K H E T U F I S H G B DOG HORSE MOUSE COW CAT PIG TIGER ELEPHANT MONKEY CHICKEN BIRD FISH

<출처: 경기도교육연구원(1997). 영어수업설계와 지도기법. 경기도: 세창문화사>

[읽기] – [게임 및 활동 방법] – [단어 게임] – [선 긋기]

게임 종류	⟨4. 단어 게임(Word game)⟩
게임 이름	선 긋기(Draw Lines)
적용가능 학년 및 단원	저학년, 전 단원
수업 중 활용 단계	전개단계
지도 방법	1. 그림 자료를 각 학생들에게 나눠준다. 2. 교사의 지시나 스크립트, 그림의 내용에 따라 선을 그으며 알파벳, 낱말, 문장을 익힌다. 3. "Here it is ( )." 등의 표현을 사용하며 익힌 뒤 내용에 대해 이야기 한다.
활동 시간	4분
유의점	학생의 수준에 알맞은 자료를 나눠 준다.
게임 활용 자료	※ 알파벳 순서대로 선을 그으면 어떤 그림이 나올까요? ⟨출처: 경기도교육연구원(1997). 영어수업설계와 지도기법. 경기도: 세창문화사⟩

[읽기] – [게임 및 활동 방법] – [그리기 게임] – [얼굴 그림 그리기]

게임 종류	〈5. 그리기 게임〉
게임 이름	얼굴 그림 그리기(Draw a face)
적용가능 학년 및 단원	고학년
수업 중 활용 단계	전개 단계
지도 방법	1. 그림 자료를 학생들에게 한 장씩 나눠준다. 2. 단어나 글을 읽은 뒤 그 내용에 따라 그림을 그린다. 3. "I draw one apple.", "I am sad. This in an eye." 등의 사용가능한 영어표현을 하며 진행한다. 4. 그림을 다 그린 뒤 투표로 잘 표현한 사람을 뽑는다. (또는 한 사람의 얼굴을 모둠원이 협동해서 그리기 게임으로 변형하여 가장 잘 그린/웃기게 그린/무섭게 그린 팀이 이기는 놀이로 즐길 수도 있다.)
활동 시간	5분
유의점	지나친 미술활동이 되지 않도록 한다.
게임 활용 자료	※ 글을 읽으면서 알맞게 표정을 그려 보시오. Today, I am... happy sad angry sleepy ※ 글의 내용에 알맞게 그림을 그리시오. Draw two / Draw three / Draw one / Draw one / Draw four / Draw five big / little / big / apples / little / apples apple / balls / balls / ball <출처: 경기도교육연구원(1997). 영어수업설계와 지도기법. 경기도: 세창문화사>

[읽기] - [게임 및 활동 방법] - [주사위 게임]

게임 종류	〈6. 주사위 게임〉
게임 이름	주사위 게임(dice game)
적용가능 학년 및 단원	고학년, 전 단원
수업 중 활용 단계	전개 단계
지도 방법	1. 그림 자료를 소그룹별로 한 장씩 나눠준다. 2. 규칙을 알려준 뒤 주사위를 던져 게임을 진행한다. 3. "Your turn", "It's five." 등의 사용가능한 영어표현을 하며 진행한다.
활동 시간	6분
유의점	활동이 일찍 끝난 조는 앞, 뒤 조와 같이 활동할 수도 있다.
게임 활용 자료	※ 주사위를 던져서 나오는 단어와 문장을 읽어 보시오. <출처: 경기도교육연구원(1997). 영어수업설계와 지도기법. 경기도: 세창문화사>

[읽기] - [게임 및 활동 방법] - [주사위 게임] - [좋아하는 음식 놀이]

게임 종류	〈7. 주사위 게임〉
게임 이름	좋아하는 음식 놀이(Favorite food game)
적용가능 학년 및 단원	저·고학년, 전 단원
수업 중 활용 단계	전개 단계
지도 방법	1. 그림 자료를 소그룹별로 한 장씩 나눠준다. 2. 규칙을 알려준 뒤 주사위를 던져 게임을 진행한다. 3. 주사위를 던져 나온 수에 해당되는 소풍음식을 읽고 누가 좋아하는 음식을 더 많이 가져가는지 게임을 한다.
활동 시간	5분
유의점	교과서에 나오는 단어만 사용한다.
게임 활용 자료	※ 주사위를 던져 나온 수에 해당하는 소풍 음식을 읽고 누가 좋아하는 음식을 더 많이 가져갈 수 있는지 말해 봅시다. The picnic game START HERE — watermelon — potato chips — lettuce — a tomato — cake — bread — ice cream — a hot dog — a peach — a banana — a pie — cheese — orange juice — chicken — an apple — a pear — milk — cookies — a donut — soda — a sandwich — a hamburger — cola — FINISH Would you like a peach? / Yes, please. I like peaches. Would you like some cheese? / No, thank you. I don't like cheese. <출처: 경기도교육연구원(1997). 영어수업설계와 지도기법. 경기도: 세창문화사>

[읽기] - [게임 및 활동 방법] - [순서 찾기 게임]

게임 종류	〈8. 순서 찾기 게임〉
게임 이름	순서 찾기 게임
적용가능 학년 및 단원	고학년
수업 중 활용 단계	전개 단계
지도 방법	1. 그림 자료를 학생들에게 나눠준다. 2. 그림 내용에 맞는 곳에 V 표시를 한다. 3. 그림을 오린 뒤 이야기의 순서에 맞게 그림을 빨리 배열한 사람이 이긴다.
활동 시간	5분
유의점	지나치게 게임 위주의 수업이 되지 않도록 한다.
게임 활용 자료	※ 그림에 맞는 문장을 골라 V 표시를 하시오. ☐ It smiles at the boy. ☐ It eats the boy's sandwich. ☐ It swims away. ☐ The boy runs away. ☐ The boy calls his friends for help. ☐ The boy runs into the water. ☐ He puts his hand in the dolphin's mouth. ☐ He holds on to the dolphin's fin. ☐ He looks at the dolphin. ☐ He glides through the water with the dolphin ☐ He swims behind the dolphin. ☐ He runs into the water. Then the dolphin ☐ eats the boy. ☐ swims away. ☐ brings him back to the beach. The boy ☐ holds on to the dolphin's fin. ☐ is looking at his friends. ☐ waves good-bye. <출처: 경기도교육연구원(1997). 영어수업설계와 지도기법. 경기도: 세창문화사>

[읽기] - [게임 및 활동 방법] - [알맞은 단어 찾기] - [수수께끼 놀이]

게임 종류	〈9. 알맞은 단어 찾기 게임〉
게임 이름	수수께끼 놀이
적용가능 학년 및 단원	고학년
수업 중 활용 단계	전개 단계
지도 방법	1. pre reading 내용으로 story를 미리 제시한다. 2. 이야기 장면을 몇 개의 그림이나 사진으로 보여 준다. 3. 그림과 어울리는 단어를 생각해 보도록 유도한다. 4. 그림에 알맞은 낱말에 번호를 쓰고 단어를 읽어본다. 5. 단어를 포함한 문장 전체를 읽는다.
활동 시간	5분
유의점	심화 수준의 게임은 그림 부분에 자신이 생각한 단어나 그림을 그려 보도록 한다.
게임 활용 자료	※ 아래에서 그림에 알맞은 낱말을 찾아 번호를 쓰고 읽어 보시오. Take a ① . Put in a ② . Put in some ③. some ④. some ⑤. ⑥ and a ⑦. Take your ⑧ and go to the countryside. Stop. Take out the blanket and sit down. Eat and ⑨. Yummy! It's wonderful. You are ⑩. You fall asleep. You ⑪ of a beautiful ⑫. There's a big ⑬ in the lake. It splashes ⑭ at you. Your ⑮ gets wet. You open your ⑯. ○ basket ○ dream ○ bread ○ water ○ blanket ○ fish ○ face ○ orange juice ○ eyes ○ tired ○ drink ○ lake ○ butter ○ bike ○ cheese ○ knife <출처: 경기도교육연구원(1997). 영어수업설계와 지도기법. 경기도: 세창문화사>

2.3 읽기지도를 위한 만들기 및 조작 활동

2.3.1 읽기 지도를 위한 만들기 및 조작 활동의 특징 및 장점

중등학교 이상의 영어 교육이 소리 없는 읽기, 즉 의미나 문맥위주의 독해에 가까운 반면, 초등 영어 읽기는 소리 있는 영어 즉 소리나 발음에 중점을 둔 영어 읽기이기 때문에 초등영어교육에서 읽기는 특별한 관심을 가지고 실시해야 한다. 초등학생의 영어 읽기 학습은 만들기 및 조작 활동을 통해서 자연스럽게 학생들의 흥미를 유도할 수 있다.

어린이들이 말을 배우는 것은 LAD(언어 습득 장치: Language Acquisition Device) 때문에 배우는 것이지 머리가 좋아서 배우는 것은 아니다. 간단한 수학도 못하는 어린이가 소리와 의미가 복잡하게 결합되어 있는 말을 습득하는 것 또한 LAD 때문이지 머리가 좋거나 학습방법이 특별해서 그런 것이 아니다. 이 LAD가 말이 노출되면 말의 습득이 자연스럽게 나타나는 것처럼 글에 노출되면 글의 습득이 자연스럽게 나타난다. 그러므로 현재의 초등학생들을 말에만 노출시킬 것이 아니라 글에도 노출시키는 것이 글의 습득에도 도움이 됨을 알 수 있다.

초등학생들이 실제 수업에서 지루함을 느끼는 이유는 듣기와 말하기만 할 때 학생들의 입과 귀는 활동을 하지만 눈은 활동하지 않기 때문이다. 즉 시청각의 자연스러운 총체적 접근(whole language approach)이 이루어지지 않기 때문이다. 학생들이 영어를 듣거나 말할 때 그것에 해당하는 내용의 글로 된 영어를 직접 눈으로 볼 수 있게 한다면 학생들의 입과 귀와 눈이 동시에 활동을 하게 되어 지루함을 덜 느끼는 동시에 무의식적으로 자연스러운 문자 읽기 효과도 거둘 수 있다.

따라서 집중력이 짧은 초등학생들에게 만들기 및 조작 활동은 눈으로는 문자를 자연스럽게 인지하게 하고 입으로는 읽기 학습을 가능하게 하는 총체적 접근의 한 방법이 될 수 있다. 구체적인 만들기 및 조작 활동의 예시는 2.3.2에서 알아보도록 하자.

2.3.2 읽기 지도를 위한 만들기 및 조작활동

[읽기] – [만들기 및 조작활동] – [만들기] – [파닉스 슬릿 카드]

만들기 활동명	파닉스 슬릿카드(Phonics Slit card)
활용 목적	알파벳 음가 익히기
적용 가능 학년	3학년
수업 중 활용 단계	전개 부분
만들기 방법	1. 치약 통에 흰 종이를 씌워주고 알파벳이 한자 보일 정도의 창을 뚫는다. 2. 창 아래, 위에 카드가 통과할 수 있도록 칼집을 낸다. 3. 알파벳 자음으로 긴 카드를 만들어 칼집 낸 부분으로 통과시킨다. 4. 단어의 뒷부분은 찍찍이로 치약 통에 붙일 수 있게 한다.
활동 방법	⟨Teacher Talk⟩ * house, fouse, kouse 등으로 파닉스 익히기 ▶ 뒷부분을 바꾸어 여러 가지 파닉스를 익힐 수 있다. * – –ant(kant, bant. pant 등)
활용 자료	

[읽기] - [만들기 및 조작활동] - [만들기] - [알파벳 플랩(Alphabet flap)카드]

만들기 활동명	알파벳 플랩카드(Alphabet flap card)
활용 목적	알파벳 및 어휘 지도
적용 가능 학년	3~4학년
수업 중 활용 단계	도입 및 전개 부분
만들기 방법	1. 잡지에서 그림을 오려오거나 라벨지에 출력해서 사용한다. 2. 색지에 알파벳을 크게 출력하여 칼로 3면을 잘라 위로 플랩 되게 붙인다. 3. 색지 뒷면에 A4지를 붙이고 각 알파벳에 해당하는 그림을 붙인다. 4. A를 플랩하면 Apple의 그림이나 단어가 보인다. <보충> 위의 1번 과정에서 사용할 그림을 여러 가지 준비하여 다양하게 어휘 공부를 할 수 있다.(예를 들어 A: apple, ant, air 등)
활동 방법	〈Teacher Talk〉 *다양한 그림을 붙여 어휘 및 알파벳을 습득할 수 있다.
활용 자료	

[읽기] — [만들기 및 조작활동] — [만들기] — [어휘 학습 원판 돌리기]

만들기 활동명	어휘 학습 원판 돌리기
활용 목적	날씨나 요일에 관계된 어휘 익히기
적용 가능 학년	3~4학년
수업 중 활용 단계	도입 및 전개 부분
만들기 방법	1. 원판에 네모 구멍을 뚫어 주고 아랫부분에 요일 어휘를 다양하게 적어둔다. 2. 가운데 할핀을 꽂아 돌아가게 만든다.
활동 방법	〈Teacher Talk〉 * What day is it today? - Today is Tuesday.(Wed, Thurs…….) ▶ 질문 유형을 바꾸어 다양한 대답을 할 수 있다. * How many apples do you have? - I have two.
활용 자료	

[읽기] - [만들기 및 조작활동] - [만들기] - [개구리 팔 부분이 움직이는 원판]

만들기 활동명	개구리 팔 부분이 움직이는 원판
활용 목적	날씨나 요일에 관계된 문장 익히기
적용 가능 학년	3~4학년
수업 중 활용 단계	도입 및 전개 부분
만들기 방법	1. 개구리 그림을 색칠하여 코팅한 후 말 주머니에 네임 펜으로 묻는 문장을 적는다. 2. 가운데 원판에 다양한 대답을 적어 활용한다. 3. 어깨 부분에 할핀을 꽂아 돌아가게 만든다.
활동 방법	⟨Teacher Talk⟩ * How is the weather today? - It is sunny. ▶ 질문 유형을 바꾸어 다양한 대답을 할 수 있다. * How many apples do you have? - I have two.
활용 자료	(개구리 그림 자료)

[읽기] - [만들기 및 조작활동] - [만들기] - [일견 단어(sight word) 카드]

만들기 활동명	일견 단어 카드(sight word card)
활용 목적	단원별 어휘 익히기
적용 가능 학년	3~4학년
수업 중 활용 단계	도입 및 정리 부분
만들기 방법	1. 두꺼운 도화지를 잘라 한 단원에 나오는 낱말을 학생들이 모두 적게 한다. 2. 링으로 묶어 두고 차시 시작할 때마다 복습한다.
활동 방법	단원별로 만들어 놓고 각 단원에서 이용한다.
자료	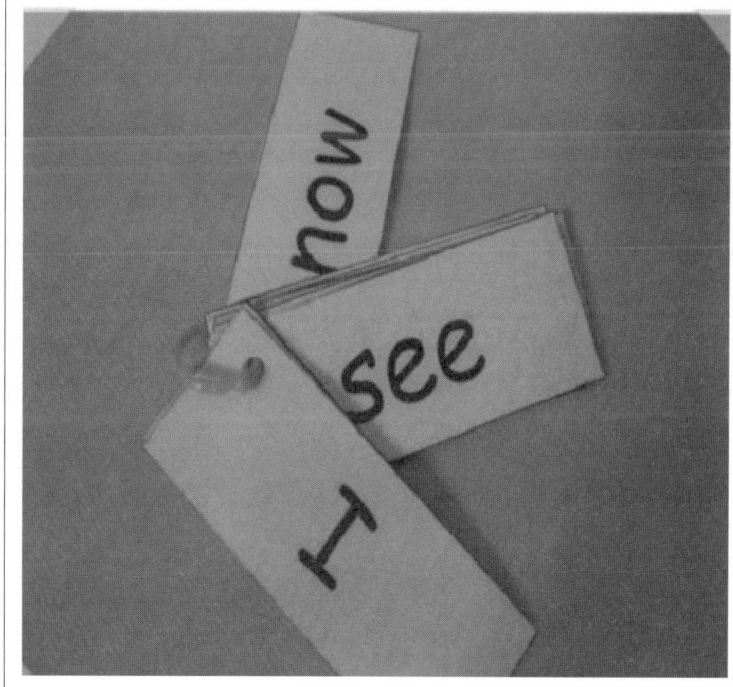

[읽기] - [만들기 및 조작활동] - [만들기] - [my bag]

만들기 활동명	내 가방에는 어떤 단어들이 있을까?(my bag)
활용 목적	주제어에 포함되는 어휘 익히기
적용 가능 학년	전 학년
수업 중 활용 단계	전개, 정리 부분
만들기 방법	1. 가방 속에 들어갈 수 있는 그림을 그리거나 단어를 적는다. 　(저학년은 그림 위주로, 고학년은 그림과 문자 위주로 한다.) 2. 주제어에 맞게 가방 대신 과일 모양, 방 모양 등으로 만들 수 있다.
활동 방법	* 주제어를 Fruits, My room 등으로 바꾸어 다양하게 활용할 수 있다. * 그림을 그리거나 단어를 적으면서 말하기와 읽기 기능을 훈련할 수 있다.
활용 자료	

[읽기] – [만들기 및 조작활동] – [조작하기] – [자르고 붙이기]

게임 종류	〈5. Cutting game〉
게임 이름	Cut and paste
적용가능 학년 및 단원	저 · 고학년, 전 단원
수업 중 활용 단계	전개 단계
지도 방법	1. 그림 자료를 각 소그룹에게 나눠준다. 2. 그림 단어를 읽으며 이를 오려 다른 그림 위에 놓아본 뒤 읽어본다. 3. “Cut”, “Put it on this table.”, “I see glue on the table.” 등의 사용 가능한 영어 표현을 하며 읽어본다. 〈Teacher Talk〉 생략(첨부자료 참조)
활동 시간	6분
유의점	재미있는 활동이 되도록 교사가 유도한다.
게임 활용 자료	※ 아래 그림을 잘라서 테이블 위에 놓고 읽어 보시오. 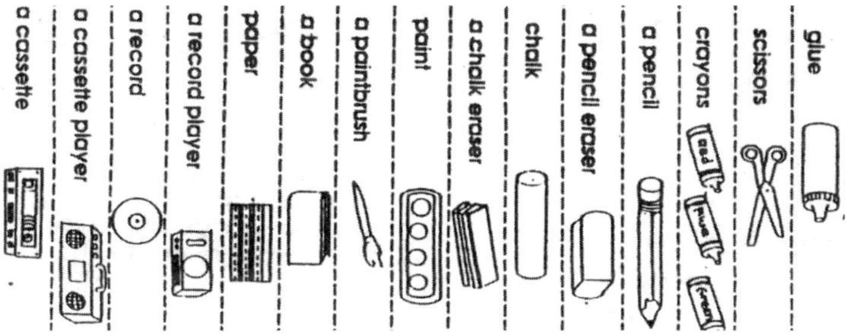a cassette a cassette player a record a record player paper a book a paintbrush paint a chalk eraser chalk a pencil eraser a pencil crayons scissors glue 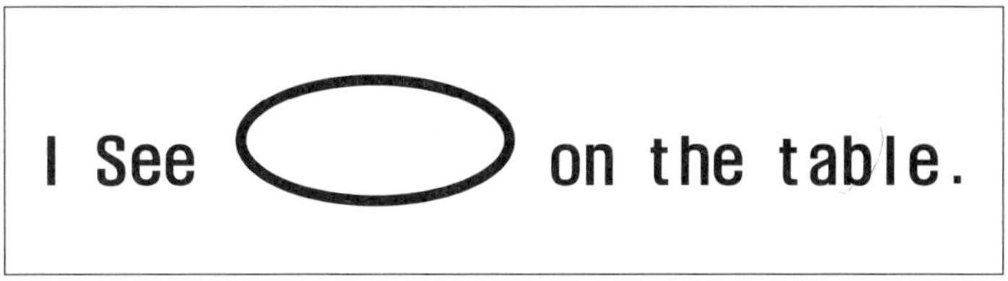I See on the table. <출처: 경기도교육연구원(1997). 영어수업설계와 지도기법. 경기도: 세창문화사>

[읽기] - [만들기 및 조작활동] - [조작하기] - [조각 그림 읽기(Jigsaw)]

만들기 활동명	〈6. 조각 그림 읽기(Jigsaw)〉
활용 목적	어순 익히기
적용 가능 학년	전 학년
수업 중 활용 단계	표현 및 정리 활동
만들기 방법	1. 전체 학생을 6인 1조로 구성한다. 2. 조별로 활동지를 한 장씩 나누어준다. 3. 조원들은 각 문장을 낱말 단위로 오린 후, 함께 섞는다. 4. 교사가 문장을 들려주면, 학생들은 문장을 완성한다. 5. 여섯 개의 문장을 가장 먼저 맞추는 조가 이긴다.
유의점	듣기와 읽기 지도를 위해 사용할 수 있다.
게임 활용 자료	<table><tr><td>I</td><td>have</td><td>a</td><td>big</td><td>mouth.</td></tr><tr><td>She</td><td>has</td><td>big</td><td>eyes</td><td>.</td></tr><tr><td>He</td><td>has</td><td>long</td><td>legs</td><td>.</td></tr><tr><td>She</td><td>is</td><td>very</td><td>tall</td><td>.</td></tr><tr><td>I</td><td>have</td><td>small</td><td>ears</td><td>.</td></tr><tr><td>He</td><td>has</td><td>short</td><td>hair</td><td>.</td></tr></table>

[읽기] — [만들기 및 조작활동] — [만들기] — [말풍선 역할놀이]

만들기 활동명	〈7. 말풍선 역할놀이(Role-play with the talk box)〉
활용 목적	역할놀이 시 대사를 적어 활용하기
적용 가능 학년	3~4학년
수업 중 활용 단계	전개, 정리부분
만들기 방법	말풍선 모양의 두꺼운 종이를 코팅하여 네임 펜으로 대사를 적어 활용한다. 〈Teacher Talk〉 "Today, we'll do a role-play with the talk box." "Write down your parts on the talk box."
활동 방법	* 말하기 연습 및 역할 놀이 시에 활용한다. * 내용을 바꾸어 만능으로 활용 할 수 있다.
활동 자료	

[읽기] — [만들기 및 조작활동] — [만들기] — [미니 북(Mini Book) 만들기]

만들기 활동명	〈8. 미니 북(Mini Book) 만들기〉
활용 목적	주제어에 해당되는 어휘를 분류하여 익히기
적용 가능 학년	전 학년
수업 중 활용 단계	전개 및 정리 부분
만들기 방법	1. A4용지를 계단 책 모양으로 만든다. 2. I see red.(I see blue. etc.)라고 쓰고 잡지 등에서 여러 가지 빨간색(파랑 등)이 있는 물건을 오려 붙인다.
활동 방법	* 쓰기와 읽기를 통합하여 사용할 수 있다. * 문장을 다양한 표현으로 바꾸어 활용 가능하다.
활동 자료	

[읽기] – [만들기 및 조작활동] – [만들기] – [상자 만들기]

만들기 활동명	〈9. 상자 만들기〉
활용 목적	주제어에 맞는 어휘 익히기
적용 가능 학년	고학년
수업 중 활용 단계	표현 및 정리 활동
만들기 방법	1. 상자의 전개도를 오려 접은 후 계절에 관계된 그림을 오려 상자에 넣는다. 2. 계절그림을 바꾸어가며 어휘를 익히도록 한다.
활용 방법	* 상자에서 짝과 번갈아 가며 하나씩 꺼내며 단어를 읽을 수 있다. 반대로 넣으면서 한 번 더 어휘를 자연스럽게 익힐 수 있다.
활용 자료	

[읽기] – [만들기 및 조작활동] – [만들기] – [아코디언 북 만들기]

만들기 활동명	〈10. 아코디언 북 만들기〉
활용 목적	I can do ~의 문장 연습하기
적용 가능 학년	고학년
수업 중 활용 단계	표현 활동
만들기	1. 아코디언 북3을 오려 접은 후 양쪽에 손을 붙여 커버로 만든다. 2. 아코디언 북을 펼치면서 문장을 읽을 수 있다.
활동 방법	* 손 모양 대신 벌레(worm)모양 등 다양하게 바꾸어 그려서 여러 가지 문형을 연습할 수 있다.
활용 자료	

2.4 읽기 지도를 위한 동기유발 활동

2.4.1 읽기 지도를 위한 동기유발의 중요성

동기유발이란 학습자로 하여금 행동을 하게하며, 하게 된 행동을 유지하고, 일정한 방향으로 인도해 가는 과정을 총칭한다(임승권, 1988). 학습은 자기 활동의 과정이므로 먼저 학습자가 학습 과제에 흥미를 느끼고 그것을 자기 것으로 하려는 강한 의지가 전제되어야 한다. 내적 동기가 유발된 학습자는 학습 과제와 관련된 새로운 지식이나 기능을 획득하여 학습에 대한 긍정적인 정서와 태도를 가지게 되므로 영어학습의 성공을 위해서는 학생의 수준과 흥미에 적합한 내용을 학습할 수 있게 해야 한다. 다시 말해 학습자의 정의적 요인과 동기 유발 요인을 고려하여 영어에 대한 동기부여를 하고 영어 학습에 대한 긍정적인 태도를 갖게 해야 한다.

읽기중심 수업의 동기유발을 위해서는 읽기 전 활동이 매우 중요하다. 학생들에게 읽기 활동을 시키기 전에, 주제를 소개하고, 읽기목적을 확실히 해야 한다. 이를 통해 학생들은 읽기 과정에서 무엇에 집중해야 하는지 파악하고 불필요한 정보들을 제외시킬 수 있다. 그리고 학생들에게 읽기에 필요한 언어지식들을 제공해야 한다. 그리고 읽기 자료에 대한 이해를 향상시키기 위하여 배경지식을 활성화하는 과정이 필수적이다. 학생들은 읽기 자료에 쉽게 몰입할 수 있을 때 읽기활동에서 최선의 지식과 읽기기술을 발휘할 수 있다(Brown, 1994). 따라서 이러한 과정들을 통하여 학생들은 읽기 과정에 참여하게 되고 이는 곧 읽기학습의 효과를 높이게 된다.

2.4.2 읽기 지도를 위한 동기 유발 활동

동기유발을 위한 읽기 전 활동 전략에는 다양한 방법과 분류가 있지만 그 중에서 대표적인 연상하기, 어휘 익히기, 내용 알아보기, 멀티미디어 활용을 예로 들어 살펴보고자 한다.

가. 연상하기

읽기 전 책의 그림이나 제목을 보고 내용을 추측해 보는 활동은 아동의 창의력과 흥미 유발에 도움을 준다. 연상하기 활동을 위한 구체적인 방법으로는 교사와 함께 하는 스무고개, 이야기 맨 앞 장의 그림과 맨 뒷장의 그림만 제시하고 가운데 내용 상상하여 그리기, 이야기 주제에 대한 아이들의 경험 이끌어 내기, 책 표지 보고 이야기 추측하기, 등장인물 그림 보고 누구인지 상상하기, 이야기를 읽고 알고 싶은 내용에 대해 생각지도 그리기 등이 있다.

[읽기] – [동기유발 전략] – [연상하기] – [스무고개]

동기유발 유형	〈1. 연상하기〉
동기유발 활동명	스무고개(Twenty Questions)
적용가능 학년 및 단원	저학년
수업 중 활용 단계	동기유발
지도 방법	1. 주제에 대한 실물(인형, 물건 등)을 상자나 가방에 넣어서 학생들에게 질문을 하게 한다. 2. 교사는 yes/no로만 대답할 수 있다. 이때 칠판에 학생이 한 질문과 결과를 기록한다. 3. 20개의 질문이 끝난 후에 학생들이 주제를 추측하게 한다. 모둠별로 팀을 나누어 얼마나 yes 질문을 많이 했는지 게임 활동을 할 수도 있다. 〈Teacher Talk〉 "Guess what is in the box." "Give me a question about it and I'll answer only yes or no." "You have to get the answer within 20 questions."
활동 시간	5분
유의점	학생들이 충분히 궁금함을 가질 수 있도록 분위기를 조성한다. 가방을 또 다른 상자에 넣어 여러 단계로 진행할 수도 있다. 답을 아는 학생이 미리 말해 버리지 않도록 주의시킨다.
동기유발 활용 자료	

[읽기] － [동기유발 전략] － [연상하기] － [이야기 그림 그리기]

동기유발 유형	〈2. 연상하기〉
동기유발 활동명	이야기 그림 그리기(Draw the story picture)
적용가능 학년 및 단원	저학년
수업 중 활용 단계	동기유발
지도 방법	1. 책의 표지(또는 첫 장)와 맨 마지막 장을 보여주고 중간의 이야기를 상상해서 그리게 한다. 〈Teacher Talk〉 "Imagine the middle part of the story and sketch it."
활동 시간	5분
유의점	허용적인 분위기를 조성하여 다양한 이야기가 나올 수 있도록 한다.
동기유발 활용 자료	출처: http://shopping.namyangi.com/data/itemimages/04800076000013B_G.jpg

[읽기] — [동기유발 전략] — [연상하기] — [~한 적이 있니?]

동기유발 유형	〈3. 연상하기〉
동기유발 활동명	~한 적이 있니?(Have you ever?)
적용가능 학년 및 단원	저학년
수업 중 활용 단계	동기유발
지도 방법	1. 이야기의 주제나 등장인물과 관련해서 학생들이 경험한 일들에 대해 이야기를 나눈다. 2. 학생들이 실생활에서 겪은 비슷한 일이나 가본 장소, 보고 겪은 것들에 대해 말해 보도록 한다. 3. 관련된 경험을 한 가지씩 말할 때마다 주인공 그림이 한 칸씩 이동하게 되고, 목적지에 다다르면 읽기 활동을 시작한다. 4. 주인공 그림을 더 준비하여 모둠별 대항으로 할 수도 있다. 〈Teacher Talk〉 "Tell me your experience after listen to the story." "Have you ever been ~?"
활동 시간	5분
유의점	교사가 예시로 이야기와 관련된 자신의 경험을 말해 주어 학생들의 발문을 이끌어 내도록 한다.
동기유발 활용 자료	출처 : http://404.s.sapo.pt/

[읽기] － [동기유발 전략] － [연상하기] － [어떤 이야기일까?]

동기유발 유형	〈4. 연상하기〉
동기유발 활동명	어떤 이야기일까?(What happens?)
적용가능 학년 및 단원	전 학년
수업 중 활용 단계	동기유발
지도 방법	1. 책의 겉표지 그림이나 제목을 보고 내용을 예측하도록 한다. 2. 그림을 먼저 보여주고 제목을 말해보게 할 수도 있다. 3. 그림의 시대적, 공간적 배경에 대해 추측하고 이야기 속에서 어떤 일이 일어날 것인지 상상해 보도록 한다. 4. 그림 속에서 다양한 물건들을 찾아보고 어떤 모습인지, 또 왜 그런지 설명하게 한다. 〈Teacher Talk〉 "Look at the cover and guess the story." "What will happen next?"
활동 시간	5분
유의점	모든 학생이 그림을 볼 수 있도록 Big book을 준비하거나 화면으로 확대하여 보여준다. 배경과 상황에 대한 구체적인 발문을 통해 이야기의 내용을 짐작할 수 있도록 한다.
동기유발 활용 자료	출처 : http://www.sunkissvillas.com/assets/wallpaper/BB/beauty_and_beast1024x768.jpg

[읽기] — [동기유발 전략] — [연상하기] — [누구일까?]

동기유발 유형	〈5. 연상하기〉
동기유발 활동명	누구일까?(Guess Who)
적용가능 학년 및 단원	전 학년
수업 중 활용 단계	동기유발
지도 방법	1. 등장인물의 그림을 보여주고 누구인지 추측해서 말해 보게 한다. 2. 이때 인물의 성격이나 목소리도 상상해 보도록 하고 인물들 간의 관계에 대해서도 생각해 보도록 한다. 3. 제목을 미리 안내하지 않고 그림을 먼저 제시하여 인물의 특성이 잘 드러나는 이름을 학생들이 직접 만들어보게 할 수도 있다. 〈Teacher Talk〉 "Guess who is this." "Guess the relationship between them." "Guess the title of the story."
활동 시간	5분
유의점	인물의 특성이 잘 드러나는 그림을 준비한다. 이미 내용을 알고 있는 학생이 활동 전에 미리 정답을 말해 버리지 않도록 사전에 안내한다.
동기유발 활용 자료	She is _____, She is very _____. She lives _____. She is _____, She is very _____. She doesn't like _____. They are _____, They help _____. He is _____, He likes _____.

[읽기] - [동기유발 전략] - [연상하기] - [생각지도(Mind Map)]

동기유발 유형	〈6. 연상하기〉
동기유발 활동명	생각지도(Mind Map)
적용가능 학년 및 단원	고학년
수업 중 활용 단계	동기유발
지도 방법	1. 특정 주제에 대한 글을 읽기 전에 그 주제에 대해 알고 싶은 것에 대해 Mind Map을 그린다. 2. 글을 읽으면서 그 주제에 대한 몇 개의 질문을 큰 가지에 쓰거나 그린다. 3. 작은 가지에는 자신의 경험이나 생각을 쓰도록 한다. 〈Teacher Talk〉 "What do you want to know after reading?" "Make a mind map about the question you have."
활동 시간	10분
유의점	형식보다는 내용을 강조하도록 하며 다양하고 폭넓은 내용을 이끌어 낼 수 있도록 허용적인 분위기를 조성한다. 학생들이 질문에 어려움을 느낄 경우 칠판에 교사가 몇 가지를 제시해 준다.
동기유발 활용 자료	Holidays/Vacation 을 중심으로 Kinds of holidays, People to go with, Dream holidays (Outer space), Place to stay (Jungle), Activities 가지로 뻗은 Mind Map

나. 어휘 익히기

책에 새롭게 나오는 단어나 자주 반복되는 단어의 의미를 미리 알고 책을 읽는 경우 아동들은 자신이 아는 단어를 글에서 발견하는 즐거움을 느끼게 되고, 문장 내에서 단어의 쓰임을 알 수 있으며, 일견 어휘(sight vocabulary)를 늘릴 수 있는 좋은 방법이 된다. 딱딱하고 지루하지 않게 어휘를 익힐 수 있는 방법에는 사전 만들기, 파닉스와 연계한 단어의 소리 익히기, 노래로 학습하기, 빙고, 퀴즈, 게임(도미노 게임, 빨리 집기 놀이, 손가락 DDR, 짝 맞추기 놀이), 교사와 함께 자신이 모르는 단어와 새로 알게 된 단어를 찾아가는 동그라미 하기 활동 등이 있다.

[읽기] - [동기유발 전략] - [어휘 익히기] - [나만의 사전]

동기유발 유형	〈7. 어휘 익히기〉
동기유발 활동명	나만의 사전(My dictionary)
적용가능 학년 및 단원	저학년
수업 중 활용 단계	동기유발
지도 방법	1. 신문이나 잡지에서 해당 단어를 찾아서 붙이도록 한다. 2. 알파벳 읽기나 The, the 등 자주 나오는 단어를 활용하면 효과적이다. 3. 그 후에 이야기 지문에서 그 단어를 찾아서 그 단어에 동그라미 하게 한다. 4. 어느 정도 범위(한 장)를 정해 주고 그 단어가 몇 번 나오는지 확인해 보게 할 수도 있다. 〈Teacher Talk〉 "Let's make a your own dictionary using a newspaper and a magazine."
활동 시간	5분
유의점	대문자와 소문자를 구별해서 붙일 수 있도록 한다. 학생들의 수준과 나이에 적절한 내용과 그림의 신문과 잡지를 준비하도록 한다.
동기유발 활용 자료	

[읽기] — [동기유발 전략] — [어휘 익히기] — [단어의 소리]

동기유발 유형	〈8. 어휘 익히기〉
동기유발 활동명	단어의 소리(Sound of the word)
적용가능 학년 및 단원	저학년
수업 중 활용 단계	동기유발
지도 방법	1. 주요 단어의 소리를 단어와 연결시킬 수 있도록 한다. 2. 그림과 단어를 보여주고 따라하게 한다. 3. 교사가 말하는 것을 따라 말하며 알맞은 단어를 찾아서 표시한다. 4. 두 번째 부터는 모둠끼리 한 줄씩 돌아가며 먼저 읽고, 다른 학생들은 따라 읽으며 알맞은 단어에 표시를 한다. 〈Teacher Talk〉 "Let's match the sound and the word." "Repeat after me and check on the right word."
활동 시간	5분
유의점	단어를 제시할 때 충분히 그 소리와 글자를 파악할 수 있도록 연습시킨 후 모둠 활동으로 넘어간다. 함께 읽기 전에 미리 단어에 표시를 먼저 하지 않도록 주의시킨다.
동기유발 활용 자료	**A Rat** | rat √	cat	bat | | cat | rat √ | bat | | bat | rat | cat | | rat | bat | cat | | cat | bat | rat | | rat | cat | bat |

[읽기] — [동기유발 전략] — [어휘 익히기] — [농장 안에서!]

동기유발 유형	〈9. 어휘 익히기〉
동기유발 활동명	농장 안에서!(In the farm!)
적용가능 학년 및 단원	저학년
수업 중 활용 단계	동기유발
지도 방법	1. 학생들에게 각자 동물 이름이 써진 단어 카드를 하나씩 나눠준다. 2. 노래를 부르며 동물이름을 익힌 후 교사가 그 동물이름이 나오는 노래 부분에 단어를 제시하면 그 단어를 가진 학생들이 일어나서 그 동물 흉내를 낸다. 3. 모둠별로 카드를 제시할 수도 있다. 〈Teacher Talk〉 "Try to imitate animals."
활동 시간	5분
유의점	학생들의 수준에 따라서 단어카드를 만든다. 단어 읽기가 어려운 학생들의 경우에는 뒷면에 그림이나 한글로 뜻이 적혀진 카드를 준비한다.
동기유발 활용 자료	출처 : \<Old Macdonald had a farm\> by Child's Play. copyright ⓒ 제이와이북스

[읽기] — [동기유발 전략] — [어휘 익히기] — [빙고]

동기유발 유형	⟨10. 어휘 익히기⟩
동기유발 활동명	빙고(Bingo)
적용가능 학년 및 단원	전 학년
수업 중 활용 단계	동기유발
지도 방법	1. 단어들을 제시한 후 빙고 칸에 단어를 배치시킨다. 2. 교사가 먼저 하나의 단어를 말한 후, 학생들이 돌아가면서 한 단어씩 읽고 말하도록 한다. 3. 가로, 세로, 대각선으로 한 줄이 완성되면 One Bingo!라고 외치도록 한다. 4. 두 줄이 되면 Two Bingo!라고 외친다. 또는 T빙고, L빙고 등으로 변형시켜 할 수도 있다. ⟨Teacher Talk⟩ "Arrange the words in the blank as you want."
활동 시간	5분
유의점	단어 쓰기가 어려운 수준의 학생들인 경우에는 미리 단어를 프린트 하여 학생들이 빙고 판에 배치하여 사용할 수 있도록 한다. 이미 배운 단어와 새로 나온 단어를 적절히 사용하여 복습도 함께 이루어 질수 있도록 한다. 이때 같은 단어 군을 사용하는 것이 효과적이다.
동기유발 활용 자료	<table><tr><td>neck</td><td>hand</td><td>ears</td></tr><tr><td>mouth</td><td>eyes</td><td>face</td></tr><tr><td>hair</td><td>foot</td><td>nose</td></tr></table>

[읽기] – [동기유발 전략] – [어휘 익히기] – [구멍 난 퍼즐]

동기유발 유형	〈1. 어휘 익히기〉
동기유발 활동명	구멍 난 퍼즐(A hole puzzle)
적용가능 학년 및 단원	전 학년
수업 중 활용 단계	동기유발
지도 방법	1. 구멍이 뚫려있는 가림판을 준비하고 단어카드를 그 뒤에 숨긴다. 2. 조금씩 단어카드를 보여주고 어떤 단어인지 맞추도록 한다. 처음에는 쉬운 단어부터 시작해서 점점 난이도를 높여간다. 3. 단어를 제시할 때 한 단어씩 천천히 보여주며 파닉스 지도를 할 수 있다. 또한 단어를 문장 속에서 제시하여 구문학습을 유도할 수도 있다. 이때 가림판에 문장을 적어서 사용해도 좋다. 〈Teacher Talk〉 "Look at the hole and I'll show you one by one of alphabet through the hole." "Guess what this word is."
활동 시간	5분
유의점	활동 전에 주제를 먼저 소개한다. 가림판을 조금씩 움직여 가면서 힌트를 준다. 짧고 간단한 단어부터 먼저 제시한다.
동기유발 활용 자료	eyes ears nose face hair mouth

[읽기] − [동기유발 전략] − [어휘 익히기] − [도미노]

동기유발 유형	〈11. 어휘 익히기〉
동기유발 활동명	도미노(Domino)
적용가능 학년 및 단원	고학년
수업 중 활용 단계	동기유발
지도 방법	1. 요일에 대한 노래를 부르며 단어를 먼저 학습한다. 2. 학생들은 모둠별로 한 줄로 앉고 교사가 가장 앞에 앉은 학생에게 학습지를 준다. 3. 시작신호와 함께 첫 학생이 첫 단어를 읽고 학습지를 뒤로 돌린다. 4. 두 번째 학생은 그 다음 단어를 읽고 뒤로 돌린다. 맨 마지막 학생이 끝 단어를 읽고 가장 먼저 교사에게 오는 팀이 이긴다. 〈Teacher Talk〉 "Pass the paper after you read the word." "Return the paper after all your line finished reading the words." "The fastest line would be a winner."
활동 시간	5분
유의점	숫자, 요일, 계절, 월 등 순차적으로 제시되는 단어 군에 적절하다.
동기유발 활용 자료	Monday Tuesday Wednesday Thursday Friday Saturday Sunday

[읽기] - [동기유발 전략] - [어휘 익히기] - [눈 깜짝 할 사이]

동기유발 유형	〈2. 어휘 익히기〉
동기유발 활동명	눈 깜짝 할 사이(In a blink)
적용가능 학년 및 단원	전 학년
수업 중 활용 단계	동기유발, 전개단계
지도 방법	1. 단어가 적힌 카드를 순간적으로 보여주고 어떤 단어인지 맞추게 한다. 2. 카드를 뒷면이 보이게 들고 있다가 빠르게 앞면을 보여주고 다시 뒤집는다. 또는 순서대로 카드를 넘겨가며 순간적으로 단어를 보고 함께 읽게 한다. 3. 처음에는 천천히 카드를 보여주고 학생들이 익숙해지면 점점 속도를 높인다. 4. 전체 활동 후 모둠활동으로 진행하여 학생들이 직접 문제를 내고 서로 맞춰볼 수 있도록 한다. 〈Teacher Talk〉 "I'll show you a word card only a few seconds and guess what the word is."
활동 시간	5분
유의점	처음에는 미리 배웠던 단어를 제시한 후 새로운 단어를 소개하여 학생들이 궁금해 하도록 유도한다. 단어를 제시하는 속도를 적절히 조절하고 리듬감 있게 진행한다.
활용 자료	eyes ears nose face hair mouth tall short pretty

[읽기] - [동기유발 전략] - [어휘 익히기] - [빨리 잡기 놀이]

동기유발 유형	〈12. 어휘 익히기〉
동기유발 활동명	빨리 잡기 놀이(Snatch game)
적용가능 학년 및 단원	고학년
수업 중 활용 단계	동기유발
지도 방법	1. 그림과 단어가 한 쌍으로 이루어진 카드를 준비한다. 2. 책상 가운데에 그림 카드들을 뒤집어서 쌓아 놓는다. 3. 단어카드들은 책상에 펼쳐 놓는다. 한명씩 돌아가며 그림 카드를 뒤집고 다른 학생들은 그림에 알맞은 단어카드를 짚으면서 그 단어를 말한 후 카드를 가져간다. 〈Teacher Talk〉 "When a student turn off a card, the others should read the word aloud and snatch the match card."
활동 시간	5분
유의점	너무 경쟁적이 되지 않도록 주의하고 카드를 가져갈 때 꼭 그 단어를 말하고 가져가도록 한다.
동기유발 활용 자료	apple　orange　strawberry 그림카드 cherry　banana　grape

[읽기] — [동기유발 전략] — [어휘 익히기] — [손가락 DDR]

동기유발 유형	〈13. 어휘 익히기〉
동기유발 활동명	손가락 DDR(Finger DDR)
적용가능 학년 및 단원	전 학년
수업 중 활용 단계	동기유발
지도 방법	1. 노래를 부르며 어휘를 익힌 후 노래를 함께 부르며 박자에 맞춰 학습지의 알맞은 단어를 손가락으로 짚는다. 2. 칠판에 큰 자료를 하나 더 준비하여 누가 정확하고 빨리 읽으며 짚을 수 있는지 게임을 할 수도 있다. 3. 이때 다른 학생들도 개인 학습지에 함께 활동하도록 한다. 〈Teacher Talk〉 "Point the right word singing a song."
활동 시간	5분
유의점	쉽고 박자가 신나는 곡을 선정한다. 처음에는 천천히 하다가 점점 속도를 빨리하여 활동한다.
동기유발 활용 자료	Ten little indian boys | One	two	three	little
Four	five	six	Indians
Seven	eight	nine	start!
Ten	Indian	boys.	finish!	

[읽기] - [동기유발 전략] - [어휘 익히기] - [짝 맞추기 놀이]

동기유발 유형	〈14. 어휘 익히기〉
동기유발 활동명	짝 맞추기 놀이(Match game)
적용가능 학년 및 단원	고학년
수업 중 활용 단계	동기유발
지도 방법	1. 그림과 단어가 한 쌍으로 이루어진 카드를 준비한다. 2. 책상 위에 카드들을 뒤집어 놓는다. 두개의 카드를 뒤집어서 같은 짝이 나오면 그 단어를 읽은 후 가져가고, 같은 짝이 아니면 다시 뒤집어 놓는다. 3. 가장 많은 카드를 가진 학생이 이기게 된다. 〈Teacher Talk〉 "Turn off two cards and if they are matched, you can get the cards." "The one who gets more cards would be a winner."
활동 시간	5분
유의점	카드를 가져가기 전에 꼭 그 단어를 읽도록 한다. 수준에 따라 모둠원이 다 함께 읽을 수도 있다. 틀린 카드는 원래 있던 자리에 다시 뒤집어 놓도록 지도한다.
동기유발 활용 자료	It's seven o'clock! It's eight o'clock! It's nine o'clock! It's ten o'clock! It's eleven o'clock! It's twelve o'clock! 출처: http://www.kizclub.com/stories.htm

[읽기] — [동기유발 전략] — [어휘 익히기] — [내 단어에 동그라미]

동기유발 유형	〈15. 어휘 익히기〉
동기유발 활동명	내 단어에 동그라미(Circle my vocabulary)
적용가능 학년 및 단원	고학년
수업 중 활용 단계	동기유발
지도 방법	1. 읽기 자료를 주고 모르는 단어들에 밑줄을 긋도록 한다. 2. 교사가 단어를 소개하면 새로 알게 된 단어에 동그라미를 한다. 〈Teacher Talk〉 "Underline the word which you don't know the meaning." "Draw a circle around the word which you newly get to know the meaning."
활동 시간	5분
유의점	모르는 단어가 많아도 괜찮다는 허용적인 분위기를 조성하여 학생들이 위축되지 않도록 유의한다.
동기유발 활용 자료	**Beauty and the Beast** 　Once upon a time as a <u>merchant</u> set off for market, he asked each of his three <u>daughters</u> what she would like as a <u>present</u> on his return. The first daughter wanted a brocade dress, the second a pearl <u>necklace</u>, but the third, whose name was Beauty, the youngest, prettiest and sweetest of them all, said to her father "All I'd like is a rose you've picked specially for me!" 　When the <u>merchant</u> had finished his business, he set off for home. However, a sudden <u>storm</u> blew up, and his horse could hardly make headway in the howling gale. Cold and <u>weary</u>, the merchant had lost all hope of reaching an inn when he suddenly noticed a bright light shining in the middle of a wood. As he drew near, he saw that it was a <u>castle</u>, bathed in light.

다. 내용 알아보기

내용 알아보기 전략은 문자 언어의 직접적인 제시 이전에 아동들에게 친숙한 게임이나 음성 언어를 통해 내용을 파악하고 읽기 활동에 들어가기 위한 준비 활동이다. 구체적인 예로는 이야기 그림 색칠하기, 책 속의 등장인물을 이용해 교사가 스토리텔링을 해주는 손가락 인형 활동, 정해진 정답 없이 학습자들이 자유롭게 추측해서 이야기의 그림을 순서대로 배열하고 이야기하기, 이야기를 대표하는 그림을 보여주고 설명해 보게 하거나 그림을 이용한 놀이하기 활동 등이 있다.

[읽기] － [동기유발 전략] － [내용 알아보기] － [이야기 그림 색칠하기]

동기유발 유형	〈16. 내용 알아보기〉
동기유발 활동명	이야기 그림 색칠하기(Color the story picture)
적용가능 학년 및 단원	저학년
수업 중 활용 단계	동기유발
지도 방법	1. 이야기의 장면이 나타난 그림을 색칠하게 한다. 2. 각자 그림에 따른 이야기를 추측해 보고 이야기의 주인공과 배경, 사건의 흐름에 대해서 말해보게 한다. 〈Teacher Talk〉 "Guess the story and tell me the characters and backgrounds of the story." "Color the picture with your group members."
활동 시간	5분
유의점	색칠하기에만 집중하지 않도록 주의한다. 그림을 자세히 살펴보고 내용을 추측할 수 있도록 유도한다.
동기유발 활용 자료	1. 개인에게 전체 이야기 순서가 나타난 그림 제시하기 2. 모둠별로 그림 한 세트를 주고 한 장면씩 색칠하게 하기 　(색칠이 끝난 후 순서대로 맞추어 보기)

[읽기] − [동기유발 전략] − [내용 알아보기] − [손가락 인형]

읽기 전 활동 유형	〈17. 내용 알아보기〉
동기유발 활동명	손가락 인형(Finger puppet)
적용가능 학년 및 단원	저학년
수업 중 활용 단계	동기유발
지도 방법	1. 이야기의 주인공을 작은 인형으로 만들어 이야기의 한 부분을 story telling으로 제시 해 준다. 2. 그 다음 장면은 어떻게 될지, 또는 결말은 어떻게 될지 질문한다. 〈Teacher Talk〉 "Guess the next story." "Guess how it ends."
활동 시간	5분
유의점	인형이 학생들에게 인사를 하고 질문을 하도록 하여 학생들이 집중하고 이야기에 몰입할 수 있도록 한다. 목소리의 변화와 표현을 다양하게 사용하여 흥미를 느낄 수 있도록 한다.
게임 활용 자료	Mr. Country Mouse / Mr. Town Mouse 출처: http://www.janbrett.com/puppets/main.htm

[읽기] – [동기유발 전략] – [내용 알아보기] – [그림 순서대로 놓기]

동기유발 유형	⟨18. 내용 알아보기⟩
동기유발 활동명	그림 순서대로 놓기(Picture in order)
적용가능 학년 및 단원	전 학년
수업 중 활용 단계	동기유발
지도 방법	1. 이야기의 주요 장면을 나타내는 그림들을 준비한다. 2. 각 그림들을 순서 없이 따로 보여준 후 이야기의 흐름을 추측해서 순서대로 놓아보게 한다. 3. 그림을 순서대로 놓은 후 그에 따른 이야기의 줄거리를 이야기 해 보도록 한다. ⟨Teacher Talk⟩ "Put the pictures in order and tell me the story."
활동 시간	5분
유의점	이야기의 순서가 명확한 이야기의 그림을 준비한다. 교사용 큰 그림과 학생용 작은 그림을 준비하여 각자 스스로의 이야기 순서를 만들어 볼 수 있도록 한다.
동기유발 활용 자료	출처: Familiar Story Lines Step 4 ⟨Easy Does it For Fluency – Preschool/Primary⟩ copyright ⓒ1998 LinguiSystems, Inc.

[읽기] – [동기유발 전략] – [내용 알아보기] – [무엇이 사라졌을까?]

동기유발 유형	〈19. 내용 알아보기〉
동기유발 활동명	무엇이 사라졌을까?(What's missing?)
적용가능 학년 및 단원	전 학년
수업 중 활용 단계	동기유발
지도 방법	1. 이야기의 흐름이 나타내는 그림들을 준비한다. 2. 각 그림들을 순서대로 놓고 잠시 보여준다. 학생들은 눈을 감게 하고 교사는 하나의 그림을 숨긴다. 3. 눈을 뜨게 하고 어떤 그림이 없어졌는지 맞추게 한다. 〈Teacher Talk〉 "Look at the pictures carefully." "Close your eyes for a second. Now, open your eyes and tell me which picture disappeared."
활동 시간	5분
유의점	학생들과의 학습 규칙이 잘 지켜질 수 있도록 사전에 지도한다. 단순히 몇 번째 그림이 없어졌는지 맞추는 것 보다는 그림의 내용을 자세히 설명할 수 있도록 유도한다.
동기유발 활용 자료	출처: http://www.genienglish.com

라. 멀티미디어의 활용

다양하고 실제적인(authentic) 모듈과 애니메이션, 동영상 및 사진 자료는 시각적, 청각적 효과를 동시에 가져 아동의 관심과 흥미를 즉각적으로 유발할 수 있다. 그러나 학습 내용과 관련이 없거나 학습자의 수준에 맞지 않는 내용일 경우 오히려 학습 내용에 대한 기대를 반감시키게 되므로 교사는 멀티미디어 자료를 제시할 때 다음과 같은 요소를 고려하여야 한다.

- 학습자의 흥미를 끌 수 있는 요소가 있는가? (음악, 캐릭터, 영상, 내용 등)
- 학습자에게 인지적·정서적·문화적으로 적합한가? (자료에 포함된 언어, 행동, 사건 등이 교육적인 요소를 포함하는지의 여부)
- 학습 주제에 적합한 내용인가? (학습 목표 유발, 학습 내용과의 관련성)
- 길이가 2~3분 내외로 적당한가? (아무리 재미있는 자료라도 동기유발 단계에서 5분 이상 학습자의 집중력을 쏟게 되면 본 학습 단계로 넘어가는 데 지장이 있다.)
- 학습자의 자기 주도적 학습을 촉진할 수 있는가? (교사가 제시하는 자료나 검색 과정은 이후 학습자의 자기 주도적 학습과정에 큰 영향을 미친다.)

이러한 요소를 고려하여 교사는 다양한 인터넷 사이트에서 동기유발 자료를 검색할 수 있다. 영어 읽기 지도와 동기유발에 도움이 되는 사이트를 소개하면 다음과 같다.

분류	주소
알파벳 지도	http://celine.new21.net/alphabet.htm
	http://www.lil-fingers.com/abc
파닉스 지도	http://www.starfall.com
	http://pbskids.org/lions/stories/
	http://www.bbc.co.uk/schools/wordsandpictures/phonics/sandcastle/index.shtml

영어 읽기	http://www.meddybemps.com/5.1.html
	http://readplease.com
우길주 교수의 영어 동화	http://www.busanilbo.com/news2000/html/last0K3104.html
수준별 영어 동화	http://www.kizclub.com/Sbody.html
	http://www.readinga-z.com/samples/preview.html
만화(Comics)	http://www.unitedmedia.com/comics/
영화 동영상 자료	http://listener.tistory.com/24
팝송(Pop song) 듣고 보기	http://weekstudy.coolschool.co.kr/study/pops/2004pops371.htm
읽기 자료 및 지도 방법에 대한 정보 공유	http://www.jultak.com/
	http://www.suksuk.co.kr/

2.5 읽기 수행평가의 실제

본 장에서는 1.5 읽기 수행 평가 방법에 제시된 이론에 따라 실제로 수업 시간에 바로 적용할 수 있는 수행 평가의 예시를 <표 15>와 같이 학년, 단원, 평가 목표, 문항유형, 행동 영역에 따라 종합하여 정리하였다. 또한 이에 따라 구체적인 읽기 수행 평가 자료를 제시하여 읽기 수행 평가를 손쉽게 실천할 수 있도록 하였다.

〈표 15〉 학년별 수행 평가의 예

문항번호	적용학년	단원	평가 목표	문항유형	행동영역 지식	행동영역 이해	행동영역 적용
1	6학년	10. I'm Stronger than You	구두로 익힌 어구나 문장을 읽을 수 있다.	실기	○		
2	6학년	11. What Do You Want to Do?	구두로 익힌 어구나 문장을 읽을 수 있다.	구술	○		
3	6학년	12. Will You Help Me, Please?	생일 파티에 관한 간단한 글을 읽고 이해할 수 있다.	실기		○	
4	6학년	13. That's Too Bad	알맞은 문장을 완성하여 바르게 읽을 수 있다.	실기			○
5	6학년	13. That's Too Bad	요청하는 짧은 대화 글을 읽고 이해할 수 있다.	실기		○	
6	6학년	14. Would You Like to Come to My house?	이유를 묻고 답하는 쉽고 간단한 대화를 읽고 그 이유를 알아낼 수 있다.	실기		○	
7	6학년	14. Would You Like to Come to My house?	간단한 일기의 의미를 이해하며 읽을 수 있다.	실기		○	
8	6학년	14. Would You Like to Come to My house?	초대하는 글을 느낌을 살려 읽을 수 있다.	관찰		○	
9	6학년	15. It's Time to Go Home	문장의 의미를 이해하며 글을 읽고, 금지하는 말을 찾을 수 있다	실기		○	
10	6학년	15. It's Time to Go Home	초대하는 문장을 만들 수 있으며, 똑똑한 목소리로 읽을 수 있다.	관찰		○	○
11	6학년	16. So Long, Everyone!	일상생활에 관한 짧고 쉬운 글을 읽고, 그 뜻을 알 수 있다.	실기		○	
12	6학년	16. So Long, Everyone	일상생활과 관련된 표현이 문자로 제시되었을 때 읽을 수 있다.	관찰		○	
13	5학년	13. What Did You Do Yesterday?	일상적으로 쓰이는 쉽고 간단한 낱말을 읽고, 그 뜻을 알 수 있다.	실기		○	
14	4학년	6. Is This your cap?	숨겨진 낱말을 찾아 ○표하고 바르게 읽을 수 있다.	실기		○	
15	3학년	6. How Many cows	수를 나타내는 말을 읽고 이해할 수 있다.	실기		○	

※ http://www.indischool.com/의 자료를 편집·수정

【 문항 번호 1 】

교과서 관련	단원	6학년 10. I'm Stronger than You		쪽수	87	평가 유형	구술 시험	참고 자료	부록 #1
성취기준		○구두로 익힌 어구나 문장을 읽을 수 있다.							
평가 기준	상	○비교하는 짧고 쉬운 문장을 정확한 발음으로 읽고, 그 뜻을 정확하게 알고 사용할 수 있다.							
	중	○비교하는 짧고 쉬운 문장을 비교적 정확하게 읽으나, 그 뜻을 모르는 경우도 간혹 있다.							
	하	○비교하는 짧고 쉬운 문장을 읽으나, 그 뜻을 알지 못하거나, 틀리게 알고 있는 경우가 빈번하다.							

1. 평가 문항

가. 그림에 어울리는 낱말을 바르게 넣어 문장을 읽어 봅시다.

1)  The elephant is bigger than the mouse.

2)  The tiger is stronger than the cat.

3)  My father is older than me.

2. 모범답안 및 채점 기준

가. 모범 답안

1) bigger   2) stronger   3) older

나. 채점 기준

> 상(◎) : 해당되는 그림을 3개 모두 정확하게 고르고 유창한 발음으로 읽었다.
> 중(○) : 해당되는 그림을 2개 고르고 대체로 바르게 읽었다.
> 하(△) : 해당되는 그림을 1~0개를 골라 읽거나, 거의 읽지 못한다.

3. 준비물 및 유의점

가. 준비물 : 수행평가지

【 문항 번호 2 】

교과서 관련	단원	6학년 11. What Do You Want to Do?	쪽수	91	평가 유형	실기 평가	참고 자료	부록 #2
성취기준		○알맞은 문장을 완성하여 바르게 읽을 수 있다.						
평가 기준	상	○주어진 문장을 바르게 완성하고, 정확한 발음으로 읽을 수 있다.						
	중	○주어진 문장을 완성하거나 정확한 발음은 다소 부족하나 내용을 읽을 수 있다.						
	하	○주어진 문장을 바르게 완성하지 못하며, 정확하게 읽는데 어려움을 겪는다.						

1. 평가 문항

가. 다음을 알맞게 이어서 문장을 만들고, 읽어봅시다.

> ① Tomorrow is   · my friend.
> ② I will have   · my birthday.
> ③ I want to invite   · a good time.
> ④ I want to have   · a part.

2. 모범답안 및 채점 기준
가. 모범 답안

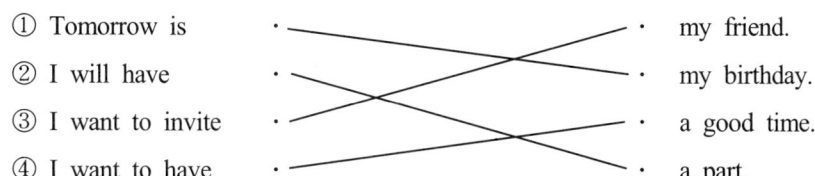

나. 채점 기준

> 상(◎) : 문장의 의미를 정확하게 알고, 4개 모두 바르게 연결하여 정확한 발음으로 읽는다.
> 중(○) : 문장의 의미를 바르게 알고, 2~3개를 바르게 연결하고 대체로 정확하게 읽는다.
> 하(△) : 문장의 의미를 제대로 이해하지 못하여, 1~0개를 연결하고 읽는데 어려움이 있다.

3. 준비물 및 유의점
가. 준비물 : 수행평가지

나. 유의점 :
   1) 끊어진 문장을 잇는 활동에서 CD-ROM타이틀을 통해 전체를 한 번 들려줄 수도 있다.
   2) 평가지를 완성한 아동들은 교사 앞에서 자기 평가지를 읽어보게 한다.

【 문항 번호 3 】

교과서 관련	단원	6학년 12. Will You Help Me, Please?	쪽수	98	평가 유형	실기 평가	참고 자료	부록 #3
성취기준		○요청하는 짧고 간단한 대화 글을 읽고 내용을 이해할 수 있다.						
평가 기준	상	○요청하는 짧고 간단한 문장을 정확한 발음으로 읽으며, 그 뜻을 전부 정확하게 알고 자신 있게 안다.						
	중	○요청하는 짧고 간단한 문장을 읽고, 그 뜻을 대체로 잘 알지만 모르는 경우도 간혹 있다.						
	하	○요청하는 짧고 간단한 문장을 정확하게 읽지를 못한다.						

1. 평가 문항
    가. 다음 그림이 나타내는 문장을 읽어보세요.

    1)
    A : I want to clean the living room.
        Will you help me?
    B : Sorry. I can't I'm busy now.

    2)
    A : I must do my homework.
        Will you help me?
    B : No problem.

    나. 대화의 내용을 잘 읽고, 물음에 답을 써 보세요.
        1) 번 대화의 글에서는 무엇을 도와 달라고 했으며, 어떻게 대답했나요?
        2) 번 대화의 글에서는 무엇을 도와 달라고 했으며, 어떻게 대답했나요?

2. 모범답안 및 채점 기준
    가. 모범 답안
        1) 거실 청소하는 것을 도와 달라고 했으나 바빠서 안 된다고 거절했다.
        2) 숙제를 도와 달라고 했는데 도와주겠다고 했다.
    나. 채점 기준

    > 상(◎) : (1)(2) 문장 모두를 악센트, 억양이 정확하며 유창하게 잘 읽고 내용을 이해한다.
    > 중(○) : (1)(2) 문장 모두를 읽기는 하나 악센트, 억양이 다소 부족하고 내용 이해가 조금 힘들다.
    > 하(△) : 문장을 보고 잘 읽지를 못하며 내용 이해가 안 된다.

3. 준비물 및 유의점
    가. 준비물 : 수행평가지
    나. 유의점 : 읽기에 있어 분절음뿐만 아니라 초분절음(악센트, 억양)도 유념해서 읽도록 한다.

【문항 번호 4】

교과서 관련	단원	6학년 13. That's Too Bad	쪽수	107	평가 유형	실기 관찰	참고 자료	부록 #4
성취기준		○이유를 묻고 답하는 쉽고 간단한 대화를 읽고 그 이유를 알아낼 수 있다.						
평가 기준	상	○이유를 묻고 답하는 쉽고 간단한 대화문을 읽고 그 내용을 거의 전부 정확하게 알아맞힌다.						
	중	○이유를 묻고 답하는 쉽고 간단한 대화문을 읽고 그 내용을 대부분 알아맞힌다.						
	하	○이유를 묻고 답하는 쉽고 간단한 대화문을 읽고 그 내용을 알아 맞히는 데 어려움을 겪는다.						

1. 평가 문항

   가. 다음 대화를 잘 읽고 각 상황에 맞는 그림을 찾아 서로 연결해 보세요.

2. 모범답안 및 채점 기준

   가. 모범 답안

   　(1) ⓑ　(2) ⓒ　(3) ⓐ

   나. 채점 기준

   > 상(◎) : 대화문을 읽고 그 내용을 정확하게 이해하여 3가지 모두 알아맞힌다.
   > 중(○) : 대화문을 읽고 그 내용을 어느 정도 이해하여 2가지를 알아맞힌다.
   > 하(△) : 대화문을 잘 이해하지 못하여 1가지를 알아맞힌다.

3. 준비물 및 유의점

   가. 준비물 : 수행평가지

나. 유의점 : 추측하여 연결하지 않고 문장을 정확히 읽고 그림을 찾는지 관찰한다.

【 문항 번호 5 】

교과서 관 련	단원	6학년 13. That's Too Bad		쪽수	106	평가 유형	실기 관찰	참고 자료	부록 #5
성취기준	○ 간단한 일기의 의미를 이해하며 읽을 수 있고 내용을 안다.								
평 가 기 준		상	○ 간단한 일기의 의미를 정확하게 이해하며 읽어 내용을 잘 파악한다.						
		중	○ 간단한 일기의 의미를 이해하며 읽어 내용을 어느 정도 파악한다.						
		하	○ 간단한 일기의 의미를 이해하며 읽는데 어려움을 겪어 내용 파악이 정확하지 않다.						

1. 평가 문항

    가. 다음 일기를 읽고 물음에 답하여 봅시다.

Sunday, October, 13th It was sunny today. I went to the Kyo-bo Bookstore with my mother. She bought me an English Diary and an English dictionary. I was very happy. I said, "Thanks mom! I will write my diary in English everyday."	(1) 언제 쓴 일기입니까? (　　)월 (　　)일 (　　)요일 (2) 어머니와 어디를 함께 갔나요? (　　　　　　　) (3) 어머니께서 무엇 무엇을 사 주셨나요? (　　　　) (　　　　)

2. 모범답안 및 채점 기준

    가. 모범 답안

        (1) 10월 13일 일요일　　(2) 서점　　(3) 영어 일기장, 영어 사전

    나. 채점 기준

    > 상(◎) : 간단한 일기 글을 읽고 (1)(2)(3) 모두 맞게 답하였다.
    > 중(○) : 간단한 일기 글을 읽고 두 문제만 맞게 답하였다.
    > 하(△) : 간단한 일기 글을 읽고 0～1개를 맞게 답하였다.

3. 준비물 및 유의점

　가. 준비물 : 수행평가지

　나. 유의점 :

　　1) 모르는 단어가 나오더라도 전체 내용의 파악에 중점을 두도록 한다.
　　　(역할을 바꿔가며 말하게 한다.)

　　2) 읽기 평가는 짝과 상호 평가하여 채점 기준에 맞게 평가하게 한다.

【문항 번호 6】

교과서 관련	단원	6학년 14. Would You Like to Come to My house?	쪽수	114	평가 유형	아동 상호 관찰	참고 자료	부록 #6
성취기준	○ 초대하는 글을 느낌을 살려 읽을 수 있다.							
평 가 기 준	상	○ 자신 있고 틀리지 않게 읽는다.						
	중	○ 자신감은 있으나 다소 틀리게 읽는다.						
	하	○ 자신감도 없고 읽지 못한다.						

1. 평가 문항

　가. 다음 글을 읽어봅시다.

> Dear Friends,
>
> Hi, everyone! This Saturday is my birthday.
> I will have a birthday party.
> Would you like to come to my house? Come and have some fun.
> Please write your name here!
>
> 　　　　　　　　　　　　　　　　　　　　　　　　　From Jinho

2. 모범답안 및 채점기준

　가. 모범답안 : 생략

　나. 채점기준

상(◎) : 초대장의 뜻을 알고, 느낌을 살려 틀리지 않게 읽는다.
중(○) : 천천히 읽기는 하나 강세를 살리지 못한다.
하(△) : 자신감도 없고 제대로 읽지 못한다.

3. 준비물 및 유의점
   가. 준비물 : 수행평가지
   나. 유의점 : 보기 글을 모둠별로 읽어 본 후 상호 평가하게 한다.

【문항 번호 7】

교과서 관 련	단원	6학년 14. Would You Like to Come to My house?	쪽수	114	평가 유형	실기 평가	참고 자료	부록 #7
성취기준		○ 문장의 의미를 이해하며 글을 읽고, 금지하는 말을 찾을 수 있다.						
평 가 기 준	상	○ 문장의 의미를 이해하며 글을 읽고, 금지하는 말을 찾는다.						
	중	○ 문장을 읽기는 하나 뜻을 제대로 이해하지 못한다.						
	하	○ 글을 제대로 읽지 못하며, 뜻도 전혀 이해하지 못한다.						

1. 평가 문항
   가. 다음 글을 읽고 물음에 답하여 봅시다.

> Before you go into the pool, please take a shower and put on your swim cap. Swim rings are allowed in the pool area, but toys and food are not. DO NOT take any toys or food with into the pool.
> 　　　　Pool No. 1 is for children.
> 　　　　Pool No. 2 is for adults.
> 　　　　Pool No. 3 is only for professional swimmers with I. D.

2. 모범답안 및 채점기준

가. 모범답안 : (3), (1)

나. 채점기준

> 상(◎) : 문장의 의미를 이해하며 글을 읽고, 2문항 모두 정답을 찾는다.
> 중(○) : 문장을 읽기는 하나 1문항만 정답을 찾는다.
> 하(△) : 글을 제대로 읽지 못하고 정답을 하나도 찾지 못한다.

3. 준비물 및 유의점

가. 준비물 : 수행평가지

나. 유의점 :

1) I. D(Identification:신분증)는 뜻을 설명해 줄 수도 있다.
2) 사전에 뜻이 어려운 어휘를 지도 한다.

【문항 번호 8】

교과서 관련	단원	6학년 14. Would You Like to Come to My house?	쪽수	116	평가 유형	관찰	참고 자료	부록 #8
성취기준		○ 초대하는 문장을 만들 수 있으며, 똑똑한 목소리로 읽을 수 있다.							
평가 기준	상	○ 그림에 어울리는 문장을 찾아 연결한 후 큰 소리로 읽을 수 있다.							
	중	○ 그림에 어울리는 문장을 찾아 연결은 할 수 있으나, 잘 읽지 못한다.							
	하	○ 문장을 연결하는 데 어려움을 겪으며 제대로 읽지 못한다.							

1. 평가 문항

가. 그림에 어울리는 문장을 찾아 연결한 후 큰 소리로 읽어봅시다.

2. 모범답안 및 채점기준

가. 모범답안

1) ⓑ   2) ⓓ   3) ⓕ   4) ⓔ   4) ⓐ   5) ⓒ

나. 채점기준

상(◎) : 똑똑한 목소리로 문장을 읽으며, 6문항 모두 정답을 찾는다.
중(○) : 문장을 읽기는 하나, 3~5문항 정답을 찾는다.
하(△) : 문장을 제대로 읽지 못하며, 2문항 이하 정답을 찾는다.

3. 준비물 및 유의점
  가. 준비물 : 수행평가지
  나. 유의점 :
    1) 느낌을 살려 문장을 읽을 수 있도록 지도한다.
    2) 문제 해결이 끝난 아동은 읽기 평가를 교사 앞에서 받는다.

【 문항 번호 9 】

교과서 관련	단원	6학년 15. It's Time to Go Home	쪽수	122	평가 유형	실기	참고 자료	부록 #9
성취기준		○일상생활에 관한 짧고 쉬운 글을 읽고, 그 뜻을 알 수 있다.							
평가 기준	상	○그림의 내용을 잘 파악하고, 일상생활과 관련되는 알맞은 문장을 모두 찾아 쓸 수 있다.							
	중	○그림의 내용을 잘 파악하고 있으나, 일상생활과 관련되는 알맞은 문장을 찾아 쓰는 것이 조금 미흡하다.							
	하	○그림의 내용을 잘 파악하고 있으나, 일상생활과 관련되는 알맞은 문장을 찾아 쓰기가 전혀 안 된다.							

> I do my homework at 4.
> I do the dishes at 6:40.
> I have dinner at 6:00.

①
②
③

1. 평가 문항

    가. 그림의 순서대로 맞는 문장을 찾아 아래에 차례대로 써 보세요.

2. 모범답안 및 채점 기준

    가. 모범 답안

    ① I do my homework at 4.

    ② I have dinner at 6:00.

    ③ I do the dishes at 6:40.

    나. 채점 기준

    > 상(◎) : 그림의 상황에 알맞은 문장을 읽고 3가지 모두 바르게 찾아 썼다.
    > 중(○) : 그림의 상황에 알맞은 문장을 읽고 1~2가지 찾아 썼다.
    > 하(△) : 그림의 상황에 알맞은 문장을 읽기가 미흡해 전혀 찾아 쓰지 못했다.

3. 준비물 및 유의점

    가. 준비물 : 수행평가지, 필기도구

    나. 유의점 : 교과서에 있는 문장과 단어를 충분히 학습한 후 평가하도록 한다.

【문항 번호 10】

교과서 관련	단원	6학년 15. It's Time to Go Home	쪽수	122	평가 유형	관찰	참고 자료	부록 #10
성취기준		○일상생활과 관련된 표현이 문자로 제시되었을 때 읽을 수 있다.						
평 가 기 준	상	○일상생활과 관련된 표현을 자연스러운 발음으로 유창하고 정확하게 읽을 수 있다.						
	중	○일상생활과 관련된 표현을 비교적 정확하게 읽을 수 있다.						
	하	○어휘의 사용이 정확하지 못하며 표현을 읽는 것이 어렵다.						

1. 평가 문항

　가. 그림을 참고하여 주어진 문장을 읽어 봅시다.

I get up at 7:10.　　　I do my homework at 5:00.

2. 모범답안 및 채점 기준

　가. 모범 답안

　　(1) I get up at 7:10.　　(2) I do my homework at 5:00.

　나. 채점 기준

> 상(◎) : 자신 있고 틀리지 않게 읽는다.
> 중(○) : 자신감은 있으나 다소 틀리게 읽는다.
> 하(△) : 자신감도 없고 읽지 못한다.

3. 준비물 및 유의점

　가. 준비물 : 문장 카드 2장, 그림 카드 2장

나. 유의점 : 그림에 알맞은 상황의 문장을 읽지 못하는 아동에게는 기초적인 단어 지도를 하고 난 후 한 번 더 평가 한다.

【문항 번호 11】

교과서 관련	단원	6학년 16. So Long, Everyone!	쪽수	130	평가 유형	실기	참고 자료	부록 #11
성취기준		○축하와 기원, 작별 인사의 표현을 읽고 그 의미를 이해 할 수 있다.						
평가 기준	상	○축하와 기원, 작별 인사의 표현을 읽고 의미를 정확하게 이해하여 표현이 사용되는 경우를 정확하게 안다.						
	중	○축하와 기원, 작별 인사의 표현을 읽고 의미를 어느 정도 이해하여 표현이 사용되는 경우를 안다.						
	하	○축하와 기원, 작별 인사의 표현을 읽고 의미를 정확히 이해하지 못해 표현이 사용되는 경우를 정확히 알지 못한다.						

1. 평가 문항

    가. 보기의 표현들이 언제 사용되는지 서로 관계있는 것끼리 연결하여 봅시다.

보기	① Good luck! ② Congratulations! ③ Thank you! ④ So long! ⑤ I'll miss you.

2. 모범답안 및 채점 기준

    가. 모범 답안

    1) ⓒ   2) ⓐ   3) ⓑ   4) ⓔ   5) ⓓ

    나. 채점 기준

    상(◎) : 제시된 문장을 읽고 그 의미를 정확히 알고 4~5가지 문제를 맞힌다.
    중(○) : 제시된 문장을 읽고 그 의미 파악이 미흡하여 2~3가지 문제를 맞힌다.
    하(△) : 제시된 문장의 의미 파악이 되지 않아 1가지 문제를 맞히거나 전혀 맞히지 못한다.

3. 준비물 및 유의점

가. 준비물 : 수행평가지

나. 유의점 : 문장 카드를 만들어 활용하면 아동들이 전체를 익힐 수 있는 기회가 된다.

【 문항 번호 12 】

교과서 관련	단원	6학년 16. So Long, Everyone!	쪽수	130	평가 유형	실기	참고 자료	부록 #12
성취기준		○ 단어를 찾아 쓸 줄 알며, 읽을 수 있다.						
평가 기준	상	○ 단어를 찾아 쓰고 정확하게 읽을 수 있다.						
	중	○ 단어를 찾아 쓰기가 미흡하고 읽기도 다소 부정확하다.						
	하	○ 단어를 찾아내는 능력이 부족하고 읽기도 아주 서투르다.						

1. 평가 문항

   가. 다음 암호 표를 보고 보기와 같이 주어진 암호를 풀어 단어를 쓰고 읽어 봅시다.

	1	2	3	4	5	6	7
○	a	b	c	d	e	f	g
△	h	i	j	k	l	m	n
□	o	p	q	r	s	t	u
◇	v	w	x	y	z		

   보기 : ○5◇1○5□4◇4□1△7○5 (everyone)

   1) □5○3△1□1□1△5 (   )

   2) □5○1△6○5 (   )

   3) ○3□1△7○7□4○1□6□7△5○1□6△2□1△7□5 (   )

2. 모범답안 및 채점 기준

   가. 모범 답안

   1) school   2) same   3) congratulations

나. 채점 기준

> 상(◎) : 3가지 단어를 모두 찾아내고 정확하게 읽는다.
> 중(○) : 2가지 단어를 찾아내고 비교적 정확하게 읽는다.
> 하(△) : 1가지 단어를 찾거나 전혀 찾지 못하고 읽기도 정확하지 않다.

3. 준비물 및 유의점

　가. 준비물 : 암호카드, 수행 평가지

　나. 유의점 : 단어를 찾아서 써 보게 하고 반드시 읽어보도록 하여 어휘력을 키워준다.

【 문항 번호 13 】

교과서 관련	단원	4학년 6. Is This your cap?	쪽수	46	평가 유형	실기	참고 자료	
성취기준		○숨겨진 낱말을 찾아 ○표하고 바르게 읽기						
평가 기준	상	○숨겨진 낱말 4개를 모두 바르게 찾고 읽는다.						
	중	○숨겨진 낱말 2~3개를 바르게 찾고 읽는다.						
	하	○숨겨진 낱말 0~1개를 바르게 찾거나, 바르게 읽지 못한다.						

1. 평가 문항

　○ Word puzzle을 보고 숨겨진 단어를 찾아 ○표 해 봅시다.

　　〈word puzzle〉

p	e	n	c	i	l
b	e	c	d	e	c
h	b	q	c	a	p
m	p	o	s	w	r
n	t	w	o	c	b
b	a	t	j	k	s

2. 준비물 및 유의점

　가. 준비물 : ○아동

　　　　　　　○교사 : 학습지, 평가 보조부

　나. 유의점 : 다른 친구의 답을 보고 문제를 해결하지 않도록 한다.

【 문항 번호 14 】

교과서 관　련	단원	3학년 6. How Many cows		쪽수	46	평가 유형		실기	참고 자료	
성취기준	○수를 나타내는 말을 읽고 이해할 수 있다.									
평 가 기 준	상	○4개를 모두 바르게 찾는다.								
	중	○2~3개를 바르게 찾는다.								
	하	○0~1개를 바르게 찾는다.								

1. 다음을 듣고 동물의 수를 쓰시오.

　① A : I have dogs.

　　 B : How many?

　　 A : One, two, three, four, five, five dogs.

　② A : I have cows.

　　 B : How many?

　　 A : Seven, Seven cows.

　③ A : I have pigs.

　　 B : Pigs? How many?

　　 A : Nine.

　④ A : Do you have cats?

　　 B : Yes, I do.

　　 A : How many cats?

　　 B : Three cats.

1) Dogs 2) Cows 3) Pigs 4) cats

 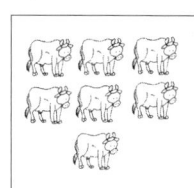 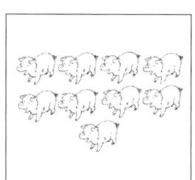 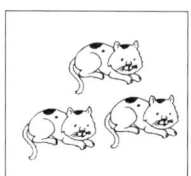

2. 준비물 및 유의점
   가. 준비물 : ○아동 : 연필   ○교사 : 학습지, 평가 보조부
   나. 유의점 : 다른 친구의 답을 보고 문제를 해결하지 않도록 한다.

【 문항 번호 15 】

교과서 관련	단원	5학년 13. What Did You Do Yesterday?	쪽수	142	평가 유형	실기	참고 자료	부록 #13
성취기준		○일상적으로 쓰이는 쉽고 간단한 낱말을 읽고, 그 뜻을 알 수 있다.						
평가 기준	상	○일상적으로 쓰이는 쉽고 간단한 낱말을 자신 있게 읽고, 그 뜻을 정확히 알아서 낱말과 그림을 모두 바르게 연결한다.						
	중	○낱말을 읽을 줄은 알지만, 그 뜻을 정확하게 모르는 경우도 간혹 있어서 3~5개의 낱말과 그림을 바르게 연결한다.						
	하	○낱말을 읽기 어렵고, 그 뜻을 모르거나 잘 못 알고 있어서 0~2개의 낱말과 그림을 바르게 연결한다.						

1. 평가 문항
   가. 다음 낱말을 읽고 각 위치에 알맞은 그림을 오려 붙여 마을 지도를 완성하세요.

〈우리 마을 지도〉

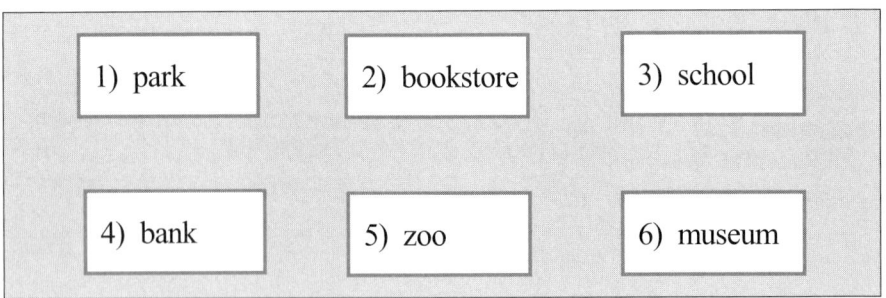

2. 모범답안 및 채점 기준

　가. 모범 답안

　　　1) school　　　2) same　　　3) congratulations

　나. 채점 기준

> 상(◎) : 6가지를 모두 정확하게 표시한다.
> 중(○) : 3~5가지 단어를 정확하게 표시한다.
> 하(△) : 0~2가지 단어를 정확하게 표시한다.

3. 준비물 및 유의점

　가. 준비물 : 수행평가지 · 가위, 풀(학생)

　나. 유의점 : 추측하여 찾아내지 않고 낱말을 정확히 읽고 답을 찾는지 관찰한다.

IV

초등영어 쓰기 지도

1장 초등영어 쓰기 지도의 이해
2장 초등영어 쓰기 지도의 실제

1장 초등영어 쓰기 지도의 이해

제7차 교육과정에서의 초등영어 교육은 언어 습득의 원리에 의해 의사소통의 바탕이 되는 언어 기능 교육, 그 중에서도 음성 언어 교육에 중점을 두고 있다. 그러나 언어 발달이 듣기, 말하기, 읽기, 쓰기의 4기능별로 각각 발달하는 것이 아니라 상호간 영향을 미치며 향상되어진다는 것을 감안할 때 표현기능에 속하는 쓰기 역시 소홀히 해서는 안 될 중요 언어 기능임을 알 수 있다. 다른 언어 기능에 비하여 쓰기 기능은 영어 학습에 눈과 귀뿐만 아니라 손을 사용하게 함으로써 어린이의 발달을 돕고 학습자의 표현 욕구를 충족시켜 주며, 또한 다른 언어 기능의 학습을 강화하고 통합해 준다는 점에서 의식적인 언어발달을 가져올 수 있다. 이 외에도 어린이들은 듣기를 하면서 읽기와 쓰기를 배우고, 읽기를 통해서 쓰기를 배우며, 쓰기를 통해서 읽기를 배운다고 지적하며 문자 언어 지도와 통합된 음성 언어 지도가 영어 교육의 효과를 보다 높일 수 있다고 했다(Krashen, 1982).

7차 교육과정에서는 문자 언어교육은 음성언어와 연계하여 유기적으로 지도하도록 권장되고 있다. 3·4학년에서는 문자 인식 수준에 맞춰 구성되어 있으며, 5·6학년에서는 문자 수준을 음성 이해를 돕는 보조 수단으로 지도하고 있고 수업 역시 단원별 3~4차시에 지도를 하도록 되어 있어 시간이 매우 제한적이긴 하다. 그러나 사교육을 받지 않고 일반 학교 교육을 받은 아이들의 경우 6학년 교육과정에 나오는 낱말과 문장쓰기 활동은 매우 어려운 활동에 속하고 실패를 많이 경험하기도 한다. 따라서 이 단원에서는 초등 영어 쓰기 교육에 대해 알아보고, 영어 쓰기 교육에 대한 전략과 아이들이 보다 흥미있게 쓰기를 학습할 수 있는 방법에 대해 알아보도록 한다. 또한 초등학교 영어 수업에서 사교육의 유무에 따라 가장 수준차이가 많이 나타나는 쓰기 영역의 수준별 학습을 위한 방법을 구체적으로 알아보도록 한다.

1.1 초등영어 쓰기의 목표

7차 개정교육과정의 초등학교 영어 교육의 목표는 '영어에 대한 흥미와 관심을 가지고, 일상생활에서 사용하는 기초적인 영어를 이해하고 표현하는 능력을 기르는 것'으로 제시하고 있다(교육과학기술부, 2008). 7차 교육과정에서는 5학년부터 쓰기가 시작되었으나 2008년 고시된 7차 개정교육과정에서는 3학년부터 쓰기가 시작되도록 하였다. 쓰기 지도에 관한 학년별·단계별 성취기준은 아래의 <표 1>과 같다.

〈표 1〉 쓰기 영역의 학년·단계별 성취기준(교육과학기술부, 2008)

학년	단계별 성취 수준
3	(1) 알파벳 인쇄체 대·소문자를 보고 쓴다. (2) 구두로 익힌 낱말을 따라 쓴다.
4	(1) 소리와 철자의 관계를 바탕으로 쉬운 낱말을 듣고 쓴다. (2) 실물이나 그림을 나타내는 낱말을 완성하여 쓴다. (3) 짧고 쉬운 낱말을 보고 쓴다.
5	(1) 쉽고 간단한 낱말이나 어구를 쓴다. (2) 예시문을 참고하여 실물이나 그림을 보고 한 문장으로 쓴다. (3) 문장 안에서 인쇄체 대·소문자와 구두점을 바르게 쓴다.
6	(1) 일상생활와 관련된 주제에 관해 낱말이나 어구를 넣어 문장을 완성한다. (2) 간단한 생일 카드나 감사 카드를 쓴다. (3) 예시문을 참고하여 자신이나 가족 등에 관해 짧고 간단하게 쓴다.

특히 초등학교 영어의 쓰기 지도는 초기에는 철자 및 구두점 등에 유의하여 지도하고, 점차 의미 전달에 중점을 두어 지도하도록 하며, 유의미한 활동을 통하여 쓰기의 가치를 인식할 수 있도록 지도하도록 교육과정에 명시되어 있다(교육과학기술

부, 2008).

1.2 초등영어 쓰기의 단계

쓰기는 학습자의 많은 의식적인 노력에 의해 습득되는 것으로 쉽게 배워지지 않지만, 글(text)을 통해 글을 쓴 삶과 읽는 사람이 의사소통을 하는 행위에 속한다. 글쓰기는 보이지 않는 독자에게 자기의 생각을 전하는 것이기 때문에 문법 규칙에 정확하고 적절한 어휘를 사용하여 의미가 분명하게 전달될 수 있어야 한다(김정렬, 2002). 그러나 초등학교 학습자의 특성을 감안해 볼 때 점진적으로 여러 단계에 걸쳐 의사소통이 가능한 쓰기능력을 길러가도록 접근해야 할 것이다.

일반적인 영어의 쓰기 지도 방법은 크게 베껴 쓰기(copying), 다시 써보기(reproduction), 재결합하여 쓰기(recombination), 유도 작문(guided writing), 자유 작문(free writing)의 다섯 단계로 구분 지을 수 있다(Rivers, 1981).

각 단계별로 구체적인 방법은 다음과 같다.

베껴 쓰기(copying)는 말하기와 읽기를 통해 학습한 내용을 보고 쓰게 하는 활동이다. 단점으로 학습자늘이 다소 단순하고 흥미롭지 않게 여길 수도 있으나, 새로운 문자에 익숙해질 수 있으며 철자뿐만 아니라 문장 구조, 단어나 구, 문자의 의미, 구두점 등을 학습할 수 있으며 단어나 문장을 소리 내어 읽으면서 쓰면 소리와 철자의 일치 관계를 인식하는데 도움이 된다는 점에서 장점을 지닌다.

다시 써보기(reproduction)는 듣거나 읽은 것을 기억하여 쓰거나 한번 베껴 쓴 문장을 교사가 불러주고 학생들이 이를 받아쓰게 하는 것으로 듣기와 쓰기 기능을 통시에 연습할 수 있게 한다.

재결합하여 쓰기(recombination)는 이미 듣기와 읽기를 통하여 연습한 문장들을 수정하여 다시 써 보게 하는 것으로, 구두 언어와 읽기가 결합하는 단계이므로 의미를 나타내기 위하여 문법 구조를 조작하는 능력과 읽기를 통하여 인식한 복잡한 음성에 대한 지식이 포함된다. 재결합 쓰기 지도에 앞서 구두 연습이 충분히 이루어져야 하는데, 이를 통하여 문법적인 정확성 뿐만 아니라 학습한 내용을 구두 언어로 강화할 수 있다.

유도 작문(guided writing)에서는 학생들이 어휘나 구문을 어느 정도 자유롭게 선택할 수 있으며 자신의 언어 지식 범위에서 제한적으로 자유로운 작문을 시도할 수 있다.

자유 작문(free writing)에서는 자신의 생각과 느낌을 표현하기 위해서 어휘와 구문을 자유롭게 선택하여 글을 쓰도록 유도한다. 학습자의 수준에 따라 교사의 지도나 안내 없이 자유 작문이 가능할 수도 있겠지만 쓰기 능력이 부족한 학습자들에겐 쓰기의 주제와 이 주제에 사용될 수 있는 주요 표현을 소개한 후 자유 작문을 유도하면 보다 효율적인 쓰기 지도가 될 수 있다(이동욱, 2007).

그러나 영어 쓰기를 처음 접하는 초등학생들의 쓰기 지도에서는 위의 다섯 단계를 모두 적용하는 것에는 무리가 있다. 따라서 초등 영어 쓰기 단계는 크게 알파벳 쓰기, 단어 쓰기, 구두점이나 대소문자, 철자법을 포함한 문장쓰기 이렇게 세 부분으로 구분할 수 있다.

| 1단계 | : | 알파벳 쓰기 |

⇩

| 2단계 | : | 단어 쓰기 |

⇩

| 3단계 | : 구두점이나 대소문자, 철자법을 포함한 문장쓰기 |

〈그림 1〉 초등학생의 쓰기 지도 단계

1.3 초등영어 쓰기의 단계별 지도 요령

앞서 살펴본 것과 같이 영어 쓰기를 처음 접하는 초등학생들의 쓰기 지도 내용은 크게 알파벳 쓰기, 단어 쓰기, 구두점이나 대소문자 및 철자법을 포함한 문장쓰기 이렇게 세 부분으로 구분할 수 있는데 이에 따른 구체적인 지도 요령은 다음과 같다 (김종환, 2001).

1.3.1 1단계 : 알파벳 쓰기 지도

영어의 철자 체계는 대문자와 소문자가 서로 다른 모양을 하고 있으며 또 인쇄체와 필기체가 상당히 다른 모습을 하고 있기 때문에, 학생들이 영어의 음을 많이 듣고 읽어서 소리에 대한 식별 능력이 생긴 후에 쓰도록 지도해야 한다.

초등학교 알파벳 쓰기 지도와 관련지을 수 있는 Byrne(1982)이 제안한 알파벳 쓰기 지도 요령을 간단히 살펴보면 아래와 같다.

① 반드시 알파벳 순서대로 지도할 필요는 없으며 알파벳 모양을 고려하여 쓰는데 혼동을 일으킬 수 있는 알파벳을 서로 비교하거나 대조시켜서 지도하는 것이 효과적이다.
② 영어 알파벳은 수평선을 중심으로 상하로 배열되기 때문에 학생들이 각 글자가 선의 어디에 배치되는지 정확히 알 수 있도록 사선지를 이용해서 연습시킬 필요가 있다.
③ 영어 알파벳의 필기체와 인쇄체 중에는 교재가 대부분 활자체로 인쇄되어 있기 때문에 활자체를 먼저 지도하고, 대문자와 소문자는 소문자에서 대문자로, 또는 대문자에서 소문자로 또는 대문자와 소문자를 동시에 지도하는 방법 등 사전에 체계적인 계획을 세워 지도하는 것이 바람직하다.
④ 처음 알파벳 쓰기를 할 때는 학생들은 교사를 따라서 손으로 허공에 여러 차례 써 본 후 종이 위에 쓰게 하고, 지도 시간은 10분 이내에서 하는 것이 좋다.

1.3.2 2단계 : 단어 쓰기 지도

정확한 글을 쓰기 위해서는 많은 단어의 철자를 익혀야 하는데 단어를 쓸 때 알파벳 쓰기에서 익힌 개별 철자들이 단어로 조합되는 과정에 대한 접근이 중요하다. 영어의 철자는 우리말과 발음 체계가 다르기 때문에 새로운 단어의 철자를 익히기 위해서 다음과 같은 절차를 거친다.

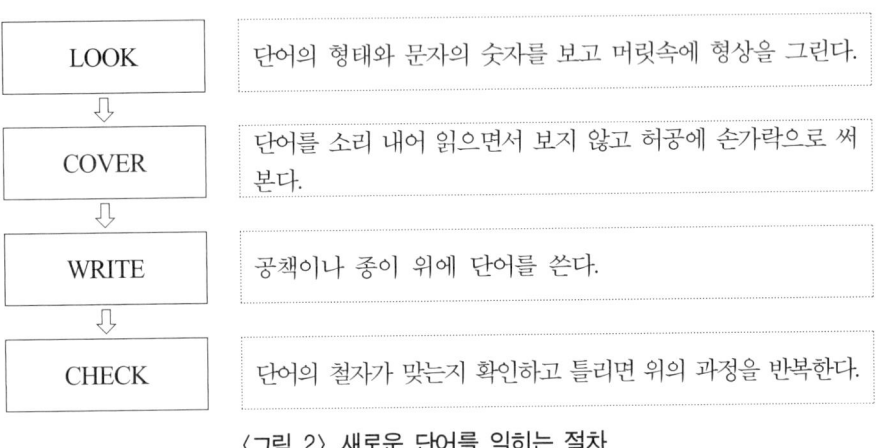

〈그림 2〉 새로운 단어를 익히는 절차

기계적으로 베끼는 행위는 단어를 익히는 방법 중 하나로 간주될 수 있지만 초등학습자들은 빨리 싫증낼 수 있으므로 베껴 쓰는 활동의 이유와 목적을 분명히 제시해 줄 필요가 있으며 단어의 특성에 따라 어린이의 흥미를 끌 수 있는 다양한 방법으로 지도해야 한다.

1.3.3 3단계 : 문장 쓰기 지도

단어를 익힌 후에는 그 단어들을 연결시켜 문장으로 쓰도록 한다. 영어의 문장을 익히기 위해서는 우선적으로 아래와 제시된 바와 같이 기본적인 문장의 체계를 익혀야 한다.

① 구두점 원칙을 지킨다.
- 의문부호, 마침표, 쉼표 등을 알맞게 사용한다.
- 축약형과 소유격에서 '(apostrophe)를 사용한다.
- 이름은 대문자로 시작하고 약자는 대문자를 사용한다.
- 복합어는 -(hyphen)을 사용한다.

② 문장의 첫 철자는 항상 대문자로 시작한다.
③ 문장의 기본적인 어순을 익힌다.
- 주어+동사(+목적어)
- 관사+명사
- 전치사+(대)명사

④ 의문문을 사용할 때는 주어와 동사의 순서를 바꾼다.
⑤ 문장은 적절한 구두점을 사용한다.
⑥ '나'를 뜻하는 'I'는 언제나 대문자로 쓴다.

이 외에도 문장을 쓸 때 지켜야 할 문법 규칙은 다양하지만 초등학교 영어 수업에서 문법을 가르치기 위해 문장을 쓰게 해서는 안되며, 전하고 싶은 내용을 정확하게 전하기 위해 문장을 문법에 맞게 써야 한다는 점을 강조해야 하고 있다(김종환, 2001). 즉, 문법의 개념 없이도 문장을 쓸 수 있도록 해야 한다는 것이다. 초등학교에서의 쓰기는 글의 형태나 정확한 문법 규칙의 적용보다는 글의 내용에 초점을 두어 지도해야 하며, 쓰기가 음성언어의 보조 수단으로 지도되기 때문에 쓰기에 대한 자신감을 심어주는 것이 중요하다.

1.4 초등영어 쓰기의 다양한 지도 방법

초등영어의 쓰기 교육은 알파벳, 단어, 문장 쓰기 순으로 지도되는데 단순히 관련 교재를 이용해서 수업하지는 않는다. 학습자의 흥미와 관심을 끌면서 쓰기 학습의 효과를 극대화시킬 수 있는 다양한 방법을 적용하고 있다.

1.4.1 그림을 활용한 쓰기지도

그림을 이용한 쓰기 지도는 학습자들의 흥미와 관심을 끌 수 있으며 구두 언어로 배운 낱말을 써 보는 기회가 되기 때문에 초등학교에서 유용하게 활용될 수 있는 방법이다. 특히 실생활과 관련된 그림은 추상적인 글자보다 의미파악에 있어 학습자들에게 도움이 되기 때문에 초기 단계의 학습자들에게 적절한 방법이다. 그림은 쓰기를 지도할 때 다양하게 이용될 수 있는데, 그림을 이용하여 문장 만들기, 그림에 맞게 순서대로 배열하여 단락 완성하기, 통제 글쓰기나 유도 글쓰기에서의 그림 활용, 역할극 하기, 대화나 이야기 쓰기, 질문과 응답하기 등에 활용될 수 있다.

```
※ 다음 그림을 보고 주어진 문장을 완성하시오.
 1. It is ☼ outside.        ⇒ _____.
 2. She is ☺.               ⇒ _____.
 3. The 🙂 cut the ☐ with ✂. ⇒ _____.
 4. I don't like a ✈ day.   ⇒ _____.
 5. It is ❄ outside.         ⇒ _____.
 6. I like 🍎.               ⇒ _____.
```

〈그림 3〉 그림을 활용한 쓰기의 예(김종환, 2001)

1.4.2 텍스트(text)를 활용한 쓰기 지도

텍스트는 쓰기와 밀접한 관계가 있으며, 보통 읽기와 쓰기 두 기능을 통합하여 사용한다. 교사는 베껴 쓰기나 문법 구조 및 구두점 사용 익히기, 통제 및 유도 글쓰기 지도, 글의 구성 지도 등에 텍스트를 이용할 수 있다. 베껴 쓰기는 초기 단계에서 알파벳을 익히거나 기본적인 쓰기 능력을 기르기 위해 활용되며, 흥미를 높이기 위해 재미있는 게임 유형으로 지도할 수 있다. 텍스트는 구두점과 대소문자 사용만을 지도하기 위해 구두점을 삭제한 소문자로만 글을 제시하여 학습자가 알맞게 고치도록 하는데 이용될 수 있다.

> * Underline each letter that should be a capital.
>
> there was a phone box close to where leon was sitting. he went inside to use the phone book.

〈그림 4〉 텍스트를 활용한 대소문자 익히기의 예(최명자, 2005)

1.4.3 시청각 자료를 활용한 쓰기 지도

지도나 그래프, 만화, 비디오, 오디오 등의 시청각 자료는 초등학생들의 쓰기 지도에 유용하게 활용될 수 있다. 지도를 이용한 글 찾기 지시문 쓰기나 장소 안내서 작성하기, 그래프나 도표를 이용한 설명문 작성하기 등은 학습자의 생활 경험에 맞도록 재구성하거나 내용의 난이도를 학습자 수준에 맞게 조정하여 사용할 수 있다.

비디오와 오디오는 글의 내용을 재구성하여 쓰기, 요약하기, 종결 부분 쓰기 등의 방법에 활용될 수 있다. 학습자의 흥미와 관심을 끌 수 있다는 점에서 비디오나 오디오의 사용은 빈번하지만 선택할 때 학습 목표 및 내용과 연관성, 학습자의 흥미, 언어적인 난이도와 주제의 적정성, 학습자의 연령 및 수준, 교육적 가치 등을 고려해야 한다.

1.4.4 만화를 활용한 쓰기 지도

만화를 이용한 방법으로 만화에 제시되어 있지 않는 대사를 완성하게 하거나 제시된 만화를 읽고 이야기를 글로 쓰는 활동도 할 수 있다. 이 때 수업자료로 활용되는 만화는 내용이 간단하고 어휘가 쉬운 것이 좋으며, 만화의 내용을 요약하거나 제시되지 않은 내용을 추측하여 쓰도록 하는 활동보다는 이미 제시된 내용에 대해 쓰기 활동 위주로 수업이 진행되도록 하는 것이 좋다(김종환, 2001).

〈그림 5〉 만화를 이용한 쓰기 지도의 예(김미영, 2008)

1.4.5 그림일기를 이용한 쓰기지도

그림일기 쓰기란 표현의 수단으로써 글과 그림을 포함하는 일기 쓰기의 형태이다. 이 방법은 아동들의 관심과 흥미를 높일 수 있고 친숙감을 갖게 할 수 있다. 문장으로 영어 일기를 쓰기 어려운 초보 영어 학습자들에게 적당한 방법으로 영어 단어를 익히는 수준에서 벗어나 문장 및 어구 단위로 사용하기 시작하는 6학년부터 적용 가능하다. 그림을 그린 후, 각 그림에 해당하는 부분을 영어 단어로 표현하여 적어두고 느낀 점도 간단한 단어로 표현하도록 한다. 문장의 구조에 따른 문장 구성의 시범을 보여 주면 그 문장을 따라 써 보기도 하고 그림에 대한 설명을 문장으로 간단하게 써 본다. 모르는 단어가 있으면 그림으로 대신 넣어도 좋고 우리말로 적을 수도 있다. 문장은 간단하여도 무방하며 문장 수도 제한을 두지 않는다(오지현, 2008).

〈그림 6〉 그림일기를 이용한 쓰기 지도의 예(오지현, 2008)

1.5 초등영어의 수준별 쓰기 지도 이해

7차 영어과 교육과정은 국제화·세계화·정보화 사회로 특징 지어지는 21세기의 주인공이 될 어린이들에게 국제어로 사용되는 영어를 구사하는 기초 능력을 길러주고 자기 주도적으로 삶의 가치를 바르게 정립할 수 있는 인간 형성에 교육의 목표를 두고 있다. 이런 맥락에서 초등학교 영어의 가장 큰 특징은 열린 교육의 맥락에서 수준별 교육을 지향한다. 또한, 수요자의 흥미, 욕구, 수준을 고려하여 지금까지 공급자인 국가, 교육청, 학교, 교사에 의해 일방적으로 결정되던 교육 내용의 선택권을 학생에게도 부여하자는 것이다.

또한, 교과서 중심의 획일적인 학교 교육보다는 교육과정 중심의 학교 교육을 지향하고 있으며 수준별 교육과정에 의한 개별화 교육을 권장한다. 이는 학생 개개인의 학습 능력의 차이를 고려하여 수준별 수업을 실시하는 소집단 개별화 지도 방법으로 학생 수준 차이에서 오는 학습 부진 요인을 제거하여 학생 모두에게 질 높은 영어 교육을 제공하는 방안이다.

문자 언어는 문화의 중요한 전달자로서 중심적 기능을 하며 인간 생활에서 큰 역할을 차지한다. 모국어의 습득 순서를 살펴보면 언어의 4가지 기능, 즉 듣기, 말하기, 읽기, 쓰기 중 쓰기는 최종 단계로 익히게 된다. 그러므로 자연스럽게 이뤄질 수 있는 다른 기능들과는 달리 의식적인 노력과 정신적인 기술을 필요로 하며 쓰기 지도가 단계적으로 이루어져야 한다. 따라서 영어 학습에 있어서 학생들이 쓰기를 좋아하고, 잘 쓸 수 있도록 하기 위해서는 쓰기 입문기부터 학생들에게 맞는 학습의 과정, 실질적이고 재미있는 활동 속에서 쓰기 기능을 익혀야 효과를 거둘 수 있다. 따라서 쓰기 학습에서 학습자의 수준에 맞는 학습 내용의 구성과 다양한 학습 활동을 수준별로 제시하는 구체적인 방안을 모색할 필요가 있다.

1.5.1 수준별 영어 교육의 의미

수준별 영어 교육은 학습자들의 중간 언어(interlanguage)가 순조롭게 발달하도록 올바른 환경을 만들어주는 데 역점을 두어 과정 주심으로 수업을 진행한다. 외국어인 영어의 습득은 점진적으로 발달하는 과정이며, 지식이란 조금씩, 다른 비율로, 다른 수준으로 획득된다. 그러므로 교실 수업에서 고정된 학습 내용을 가르치는 것

보다는 언어 습득이 순조롭게 일어날 수 있는 절차적 원칙을 마련하고, 학생들의 개인차에 관심을 가지고 그들이 적절한 책략을 이용하며, 학습에 참여하고 책임을 느끼도록 하는 것을 권장한다.

1.5.2 수준별 영어 쓰기 교육의 필요성

최근 학습자들의 요구 분석에 근거하여 영어 교과의 목표가 설정되는데, 이 목표는 행동 중심, 과정 중심, 내용 중심, 숙련도 중심으로 접근하여 진술할 수 있다(배두본, 2002). 행동 중심 목표는 의사소통 능력과 같은 언어적 구성과 언어 능력에 기초한 목표를 말한다. 과정 중심 목표란 특정한 언어 기능의 숙달도를 고려하여 듣기, 말하기, 읽기, 쓰기 등의 기능별로 도달해야할 목표와 그 과정을 목표로 삼는다. 내용 중심 목표란 언어적, 의사소통적 내용의 형태에 대한 세부적인 목표를 말한다. 숙달도 중심 목표란 과정에서 예상되는 숙달의 정도를 목표로 한다. 그런데 이러한 영어 교육의 목표에 도달하는 과정에서 개인차가 나타난다. 개인차와 외국어 습득에 관한 연구 결과를 요약하면 다음과 같다(Skehan, 1989).

① 개인의 인지 성향(외향성, 내향성, 장 의존성, 장 독립성, 연역적 귀납적)은 내체적으로 외국어 습득 향상도와 특별한 상관관계가 없다.
② 학습자 동기는 외국어 습득 정도와 긍정적으로 높은 상관관계를 보인다.
③ 언어 적성은 외국어 습득과 긍정적으로 높은 상관관계를 지닌다.
④ 지능지수가 높은 학생은 자신의 진도 조절(self pacing) 및 개별 학습(individualized learning)이 더 효율적이고, 지능지수가 낮은 학생은 교사에 의한 진도 조절(external pacing)과 전통적인 학습 방법이 더 효율적이다.
⑤ 지능 지수가 높은 학생은 학습 내용의 순서와 상관없이 높은 습득률을 보이나, 지능 지수가 낮은 학생은 학습 내용이 순서가 일정해야 효과적이다.
⑥ 숙련된 학습자는 암시적 혹은 명백한 학습 방법 모두에 대하여 높은 습득률을 보이나 초보자는 암시적 학습 방법 상황 하에서는 낮은 향상도를 보인다.

위의 연구 결과에서 학습자의 동기와 언어 적성, 선행 학습에 따라 교수 방법, 지능 지수에 따라 외국어 습득의 많은 차이점이 있음을 알 수 있다.

또한 영어 쓰기를 잘 지도하기 위해서는 무엇보다도 왜 영어 쓰기 교육이 필요한가를 분명하게 아는 것이 중요하다(김재혁, 1999). 따라서 다음과 같이 초등학교에서 쓰기를 가르쳐야 하는 필요성에 대해 분명히 해 둘 필요가 있다.

첫째, 쓰기는 손으로 하는 학습 활동으로 쓰기를 도입함으로써 영어 학습 내용과 방법을 보다 다양하게 편성할 수 있고, 무엇보다도 어린이들에게 듣기와 말하기 활동에서 잠시 벗어나 새로운 활동을 하게 할 수 있다.

둘째, 쓰기 교육을 통해서 어린이들에게 의사를 표현하는 수단을 익히게 할 수 있다. 오늘날 외국어 교육에 있어서 '의사소통'을 강조하는 것이 세계적인 추세이며 최근 컴퓨터 통신의 발달로 쓰기 능력에 대한 필요성이 더욱 증가하고 있다는 사실이다.

셋째, 따라 듣기와 말하기 위주의 영어 학습이 효과가 없는 어린이들에게 읽기와 쓰기를 일찍 도입해서 지도하면 영어 학습에 더 자신감을 심어 줄 수 있다.

넷째, 쓰기는 다른 세 가지 기능과 잘 결합해서 어린이들의 학습 기억을 강화시킬 수 있다. 특히, 쉽게 배우고 기억하지만 또 그만큼 배운 것을 쉽게 잊어버리는 어린이들의 특성을 고려하면 쓰기의 필요성은 분명해진다.

다섯째, 어린이들의 지적·언어적으로 성장함에 따라 쓰기 지도는 어린이들에게 영어를 보다 구체적이고 자세히 이해하게 하는 데 도움을 준다. 쓰기는 정교한 의미를 전달하는 데 필요한 어휘나 표현을 학습시킬 수 있으며 쓴 것을 여러 차례 읽고 고칠 수 있기 때문에 어린이들의 사고 작용을 돕는다.

여섯째, 쓰기는 그 자체로도 영어 학습이 소중하다. 어린이들은 자기가 쓴 글이 학급 게시판에 걸려 있으면 영어에 대한 자신감을 갖게 되고 흥미를 갖게 되며 어린이들 자신이 쓴 것을 직접 보고 학습 결과를 확인할 수 있기 때문에 학습 성과를 스스로 평가할 수 있는 척도가 될 수 있다.

1.5.3 수준별 쓰기 지도의 원칙

1) 유의적 학습이 되게 한다.

흔히, 쓰기 활동은 학생들에게 어떤 의사소통 목적을 갖고 글을 쓴다는 느낌을 주지 못하고 현실감 없는 기계적인 활동이 되기 쉽다. 교사도 글을 통해서 학생들과 의사소통을 하기보다는 자신의 편의 위주로 쓴 것을 판단하고 평가하기 쉽다. 이러한 것을 방지하기 위해서는 편지, 쪽지, 설문지, 보고서 등의 작문 양식을 도입해서 학생 상호간에, 혹은 교사와 학생 사이에 의사소통을 하는 것이 필요하다. 특히, 작문 양식(format)이 영어와 우리말 사이에 상당한 차이가 있는 경우가 많으므로, 초기 단계에서부터 이러한 작문 양식의 차이를 익힐 수 있도록 학습 활동을 마련하는 것이 필요하다.

가령, 학생들이 과일 이름과 좋아하고 싫어함에 대한 표현을 익힌 경우에 학생들끼리 서로 다음과 같은 쪽지를 써서 보내고 답장을 쓰도록 지도할 수 있다.

```
Dear Mi-ra

    I like apples. What about you?

                                    Love, In-ho
```

2) 단계적인 학습이 되게 한다.

쓰기에서 유의적 학습을 강조한다고 해서 처음부터 자유롭게 작문(free writing)을 시킬 수는 없다. 학습자의 수준을 고려해서 학습 단계를 설정한 후, 학생들의 자신의 영어 능력을 벗어나지 않는 범위 내에서 점증적으로 쓰기를 익힐 수 있도록 지도해야 한다. 수준별 쓰기 학습은 다음 3단계로 나누는 것이 일반적이다.

```
┌─────────────────────────────────┐
│    통제작문(controlled writing)    │
└─────────────────────────────────┘
                ⇩
┌─────────────────────────────────┐
│     유도 작문(guided writing)      │
└─────────────────────────────────┘
                ⇩
┌─────────────────────────────────┐
│      자유 작문(free writing)       │
└─────────────────────────────────┘
```

〈그림 7〉 수준별 쓰기 학습의 3단계

통제 및 유도 작문은 교사가 학습 활동을 통제하는 조작적(manipulative)인 연습 단계로서, 주로 언어 자체에 대한 학습을 시키기 위한 것이다. 이 조작적 단계를 교사의 통제력의 정도에 따라, 통제 혹은 유도 활동이라고 지칭한다. 통제 연습 활동은 단어나 문장 베끼기 등과 같이 학습자가 거의 오류를 범하지 않고 쓰기를 할 수 있는 학습 활동이다. 이 단계에서는 정확성에 초점을 두어서 학생들이 알파벳, 단어, 문장, 구두점 등을 정확하게 쓸 수 있도록 내용을 구성한다.

유도 작문에서는 학생들이 내용의 일부를 선택해서 쓸 수 있도록 한다. 가령, 다음처럼 주어진 문장을 각자에게 맞게 완성해서 자기의 가족을 소개하게 할 수 있다.

```
┌─────────────────────────────────────────┐
│              My family                  │
│                                         │
│   My father is _____     │
│   My mother is _____     │
│   I have _____      │
└─────────────────────────────────────────┘
```

자유 작문은 언어 자체보다는 의미와 내용 위주의 쓰기 활동을 지칭하며 초기 단계에서는 상당히 엄격하게 통제된 활동을 마련하는 것이 필수적이다. 왜냐하면 학생들은 표현하고자 하는 내용에 비해서 알고 있는 영어 지식이 부족하기 때문에 곧 쓰기에 싫증을 낼 가능성이 많고, 또 교사 입장에서도 학생들이 쓴 영어에서 너무 많은 오류가 발생하면 학습 효과에 대해 회의를 느낄 수가 있기 때문이다. 이를 방지하기 위해서라도 초기 단계에서는 학생들이 틀리지 않고 쉽게 할 수 있는 쓰기 연습을 마련하는 것이 필요하다.

3) 쓰기를 의사소통의 한 체계로 익힐 수 있도록 한다.

쓰기 교육을 할 때에는 여러 단계의 학습 활동을 통해서, 궁극적으로는 글을 이용하여 어떻게 의사소통을 하는지, 또 말하기와 쓰기가 어떻게 다른지 학생들이 인식할 수 있도록 해야 한다. 사실, 모든 글은 독자나 글의 길이에 관계없이 어떤 의사소통 목적은 갖는 경우가 대부분이고, 학생들은 이러한 의사소통 목적을 어떻게 표현하는가를 익힐 필요가 있다. 이를 위해서는 앞에서 소개한 유형별(혹은 양식별)로 쓰기 활동을 구성하여 처음부터 학생들이 글을 쓰는 목적을 염두에 두고 쓰기 활동을 하도록 해야 한다.

1.5.4 수준별 쓰기의 단계

Rivers(1981)는 쓰기 지도의 단계를 복사(copying), 재복사(reproduction), 조합 연습(recombination), 통제 작문(guided writing), 유도 작문(free writing)의 다섯 가지로 분류하고 있으며 Rivers의 쓰기 지도 단계 모형은 아래의 <표 2>와 같다.

〈표 2〉 Rivers의 쓰기 지도 단계 모형(유원경, 2006, p. 15)

단계	지도 및 학습 내용
제1단계 복사 (Copying)	배운 것을 베껴 쓰는 단계(copying) : 단순히 보고 쓰고 모방하고 바르게 쓰는 자세를 기른다.
제2단계 재복사 (Reproduction)	교재를 보지 않고 배운 것을 다시 써 보는 단계(reproduction) : 학습자는 들은 것을 보지 않고 써 본다.

제3단계 조합 연습 (Recombination)	연습한 문장을 조합하여 써 보는 단계(recombination) : 이미 터득한 문장을 활용하여 자신이 표현하고자 하는 의도를 써 본다.
제4단계 통제 작문 (Guided Writing)	자기가 배운 것을 넘지 않는 범위에서 보다 자유로운 어휘, 구문을 선택하는 단계(guided writing) : 학습자들이 이미 배운 문자 정보를 활용하여 다양한 표현을 시도해 본다.
제5단계 자유 작문 (Expressive Writing)	자유롭게 어휘, 구문을 선택하여 자기의 의사를 표현하는 단계(expressive writing) 등 다섯 가지 단계로 구분하여 지도한다.

교육과정(교육과학기술부, 2008)에서 쓰기 지도 단계를 살펴보면 3학년에서는 알파벳 인쇄체 대·소문자를 보고 쓰고, 구두로 익힌 낱말을 따라 쓰는 것을 성취기준으로 정하였으므로 1단계의 베껴 쓰기 즉 복사(copying) 위주로 지도하는 것이 바람직하다.

4학년의 쓰기 지도는 소리와 철자의 관계를 바탕으로 쉬운 낱말을 듣고 쓰기, 실물이나 그림을 나타내는 낱말을 완성하여 쓰기, 짧고 쉬운 낱말을 보고 쓰는 것을 성취기준으로 정하였으므로 2단계의 다시 써 보기 즉 재복사(reproduction) 단계로 지도하는 것이 좋다.

그리고 5학년에서는 쉽고 간단한 낱말이나 어구를 쓰기, 예시문을 참고하여 실물이나 그림을 보고 한 문장으로 쓰기, 문장 안에서 인쇄체 대·소문자와 구두점을 바르게 쓰기를 성취기준으로 정하고 있으므로, 제 3단계인 조합연습(recombination) 단계를 위주로 하되, 극히 초보 수준에 한하여 제 4단계인 유도 작문(guided writing) 단계를 선별적으로 적용하여 지도하는 것이 바람직하다고 하겠다.

끝으로, 6학년의 쓰기 지도는 일상생활과 관련된 주제에 관해 낱말이나 어구를 넣어 문장을 완성하기, 간단한 생일 카드나 감사 카드를 쓰기, 예시문을 참고하여 자신이나 가족 등에 관해 짧고 간단하게 쓰기를 성취기준으로 정하고 있으므로, 제4단계의 유도 작문(guided writing) 단계와 제 5단계의 자유 작문(expressive writing) 단계를 적용하여 지도하는 것이 바람직하다.

한편, 배두본(2002)은 의사소통 중심의 영어 교육을 위한 쓰기 지도의 단계를 7단계로 제시하고 있다. 1단계는 알파벳의 인쇄체 필기체 쓰기, 2단계는 소리와 철자의 일치, 3단계는 구두점, 대문자, 철자법 등 기계적인 부분의 쓰기, 4단계는 인사, 문장의 끝 부분에 유의하여 형식적, 비형식적 글쓰기, 5단계는 노트, 요약 등에 필요한 실용적인 쓰기, 6단계는 의미를 효과적으로 전달하고 독자가 이해할 수 있는 표현 방법의 구성, 7단계는 구어체와 문어체, 형식적 문체와 비형식적 문체의 차이를 고려하여 쓰기 단계이다.

초등학교 영어 쓰기에서는 작문과 창작 활동이 목적이 아니라 영어 문자를 인식하는 보조 수단으로 쓰기를 가르쳐야 하므로 쓰기 지도에서 역점을 두어야 할 부분은 첫째 단계부터 넷째 단계까지라고 할 수 있다. 그러므로 쓰기 수업에서 교사는 학생들이 이러한 단계를 점진적으로 거치며 어떤 활동을 통하여 연습을 하게 할 것인지를 결정하고 이에 따라 지도해야 한다.

쓰기의 첫 단계는 기계적인 부분을 알고 정확하게 쓰는 것이다. 이 때 기계적인 부분이란 문자 인식(letter recognition), 문자 식별(letter discrimination), 단어 인식(word recognition), 철자, 구두점, 대·소문자의 기본적 규칙, 문장 인식, 문단 인식 등을 말한다(배두본, 1998).

쓰기의 연습 단계에서 학생이 배워야 할 것은 특별히 어려운 철자나 스크립트는 따로 두고서도, 청취 이해와 말하기와 읽기에 숙달하기 위해서 학습하지 않으면 안 될 것과 표리일체를 이루는 것으로, 쓰는 활동은 말하기, 듣기, 읽기의 학습을 견고히 한다. 특히 쓰기는 언어 학습에서 다른 분야의 활동과 통합되어 이루어진다(Rivers, 1981). 즉, 쓰는 연습은 다른 분야의 작업을 강화하는 것이다.

실제로 쓰기 지도를 하는 첫 단계에서 문자 표기(notation)는 베껴 쓰기와 재생하여 쓰기의 단계로 나누어 실시해야 한다. 베껴 쓰기는 우리 글과 다른 영어 문자를 글자대로 보고 베껴 쓰는 활동(copying) 방법과 소리를 듣고 문자로 바꿔 쓰는 필사 활동(transcription)이 있는데, 영어의 철자법은 복잡하기 때문에 이와 같이 소리와 문자의 일치 관계를 인식하게 하는 활동은 상급 단계에서도 실시할 수 있다. 소리와 문자의 일치 관계를 인식하기 위해 외래어를 중심으로 일상생활에서 흔히 접할 수 있는 어휘를 사용하여 쓰기 연습을 시키며 학생들의 주변에서 흔히 접하게 되는 고

유명사(이름, 달, 요일, 지명 등)를 중심으로 대문자와 소문자를 구별하여 쓰게 한다.

문장 단위에서 구두점 표기법을 익히도록 하며 철자법은 매우 어려운 과제이고 시간을 많이 소요하는 과업이므로 한 단계에서 끝나는 것이 아니라고 생각하고 서서히 원리와 규칙성을 이해하도록 연습시킨다.

1.5.5 수준별 쓰기 지도 절차

초등 영어 교육의 내용은 의사소통의 바탕이 되는 언어 기능 교육에 중점을 두고 있으므로 쓰기 지도 방법 역시 의사소통을 중심으로 하는 언어 교육에 초점을 맞추도록 해야 한다. 따라서 쓰기 지도는 쓰기 전 활동, 쓰기 중 활동, 쓰기 후 활동으로 수업이 진행되는데, 기본 학습과 수준별 학습 활동에서도 그 절차를 같이 한다.

쓰기 전 단계에서는 본격적인 수업이 이루어지기 전, 아이들이 학습 욕구와 학습에 대한 동기 유발을 하는 단계이다. 쓰기는 읽기와 상관도가 높아서 쓰기 활동을 하기 전에 반드시 읽기와 연계하여 이루어져야 한다(김혜영, 2000). 이 단계에서는 읽기와 연관하여 학습자가 가지고 있던 기존의 배경 지식을 활성화시켜 자신이 알고 있는 내용과 학습할 내용을 연결시키도록 지도함으로써 쓰기 본 활동을 활성화할 수 있다. 즉, 학습 동기 유발, 학습자의 배경 지식의 활용, 부족한 언어적 지식에 대한 자료를 제공하는 것에 주안점을 두어 몇 가지 유익한 활동을 읽기와 연계하여 과제 중심으로 제공한다.

예를 들어, 비디오나 오디오를 통해 청각적, 시각적 자극 주기, 학습한 단어나 문장 떠올리기, 제목을 보고 내용을 유추하거나 브레인스토밍 활동 또는 마인드 맵 하기, 질문 제시하고 토론하기 등으로 이루어진다. 쓰기 전 활동이 충분히 이루어진 다음, 여러 유형의 수준별 쓰기 활동을 한다. 수준별 쓰기 활동은 능력의 차이, 속도의 차이, 정보의 차이 등으로 나누어지는데, 학습 상황에 맞춰 전개해 나가며 쓰고 난 다음에는 다시 한 번 읽어보고 빠진 내용이나 잘못된 것을 스스로 또는 비교하여 본다.

쓰기 활동이 끝나고 난 다음에는 자신이 쓴 것을 소집단별로 짝과 함께 비교하여 서로 교정해 주고 쓴 낱말을 큰 소리로 읽게 한다. 학습자의 선택에 따라 다양한 방법으로 쓰기의 숙달도를 향상할 수 있다. 또는 쓰기와 연계된 다른 기능을 강화하는 측면에서 내용을 바탕으로 마임이나 노래, 역할극 등으로 나타낼 수 있다.

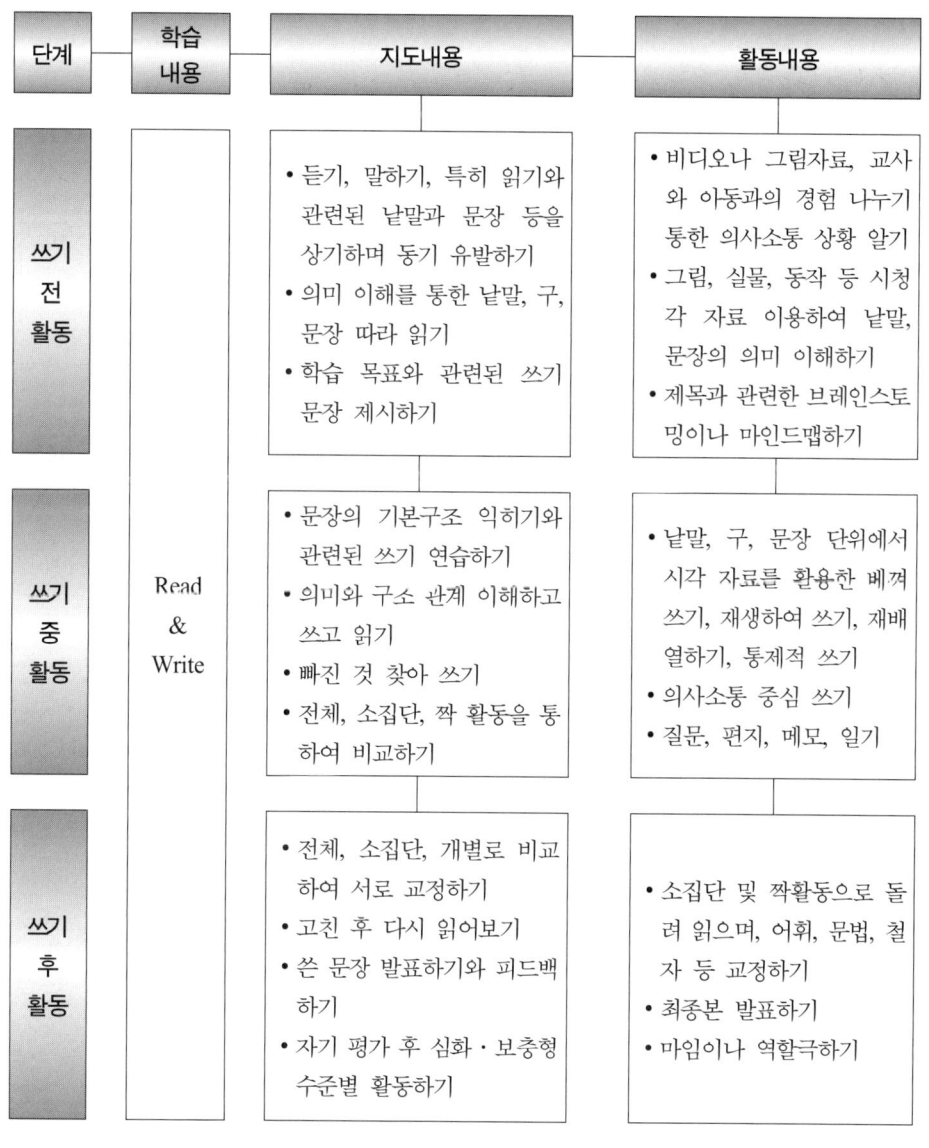

〈표 3〉 쓰기 지도 절차(정미정, 2004, p. 53)

한편, 초등영어에서 적용할 수 있는 수준별 수업 지도 절차는 다음과 같다(배두본, 1997).

〈표 4〉 수준별 수업 절차의 예(배두본, 1997, p.?)

단계	절차	교수-학습 활동	자료 및 비고	시간
학습자 진단	인사 진단평가	진단 평가 후 능력별로 분단을 나눈다.	출석 점검 수준을 알기 위한 질문	5
제시	본시 목표진술	Let's learn about the (　　)	본시 목표를 결정하기 위한 협의	5
연습1	활동	능력별로 분단을 나눈 후 수준에 맞는 활동을 실시한다.		10
평가1	질의응답	간단한 형성평가를 통해 학업성취도를 확인한다.		5
연습2	활동	부진아동에게는 보충 프로그램을, 학업 성취도가 높은 아동을 위한 심화학습 프로그램을 제공한다.	OHP 활용 그림카드 비디오	10
평가2	질의응답	대단원 종료시 그 동안의 학습에 대하여 총괄 평가를 실시한다.	교과서와 비디오 활용	5

1.5.6 수준별 그룹 편성 및 기준

제 7차 교육과정에서는 초등학교의 경우, 학급 내에서 다단계 수준별 집단을 편성하는 것을 원칙으로 하여 운영하도록 되어 있다. 따라서 학교의 제반 여건, 학생과 학부모의 특성 등을 파악하여 가장 효과적인 편성·운영 방안을 모색할 필요가 있다. 수준별 집단 편성과 관련하여 제시될 수 있는 하나의 기본 원칙은 교수·학습 효율을 최대한 높일 수 있는 방향으로 집단을 편성하는 것이 바람직하다는 것이다.

그러나 수준별 집단 편성 기준이 정확하지 않기 때문에 수준별 집단 구성이 적절하게 이루어지지 않아 학습 동기가 상실되고 있는 실정이다.

　수준별 그룹의 유형의 수를 기본반, 보충반, 심화반 세 그룹으로 나눌 수 있고, 기본반과 보충반, 기본반과 심화반, 심화반과 보충반 등 두 그룹으로 나눌 수도 있다. 그 외에도 교사가 여러 유형으로 나눠 수업할 수 있다. 수준별 학습 절차는 기본 과정 내용을 공동으로 수업하다가 심화·보충 그룹으로 분리해서 심화·보충형 수준별 수업을 하는 시점은, 시간마다 하든지, 몇 시간이 끝난 다음에 하든지, 2~3단원이 끝난 다음에 하든지, 효과적이라고 판단되는 시점에서 교사의 결정에 의해 심화·보충 수업을 실시할 수 있다.

　수준별 집단 편성의 유형과 방법에 대한 장점과 단점은 다음 <표 5>와 같다.

〈표 5〉 수준별 집단 편성

편성방법	집단의 성격	장점	단점
집단 편성 유형	학급 내 집단 편성	현재와 같은 방식으로 수업 시간 편성 가능	교사에 의한 모든 수준의 학습 관리 어려움
	학급 별 집단 편성	동일한 수준의 학생들만을 대상으로 이루어져 학습 효율성이 증대됨	영어 수업을 동일한 시간대에 편성해야 하고 학습 동기 상실의 가능성이 있음
집단 편성 방법	고정 집단	구성원간의 호흡이 잘 맞고 활동에서 역할 분담이 수월함	다양한 학습 활동에 적절한 집단 편성 유연성이 부족함
	수시 집단	학생의 수준 변화를 집단 편성에 즉각적으로 반영 가능함	잦은 집단 구성으로 어수선한 학습 분위기, 학습 준비 시간으로 인한 학습 효과 반감
집단 편성 기준	동질 집단	학생의 수준에 맞는 학습 내용과 활동 적용 용이함	학습의 부익부, 빈익빈 현상 증대됨
	이질 집단	다양한 수준의 학생 간 상호이해와 발전 기회 증대함	수준이 높은 학생들 위주로 학습 활동이 이루어질 가능성이 있음

2장 초등영어 쓰기 지도의 실제

초등영어 쓰기 지도의 이해를 바탕으로, 초등영어 쓰기 지도의 실제를 크게 게임을 통한 쓰기 지도, 스토리텔링을 활용한 쓰기 지도, 노래와 챈트를 활용한 쓰기 지도, 만들기를 통한 쓰기 지도, 역할놀이를 통한 쓰기 지도, 수준별 쓰기 지도로 나누어 살펴보고자 한다. 전체적인 개요는 아래의 <표 6>과 같다.

의사소통기능	활동유형	활 동 명
쓰기 지도	게임을 통한 쓰기 지도	알파벳 맞추기 놀이
		단어 쓰기 게임
		낱말 분류하기 게임
		낱말 만들기 게임
	스토리텔링을 활용한 쓰기 지도	의미지도 그리기
		단어 찾기 활동
		이야기 순서 찾아 쓰기
		이야기 사전 만들기
	노래와 챈트를 활용한 쓰기 지도	알파벳 모자이크 활동
		노래 포스터 만들기
		빈칸 메우기
		그림책 만들기
		영어 노래 만들기

		아코디언 책 만들기
	만들기를 통한 쓰기 지도	회전판 이용하기
		책 만들기
		빙고판 만들기
		카드 이용하기
		사람카드 이용하기
	역할놀이를 통한 쓰기 지도	빈칸 채우기
		역할놀이 소감문 쓰기
		기억하여 쓰기
	수준별 쓰기 지도	사다리 게임
		빈 칸 채우기(Information gap activity)
		단어 퍼즐
		문장 만들기(Making a sentence)
		사다리 타기
		빈 칸 채우기
		책 만들기
		주사위 놀이
		focus and forms

2.1 게임을 통한 쓰기 지도

　게임은 학습 목적과 학생들의 수준, 게임의 성격 등에 따라 여러 가지 유형으로 분류할 수 있다. 첫 번째로 영어 수업에서 자주 사용하는 게임을 정보를 알아내는 것과 생각과 의견을 알아내는 것으로 구분할 수 있으며, 정보를 알아내는 게임은 언어의 정확성에 역점을 두고, 생각과 의견을 알아내는 게임은 유창성에 역점을 두는 것이다. 또한 언어 기능의 개발에 목적을 둔 게임은 듣기가 포함된 게임, 문답 활동에 역점을 둔 게임, 학생들의 단서나 정보, 지시를 제공하는 게임, 어휘 게임,

문법 게임, 문화적 정보에 역점을 둔 게임들이 있으나 통합적으로 실시되므로 엄격하게 구분하기 힘들다(배두본, 2002).

또한 그림 게임, 심리 게임, 마술, 정보 교환 게임, 카드 게임, 소리 게임, 이야기 게임, 단어 게임, 참/거짓 게임, 기억 게임, 질문과 대답 게임, 추측 게임, 기타 게임 등으로 나누어 제시할 수도 있으며(Wright, 1992), 어휘 게임, 숫자 게임, 구조 게임, 철자 게임, 대화 게임, 쓰기 게임, 역할 놀이와 극화로 게임과 놀이를 분류하는 방법도 있다(McCallum, 1996).

이처럼 게임의 유형은 분류 기준이 무엇이냐에 따라 학자들 사이에서 다양하게 분류된다. 이 중 쓰기 지도에 적용할 수 있는 게임을 쓰기의 수준별 즉 알파벳 수준, 단어 수준, 문장 수준, 문단 수준에 따라 나누어 살펴보도록 한다.

2.1.1 알파벳 수준의 쓰기 게임

1) 철자 익히기 게임(Lively letters) : 처음 문자를 접하는 초급 수준의 학습자를 대상을 문자 형태에 익숙해지도록 하기 위해 사용되며, 알파벳 철자를 사물이나 사람의 모양과 창의적으로 연관시키는 게임이다.

2.1.2 단어 수준의 쓰기 게임

1) 징검다리(stepping stones) : 초급 수준의 학습자에게 적합한 게임으로 징검다리를 거쳐 먼저 강을 건너는 학생이나 팀이 승리하는 게임이다. 징검다리를 건너는 방법은 교사가 낱말이나 간단한 문장을 일정시간 동안만(예: 5초) 보여주고 지우면 이를 기억하여 정확하게 베껴 쓰는 것으로 하나의 징검다리에는 하나의 낱말이나 문장만 쓸 수 있고, 정확히 써야만 다음 징검다리를 건널 수 있다. 이 게임은 학습자의 흥미를 고려하여 징검다리 대신 집이나 탑에 기대어 놓은 사다리 등으로 변형하여 활용할 수 있다.

2) 생략된 단어 찾아 문장 완성하기(completing the sentence) : 베껴 쓰기 게임의 일종으로 조별로 칠판이나 게시판에서 생략된 단어를 찾아 문장이나 짧은 글을 완성하는 게임이다. 생략된 단어를 교실 주변에 숨겨 두고 조별로 찾게 하거나 추측하기 쉬운 단어를 생략하고 문장을 쓴 후 다른 학습자에게 추측하여 쓰도록 하는 방법으로 변형하여 적용할 수 있다.

3) 받아쓰기(dictation) 게임 : 모든 수준의 학습자에게 난이도를 달리하여 적용할 수 있는 게임으로 처음에는 교사의 도움을 받아 한 구절씩 받아쓰도록 하고 나중에는 전체적으로 받아쓰도록 한다. 받아쓰기 한 후에는 스스로 실수를 수정하거나 다른 학생의 실수를 교정해 주도록 한다. 이때, 실수한 개수를 점수로 환산하여 학습자의 경쟁심을 유발하고, 틀린 문장은 여러 번 반복해서 써 보게 한다.

4) 정보 공백 활동(information-gap) : 의사소통의 원리에 따라 원래 완전하던 정보(그림이나 표)의 서로 다른 일부를 삭제하거나 내용을 고치고 상대방의 자료를 보지 말고 말을 주고 받아서 삭제된 부분을 완성하는 활동이다.

> ex) 1. 짝을 지어 활동하며 한명에게는 그림 자료 A, 다른 하명에게는 그림 자료 B를 나누어 주고 서로 보여주지 않는다.
> 2. 자신의 그림을 보고 교대로 다음과 같이 질문하며 상대방은 자신의 그림에 필요한 정보를 찾아 쓴다.
>
>   Q : How much is the doll?
>
>   A : 5 dollars.
>
> 3. 활동이 모두 끝난 후 서로의 그림 자료를 비교해 본다.

5) 빙고 게임(bingo game) : 가로 세로 칸의 숫자가 같은 9칸이나 16칸, 25칸의 표를 만들어 학생들에게 나누어 준 후, 학습 내용에 해당하는 단어나 숫자 등을 학생들

이 임의로 써 놓게 한다. 그 다음 교사, 또는 아동이 돌아가며 불러주는 대로 지워나가다가 가로, 세로, 대각선이 모두 지워진 아동이 '빙고'라고 외친다.

6) 속삭이기 게임(whispering game) : 학생을 두 팀으로 나누어 각 팀의 학생을 일렬로 세우고 교사가 맨 뒤의 학생에게 단어나 문장을 말해주면 앞사람에게 연속적으로 속삭여 전달하고 맨 앞의 학생이 칠판에 그 단어나 문장을 쓴다. 빨리 정확하게 쓴 팀이 이긴다.

7) 가로세로 퍼즐(crossword puzzle) : 학생들에게 가로 세로 빈 칸에 번호만 쓰여 있는 가로 세로 퍼즐을 나누어 주고 교사나 아동이 번호를 말하고 그에 맞는 단어나 퀴즈를 말해주면 나머지 학생들이 빈칸에 단어를 써 넣도록 하는 게임이다. 예를 들어 교사가 'No. 1! What do you do with soap?'이라고 말하면 학생들이 'wash'라는 단어를 써 넣는 것이다.

8) 마임(miming) : 학생이 앞에 나와서 말을 하지 않고 몸짓으로만 어떤 단어를 설명하는 행동을 하면 그 학생의 행동을 알아맞혀 그에 맞는 단어를 적는 게임이다. 예를 들어 한 학생이 우유를 마시는 행동을 보여주면 다른 학생들이 'Drink water?', 'Drink milk?' 등의 질문을 하고 마임을 하는 학생은 yes/no를 몸짓으로 표현하여 힌트를 줄 수 있다. 이 게임은 쓰기뿐 아니라, 학생들이 단어를 알아맞히기 위해 영어로 질문을 해야 하므로 말하기 연습에도 효과적이다.

9) 기억 게임(memory game) : 교사가 여러 가지 물건, 과일, 의복 등의 단어 카드를 보여주고 난 다음에 다시 카드를 뒤집고 기억하는 단어를 써보게 한다.

10) 암호 게임(password) : 학 학급을 두 분단으로 나누고 각 분단에서 한 학생씩 뽑아 교실 밖으로 나오게 한 뒤 교사가 암호(password)를 말해준다. 두 학생이 가위바위보를 하여 이긴 사람부터 자기 분단 학생들에게 암호의 단서를 설명해

준다. 단서는 한 단어로 한다. 그러면 그 분단의 학생들이 정해진 시간에 추측을 하여 암호를 풀되, 풀지 못하면 다른 분단에게 기회가 넘어간다. 이런 식으로 학생들이 암호를 풀지 못하면 교대로 단서를 제공한다. 각 분단이 얼마나 적은 단서를 사용하여 암호를 단시간에 푸느냐가 점수로 계산이 된다. 이때, 암호를 맞추려는 사람은 칠판에 나와 철자를 정확하게 써야 한다. 단서는 10개까지 사용 가능하며, 암호를 한 번에 맞춘 분단은 10점, 두 번에 맞춘 분단은 9점식으로 점수를 받는다.

11) 요리법 게임(recipes) : 이 게임은 현재 시제, 관사, 지시, 요리와 같은 음식에 관한 단어 쓰기 등을 학습하는데 역점을 둔다. 이 게임에서는 먼저 boil, fry, bake, mix, stir, put, milk, flour, rice 등의 어휘를 준비하여야 한다. 그리고 그룹을 4~5명씩 한 그룹으로 구성하여 각 그룹에 8~10개의 재료 목록을 나누어 준 후 제한된 시간(10분) 안에 주어진 단어를 써서 맛있는 음식을 만들 수 있는 조리 방법을 써보게 한다. 각 그룹별로 음식 조리 방법을 발표한 후 제일 맛있다고 생각되는 요리와 가장 맛없는 요리를 투표해 본다.

12) 보물찾기 놀이(treasure hunt) : 학생들을 여러 개의 조로 나누고 교사는 한 조에게 어떤 보물들을 교실 또는 교내의 한 장소에 숨겨 놓고 오도록 한다. 그리고 보물을 숨긴 조는 협력하여 종이에 단서가 되는 단어나 어구를 영어로 쓰도록 한다. 나머지 조는 그 종이 조각을 찾아 그 단서에 따라 다음 장소에 간다. 그 장소에 가면 다시 다음 장소를 알려주는 단서가 적혀 있는 종이를 발견한다. 이와 같은 절차에 따라 지정한 보물을 가장 먼저 찾아온 조가 우승을 하게 된다.

13) 단어 결합하기(Building words activities) : 단어들의 철자를 부분 부분으로 나누어 놓고 학생들이 바르게 결합하고 써서 단어를 완성시키도록 한다.

```
ex)
    bo          ok         bre        _____
    an          d          mon        _____
    c           key        og         _____
    at          ad         ey         _____
```

2.1.3 문장 수준의 쓰기 게임

1) 문장 이어쓰기(sentence relay) : 거의 같은 길이의 쓰여진 문장들이 무작위 순서로 배열된 대본을 각 조에 나누어 준 후 조원들이 차례로 한 문장씩 선택하여 간략한 이야기나 연속성이 있는 재미있는 글을 완성하도록 하는 게임이다. 각 조의 첫 번째 학생은 대본의 문장 중 하나를 선택하여 칠판에 나와서 대본을 보지 않고 정확하게 판서해야 하며 가장 먼저 대본에 나온 문장들을 이야기로 완성하는 팀이 승리한다.

2) 가정(What would you do if....) 게임 : 중급 수준 이상의 학습자들을 대상으로 조건절에 대한 질문과 대답을 연습하게 하는 게임이다. 먼저 조별로 학습자를 나눈 후, 한 조는 'what would you do if...'로 시작하는 질문을 하나씩 적게 하고, 다른 조는 'I would...'로 시작하는 대답을 적게 한다. 모두 적고 나면 질문과 대답을 다른 주머니나 상자에 넣고 섞은 후 하나씩 질문과 대답을 꺼내어 읽게 한다.

2.1.4 문단 수준의 쓰기 게임

1) 이야기 만들기(the story of your life) : 학습자들은 7~8가지의 단편적인 교사의 지시에 대답을 종이에 간단하게 쓴 후, 나중에 그 단편적인 대답이 쓰여진 종이 종이들을 모아 하나의 연속적인 이야기로 만드는 게임이다. 이러한 게임은 중급 이

상의 수준을 가진 학습자들에게 적합하며, 작문 수준의 쓰기 연습을 할 수 있다는 장점이 있다.

2) 이야기 완성하기(short story nightmare) : 학생들로 하여금 이야기의 처음 부분을 정확하게 받아쓰게 하고, 받아쓰기가 끝난 후 한 학생에 2분씩 돌아가면서 이야기의 뒷부분을 써서 한편의 이야기를 완성하는 게임으로, 받아쓰기와 자유로운 글쓰기 연습을 동시에 제공할 수 있다.

3) 알파벳을 활용하여 문단 만들기(A through Z) : 알파벳 a~z를 사용하여 일관성 있는 하나의 문단을 쓰는 게임으로, 모든 단어를 반드시 알파벳 순서로 쓸 필요는 없다. 이 게임은 알파벳의 다른 철자로 시작하는 단어를 이용하여 짧은 문단을 만드는 활동으로 어휘력이 풍부한 고급 수준의 학습자에게 적합한 게임이다.

4) 지시문 따라 하기(write, read and draw) : 조별로 간단한 지시문을 작성한 후 다른 조원들이 지시문을 따라하도록 하는 게임이다. 이때 교사는 각 조로 이동하여 어려워하는 아동을 도와주고 틀린 철자를 수정해 준다. 학습자들이 어려워하는 경우 교사가 일괄적으로 지시문을 제시한 후 학습자들이 지시에 따르도록 할 수도 있다.

> ex) Draw a circle on the left-hand side near the top.
> Now draw a triangle of about the same size just below it....

5) 편지 쓰기(writing a letter) : 학습자들이 서로 긴밀히 협조하여 편지를 써보는 게임으로 언어 수준이 초급 단계인 학생들의 경우 학급 행사나 특별한 화제 등 공통적인 주제를 정한 후 내용에 대한 구두 자료를 미리 준비해 두면 보다 잘 이해할 수 있는 줄거리가 될 수 있다.

6) 신문 기사 쓰기(wall newspapers) : 쓰기 활동에 동기를 부여하기 위해 중급 이상의 학습자를 대상으로 신문 기사를 써 보도록 한다. 학교 소식, 학급 소식, 스포츠, 소설, 광고 분야 등으로 구분하여 조별로 한 분야씩 맡아서 기사를 쓸 수 있다.

7) 연재만화 줄거리 쓰기(cartoon strips) : 신문이나 잡지에 게재된 간단한 만화나 연재만화 등의 대사 부분을 잘라내고 활용하여 그림에 맞는 문장을 써 보도록 하는 게임으로 주로 중급 수준 이상의 학습자에게 활용 가능하다. 문장 쓰기를 학습자들이 부담스러워 하는 경우 조별 활동을 통해 대사를 완성하도록 할 수 있다.

이상에서 살펴본 것과 같이 게임을 통한 쓰기 지도는 다양한 게임을 활용할 수 있으며, 실제로 초등학교 현장에 활용가능하면서도 가장 널리 쓰이는 게임은 알파벳 맞추기 놀이, 단어쓰기 게임, 낱말 분류하기 게임, 낱말 만들기 게임 등을 들 수 있으며 각각의 구체적인 내용 및 방법은 다음과 같다.

1) 알파벳 맞추기 놀이

게임 종류	알파벳 쓰기 게임
게임 이름	알파벳 맞추기 놀이
적용가능 학년 및 단원	5학년 1. How Are You?
수업 중 활용 단계	전개활동
지도 방법	〈짝활동〉 1. 전체 학생을 2인 1조로 구성한다. 2. 한 명은 의자에 앉고, 다른 한 명은 등 뒤로 선다. 3. 의자에 앉은 학생은 눈을 감는다. 4. 교사가 알파벳을 한 개 보여준다. 5. 등 뒤에 선 학생이 앉은 학생 등에 글자를 쓴다. 6. 앉은 학생이 글자를 맞춘다. ------------------------------ 〈소그룹 활동〉 1. 소그룹별로 팀을 나누어 한 줄로 서게 한다. 2. 맨 끝 줄의 학생에게 알파벳을 보여준다. 3. 앞 사람의 등에 적게 해서 글자를 전달한다. 4. 맨 앞에 서 있던 학생은 칠판에 나가 자신의 등에 적힌 알파벳을 써서 맞춘다. ※ 이 때 각 소그룹의 낱개 철자가 조합해서 하나의 단어를 완성하게 하여 같이 읽어볼 수도 있다. (Hat, Pig, Lion, Lemon etc.)
활동 시간	5분
유의점	• 알파벳을 처음 쓰기 시작하는 단계이므로 쓰는 법에 유의하며 적게 한다. • 칠판에 4선지가 그려진 코팅보드를 주고 보드마카로 쓰게 하면 대, 소문자 쓰는 법에 유의하며 진행할 수도 있다.
게임 활용 자료	보드마카, 4선지가 확대된 코팅보드

2) 단어 쓰기 게임

게임 종류	단어 쓰기 게임
게임 이름	Avoid the crocodile
적용가능 학년 및 단원	5학년, 전단원
수업 중 활용 단계	수업 초기 동기 유발 또는 전개활동
지도 방법	1. 단어의 알파벳 숫자만큼 빈칸을 만든다. 　_ _ _ _ _ _ 　s c h o o l 2. 계단을 알파벳 수에 맞게 그리고 맨 끝에 악어를 그려놓는다. 3. 아이들이 알파벳을 알아맞히게 한다. 　Is there a B? 4. 알아맞히면 그대로 있고 실패하면 계단을 한 칸씩 내려가며 악어를 만나면 아웃된다. 5. 한 낱말 뿐만 아니라 문장으로도 할 수 있다. 　_ _ _ _ _ _ _ _ _ _ _ _ _ _ _ _ ? 　I s t h i s Y o r k S t r e e t ? ※ 처음 시작 위치를 중간에 두어 맞추면 위로 올라가고 실패하면 한 칸씩 내려가게 만들 수 있으며, 이는 조별로 기회를 줘서 순서대로 한 번씩은 응하게 하여 진행할 수도 있다. 악어대신 상어를 사용할 수도 있다.
활동 시간	5분
유의점	철자의 수를 고려하여 계단 수를 조정하며, 교사가 부분적으로 철자를 제시해 줄 수도 있다.
게임 활용 자료	

3) 낱말 분류하기

활동 종류	단어를 분류해서 쓰기
이름	낱말 분류하기
학년 및 단원	5학년 9. Whose Boat is This?
수업 중 활용 단계	전개활동

지도 방법	1. 모든 (소그룹별로 줄 수도 있음)학생에게 활동지를 나누어준다.
	2. 표에 제시된 낱말을 소리내어 읽는다.
	4. category를 확인한다.
	   T : What is the first one? /
	   Ss : Pencil.
	   T : Right. What is pencil in Korean?
	   Ss : 연필입니다.
	   T : 맞아요. 그러니까 어느 항목에 써야 할까?
	   Ss : 학용품에 씁니다.
	   T : 좋아요. 이런 방법으로 할 수 있겠어요?
	5. 활동이 다 끝난 후 정답을 확인한다.
	※ 진행을 신체 → 동작 → …… 이런 순으로 주어진 시간 내에 분류 항목 하나씩 그에 속한 단어들을 제대로 찾았는지 확인한 후에 그 다음 항목에 속하는 단어를 찾도록 하는 방식으로 진행하며 적절히 점수나 적절한 보상을 줄 수도 있다.
	※ 학습자간 상호작용하는 시간을 늘리고 학습 결과의 정확성을 높이기 위해 시간 제한을 두지 않고 과업을 해 내기만 하면 점수를 주는 방식으로 진행할 수도 있다.
	정답)
	1. 신체(body) : eye, nose, hand, mouth, ear
	2. 동작(action) : swimming, skating, camping, hiking, fishing
	3. 건물(building) : school, bank, tower, church, Namdaemun
	4. 요일(day) : Saturday, Monday, Thursday, Friday, Wednesday
	5. 학용품(stationary) : pencil, ruler, eraser, notebook, glue
	6. 과목(subject) : math, music, English, science, Korean

활동 시간	8분
유의점	・단어를 읽고 해당 분류 항목에 직접 써 보는 것을 목표로 하는 활동이므로, 소그룹 별로 진행한다. ・낱말 읽기를 어려워하는 학생들은 교사 따라 소리내어 읽기→교사가 읽는 낱말 가리키기→교사가 읽는 낱말을 빨리 가리키기 게임하기→교사가 가리키는 낱말을 천천히 읽기→교사가 가리키는 낱말을 큰소리로 읽기 등 다양한 방법과 과정을 통하여 보충 지도하는 것이 좋다.
게임 활용 자료	첨부자료 참고

■ 낱말 분류하기 - 활동 자료

♣ 아래 낱말들을 알맞은 칸에 써 넣어 보세요.

( )번 이름 ( )

pencil	swimming	school	tower
math	ruler	eraser	notebook
bank	eye	nose music	Saturday
Monday	Thursday	skating	English
camping	glue	hand	church Friday
mouth	science	ear	Wednesday
hiking	Korean	fishing	Namdaemun

1. 신체(body)
·
·
·
·
·

2. 동작(action)
· swimming
·
·
·
·

3. 건물(building)
·
·
·
·
·

4. 요일(day)
·
·
·
·
·

5. 학용품(stationary)
·
·
·
·
·

6. 과목(subject)
·
·
·
·
·

4) 낱말 만들기

게임 종류	읽기, 쓰기 게임
게임 이름	낱말 만들기
학년 및 단원	6학년 16. So long, Everyone!
수업 중 활용 단계	전개활동

지도 방법	1. 전체 학생을 4인 1조로 구성한다.
	   T : Make groups of four.
	2. 조별로 학습지를 한 장씩 나누어준다.
	   T : Every group needs a sheet of paper.
	3. 문제로 제시된 낱말과 문장을 읽는다.
	   T : Let's read them.
	4. 조별로 학습지에 낱말을 찾아 쓴다.
	   T : Look at the sample question. What is the word?
	   Ss : Apple.
	   T : How do you spell it?
	   Ss : A, p, p, l, e.
	   T : Right. There are words which begin with a, p, p, l, e.
	   T : What words or sentences do you have?
	   Ss : 'Congratulations' and 'Good luck.'
	
	이렇게도 할 수 있어요. 낱말 만들기 2
	1. 'Congratulations'라는 낱말을 하나 주고, 그 안에 있는 알파벳을 이용하여 교사가 제시하는 수만큼의 알파벳을 사용하여 가능한 많은 낱말을 만들어 보게 할 수도 있다.
	   1) 알파벳 두 개로 : on, or, at, to, an, so, in, etc
	   2) 알파벳 세 개로 : act, cat, ton, son, sun, rat, gun, not, etc
	   3) 알파벳 네 개로 : lion, coin, coat, etc.

활동 시간	6분
유의점	조별 활동이 되도록 한다.
게임 활용 자료	첨부자료 참고

■ 낱말 분류하기 — 활동 자료

■ 보기와 같이 주어진 낱말의 철자를 이용하여 낱말을 써 보세요.

보기	apple
	a : ant
	p : pig
	p : pizza
	l : lemon
	e : elephant

Congratulations!	Good luck!
c :	
o :	
n :	
g :	g :
r :	o :
a :	o :
t :	d :
u :	l :
l :	
a :	u :
t :	c :
i :	k :
o :	
n :	
s :	

2.2 스토리텔링을 활용한 쓰기 지도

스토리텔링의 수업 절차는 스토리텔링 전 활동, 스토리텔링 중 활동, 스토리텔링 후 활동으로 나누어진다. 먼저, 스토리텔링 전 활동 절차를 표로 살피면 아래의 <표 7>과 같다.

<표 7> 스토리텔링 전 활동

활동 순서	활동 내용
교실 분위기 조성	• 아이들이 이야기에 집중할 수 있는 분위기 조성 • 스토리텔링에 관계된 그림이나 단어 제시
동기 유발	• 이야기에 관심을 갖게 만들기 • 이야기 전개에 사용되는 일부 소품 보여 주기
관련 배경 지식 제공	• 이야기의 저자나 주제, 혹은 배경 설명하기
새로운 단어 제시	• 이야기 흐름 상 알아야 하는 단어 소개하기
이야기 추측하기	• 주인공 인형이나 관련 단어를 보고 들려줄 이야기 추측하기

스토리텔링 전 활동이 끝나면 스토리텔링의 다양한 기법을 기억하며 이야기를 들려준다. 이 때 그림, flannel board, 가면, 인형 등 이야기 전개에 효과적이라고 판단되는 보조 자료를 이용하기도 한다.

스토리텔링 중 활동 절차를 표로 살피면 아래와 같다.

<표 8> 스토리텔링 중 활동

활동 순서	활동 내용
예상하기	• 이야기를 끊고 다음 상황을 예상하기
개인적 반응 이끌어내기	• 마음속으로 이야기 장면 그려보기 • 감정 이입하기
이해를 돕기 위한 활동	• 이야기 순서에 맞는 그림 그리기 • 보조 자료 움직이기

이야기를 모두 들은 후 아이들이 이야기를 이해하였는지 확인하고 이야기를 재구성하게 한다. 스토리텔링 후 활동 절차를 표로 살펴 보면 아래와 같다.

〈표 9〉 스토리텔링 후 활동

활동 순서	활동 내용
내용 확인하기	▪ 내용에 관한 질문하기 ▪ 그림으로 그리기 ▪ 이야기 순서에 맞는 그림 찾기 ▪ 글로 표현하기 ▪ 잘못된 내용 찾기 ▪ 상황 추측하기
느낀 점 표현하기	▪ 좋아하는 장면에 대해 이야기하기 ▪ 장면 바꾸어 보기
극으로 꾸미기	▪ 인형극 꾸미기 ▪ 역할극 꾸미기 ▪ 이야기 들려주기

스토리텔링을 활용한 쓰기 지도 방법에는 의미지도 그리기(Meaning Map Activity), 단어 찾기 활동, 이야기 순서 찾아 쓰기, 이야기 사전 만들기 등의 활동 등이 있으며, 구체적인 방법과 순서는 다음과 같다.

2.2.1 의미지도 그리기(Meaning Map Activity)

활동 종류	의미지도 그리기
활동 이름	Meaning Map Activity
적용가능 학년	고학년
수업 중 활용 단계	정리 활동(스토리텔링 후 활동)
지도 방법	이야기의 제목이 적힌 표지만 아이들에게 보여주고, 어떤 내용과 어휘들이 본문에 사용되었는지 생각하게 한 후 의미지도를 완성하게 한다.
활동 시간	10분
유의점 (성취기준)	1. 이 활동의 목표는 아동들이 리딩을 끝낸 후 이야기의 내용을 얼마나 이해했는지 확인한 후 이해한 정도에 따라 쓰기를 하는데 목적이 있다. 2. 아동의 수준에 따라 단어로 의미지도로 완성해도 되고 구나 문장으로 완성하여도 된다. 3. 교사와 함께 진행하는 것이 좋지만 아이들이 활동에 익숙해 있다면 그룹 별로 아동들끼리 활동하는 것도 좋다. 그룹 활동의 경우 수준이 낮은 학생이 활동하는데 부담감을 줄여줄 수 있어 참여도를 높일 수 있는 장점이 있다.

[의미지도 그리기] - [학습지]

- The Ants and Grasshopper / 의미지도 그리기 - 활동 자료

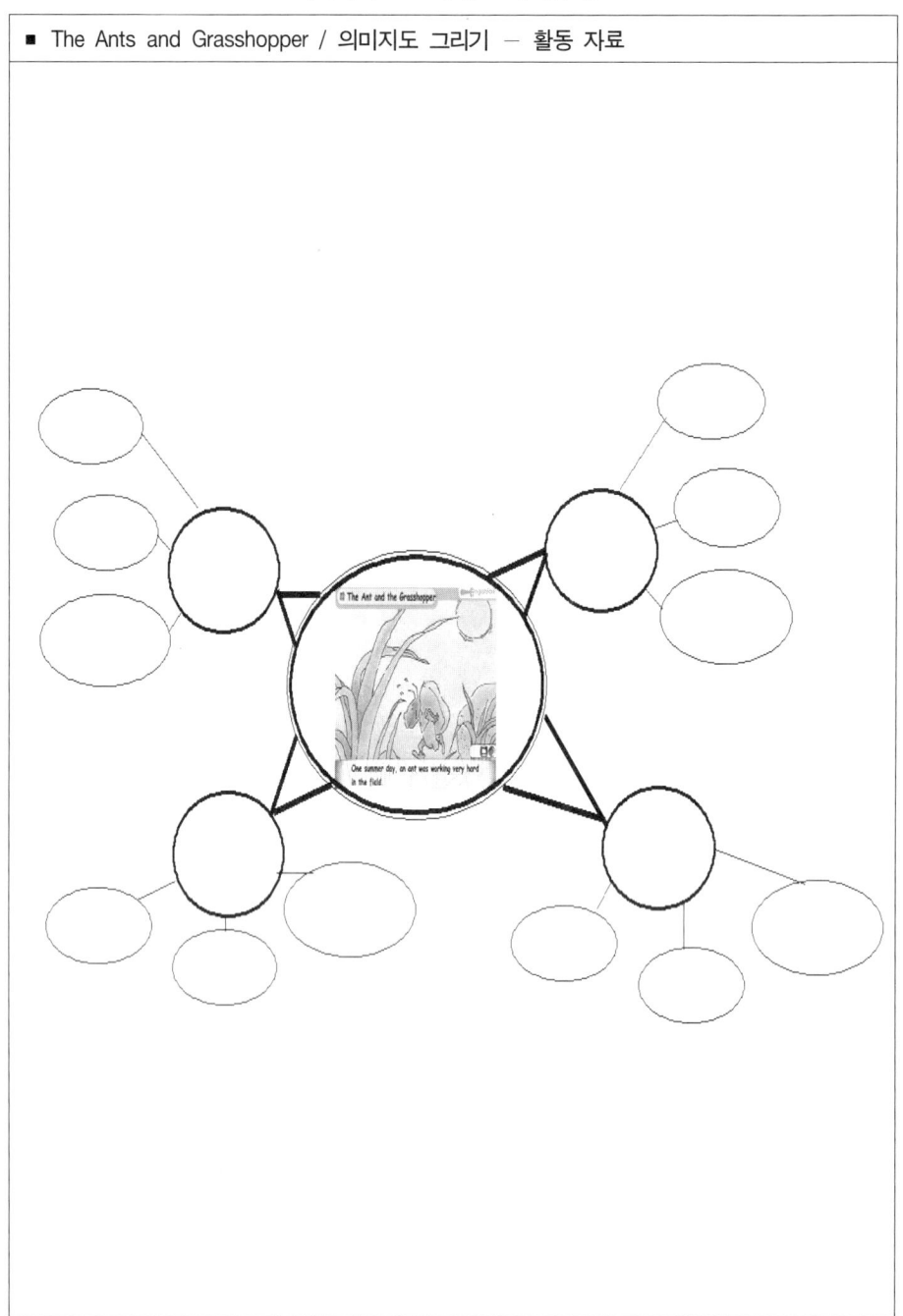

2.2.2 단어 찾기 활동

활동 종류	단어 찾기 활동
활동 이름	Word Searching(puzzle)
적용가능 학년	저~고학년
수업 중 활용 단계	전개 활동(스토리텔링 전 활동)
지도 방법	퍼즐 학습지를 이용하여 새로운 단어를 익히는 활동으로 이야기에 사용되는 어휘 중에서 새롭게 소개 되는 명사, 형용사 동사 등을 선정하고 그것을 아이들에게 이해시킬 수 있을 만한 그림 자료로 제시하여 익힌다. 예를 들면 그림을 먼저 보여주고 해당 하는 표현이나 어휘를 영어로 말하게 한 후 어려워하는 단어를 다시 복습시킨다. 어휘 학습이 끝이 나면 퍼즐 학습지에서 이야기 속에 등장하는 단어를 찾아본다.
활동 시간	5분
유의점 (성취기준)	1. 이 활동의 목표는 스토리텔링 전 아동들에게 이야기에 나오는 단어를 익히게 하는데 목적이 있다. 2. 그림카드와 퍼즐 학습지를 통해 단어를 익힌 후 한번 사선지에 써보게 하는 것도 좋다. 3. 그림카드를 만들 때는 이야기 속의 그림과 일치하는 것이 아동들의 흥미를 끌고 이해를 도울 수 있으므로 이야기책을 스캔해서 만드는 것이 좋다. 4. school.discoveryeducation.co 웹사이트에 들어가면 자동으로 퍼즐 학습지와 해답지를 쉽게 만들 수 있다.

[단어 찾기 활동] - [학습지]

- The Ants and Grasshopper / 단어 찾기 활동 - 활동 자료

The Ants and The Grasshopper

```
W R P G V J N W X W I S T J L
A T J L R I Q O F D W O U U S
A N T S A A S R A B G Y H W W
S A Z B V Y S K O E T R Z Z D
R E M M U S F S T S H G U A E
I M R Q C O O H H S Z N T T L
Y F S C O H E D C O R U Q B I
O T G D A R P E Y Q P H G Z G
Z Q C J L S V P K Y R P A V E
R O G E Z R P K F L W P E T N
Z E Z F G A W Q P L G R B R T
J V T I H E B W C J B J J T V
N U F N N K K T A Z S Z E G Z
B I S A I U B D Y S I J K A N
R Z D E E W D L O C R W O K B
```

COLD
GRASSHOPPER
LAZY
TOGETHER

DELIGENT
HAPPY
PLAY
WINTER

2.2.3 이야기 순서 찾아 써 보기

활동 종류	이야기 순서 찾아 써보기
활동 이름	이야기 순서 찾아 써 보기
적용가능 학년	고학년
수업 중 활용 단계	전개 활동(스토리텔링 중 활동)
지도 방법	이야기의 전개과정의 이해를 돕기 위해 사건의 순서를 찾아 보게 하는 학습활동이다. 이야기에 전개되는 사건을 그림으로 보여주고 순서를 찾은 후 그 그림에 맞는 문장을 써보는 활동이다.
활동 시간	10분
유의점 (성취기준)	1. 이 활동의 목표는 이야기를 읽는 동안에 아동들이 들은 이야기를 시간 전개에 따라 나열하고 그림에 맞는 문장을 만들고 쓰는데 있다. 2. 교사가 미리 이야기의 부분 부분을 섞어서 학습활동지로 만들어 주고 아이들이 학습지 안에 순서를 매기거나 줄을 이어가는 활동으로도 활용할 수 있다.

[이야기 순서 찾아 써 보기] – [학습지]

■ The Sun and The Cloud / 이야기 순서 찾아 써 보기 – 활동 자료

1. 이야기를 읽으면서 다음 그림을 시간 순서에 맞게 번호를 써 넣으시오.

   (   )   (   )   (   )

2. 문장으로 써 봅시다.

   (1) _____

   (2) _____

   (3) _____

2.2.4 이야기 사전 만들기

활동 종류	이야기 사전 만들기
활동 이름	이야기 사전 만들기
적용가능 학년	고학년
수업 중 활용 단계	정리 활동(스토리텔링 후 활동)
지도 방법	스토리텔링의 전반적인 활동을 모두 마친 후 학생들에게 가장 인상적인 장면을 그림으로 나타나게 한다. 그림카드를 짧은 영어 문장으로 설명한 후 우리말 의미도 같이 써놓는다. 반 전체 학생의 그림카드를 모으면 이야기 속의 장면으로 이루어진 이야기 사전이 만들어진다.
활동 시간	10분
유의점 (성취기준)	1. 이 활동의 목표는 이야기를 읽은 후 이야기에 가장 인상 깊은 장면을 그리고 문장으로 만드는 데 있다. 2. 저학년의 경우 이야기 속에 단어를 그림 카드로 만들고 고학년의 문장을 이용하여 그림카드로 만들게 한다.
예시 자료	

2.3 노래와 챈트를 활용한 쓰기 지도

2.3.1 노래를 활용한 영어교육의 효과

노래를 외국어 학습에 활용했을 때, 학습자는 심리적으로 안정감을 갖게 되고, 학습에 대한 긴장감을 완화할 수 있는 역할을 할 뿐만 아니라 그로 안한 학습의 효과가 나타난다는 것은 일반적으로 인정되어 왔다. 영어 수업에 노래를 활용하는 것은 재미있고 내용이 교육적이기 때문에 영어 학습의 입문기에 해당하는 초등학교 영어 수업에 노래를 수업 내용에 포함시켜 지도하는 것은 효과적일 수 있다.

영어 노래는 복습과 반복연습을 재미있게 할 수 있는 수단이다. 노래는 기계적인 반복과 문형 연습을 유의적으로 할 수 있게 하고 동기를 유발하는 데 도움이 된다. 또, 주어진 문화 속의 노래에는 그 문화 속의 언어가 지니는 독특한 음운론적 요소나 유형은 물론 그 밖의 기본적인 운율, 고저, 강약 등이 반영되고 있기 때문에 외국어 학습에서 노래는 바로 이러한 다양한 요소들을 연습하고 교정하는 데 효과적인 지도 자료가 된다(Jolly, 1975).

영어 교육에서의 노래의 사용은 학생들의 정서적인 측면에서 학습 분위기를 편안하고 즐겁게 하므로 새로운 언어 학습으로 인한 긴장감을 줄일 수 있고 학습에 대한 동기를 유발한다. 수업 내용과 관련된 노래 가사는 짧고 재미있고 반복적이기 때문에 학생들은 쉽게 이해하고 오래 기억할 수 있으며 새로운 노래 가사를 만들어내는 과정에서 말하기 능력을 발달시킬 수 있다. 또한 언어의 다양한 형태인 어휘, 관용어, 문법, 발음, 강세, 리듬, 억양 등을 연습하고 교정하는 데 효과적이다. 노래를 통해 외국의 문화, 감정, 가치관을 배울 수 있고 학습자 중심의 학습 경험을 즐겁게 해 줄 수도 있으며 언어 능력을 기르는 데도 유용하다. 그러므로 노래를 영어 교육에 적용하는 것이 효율적인 지도 기법이 될 것이다.

2.3.2 챈트를 활용한 영어교육의 효과

챈트는 외국어 학습에 많은 교육적 잠재력을 가진 영어교수법 중 하나로, 챈트란 기본적인 리듬을 가진 시와 같은 것으로서, 간단하면서도 경쾌한 반복적인 리듬에 맞추어 자연스럽게 영어를 배울 수가 있는데 특히 강세박자언어(stress-timed language)인 영어의 강세, 억양, 고저 등이 형성하는 영어의 독특한 리듬을 습득하는 데 효과적이다. 아동들은 읽기 과업을 완수해 가면서 챈트로 글자와 소리음 패턴을 반복해 나가다가 마침내 소리음과 철자와의 관계를 인식하게 되고 차츰 문장구조로 그 인식을 확장해 나간다.

챈트를 이용하면 학생들이 전체 속의 일부로 활동하므로 학생의 개인적 반응을 요구하지 않기 때문에 자신감이 결여되어 있는 학생들에게도 자신감을 심어주고, 학습 초기에 자신감과 성공감을 줄 수 있다(이완기, 1994). 학생들에게 학습의 지루함이나 부담감을 덜어주고 많은 챈트는 동작을 함께 할 수 있어서 의미를 이해시키는데 도움이 되고 지루하지 않은 반복으로 기억과 집중력을 향상시킨다. 또, 챈트를 통해 4가지 기능 모두를 연습시킬 수 있으며 문장구조 연습을 재미있게 할 수 있고 문법내용을 도입하거나 정리할 수 있음은 물론 어휘도 가르칠 수 있다. 이러한 이유로 챈트는 영어의 형태와 기능을 지도하는데 도움이 될 수 있다.

초등학교 교육에서 챈트의 활용은 영어 발음의 독특한 리듬과 억양을 쉽고도 재미있게 익힐 수 있고, 동시에 동일한 형식의 리듬 속에서 낱말이나 문장을 바꾸어 넣음으로써 영어 낱말이나 문장의 의미도 쉽게 배울 수 있으며, 새로운 문장 구조 안에서 반복적인 문장을 사용함으로써 영어의 통사구조도 쉽게 배울 수 있다는 장점이 있다. 또한 챈트는 일상의 회화에서도 활용할 수 있기 때문에 의사소통을 원활하게 하는 능력도 기를 수 있음을 알 수 있다.

노래와 챈트를 활용한 쓰기 지도 방법에는 알파벳 모자이크 활동, 노래 포스터 만들기, 빈칸 메우기, 그림책 만들기, 영어 노래 만들기 등의 활동이 있으며, 구체적인 내용 및 방법은 다음과 같다.

1) 알파벳 모자이크 활동

활동 종류	알파벳 모자이크
활동 이름	Alphabet Mozaic
적용가능 학년	저학년
수업 중 활용 단계	전개 활동
지도 방법	알파벳 송을 다 익힌 후 노래에 나오는 알파벳을 A4용지에 크게 써 본다. 색종이를 잘게 잘라 알파벳에 모자이크 한다. 완성된 후 A – Z 까지 교실에 전시한다.
활동 시간	10분
유의점 (성취기준)	1. 이 활동의 목표는 아동들이 알파벳을 놀이로 느껴서 재미있게 익히게 하는데 있다. 2. 3학년 학기 초 알파벳과 친숙하게 하는 활동으로 알파벳 송을 배우면서 활동한다.
예시 자료	

2) 노래 포스터 만들기

활동 종류	〈노래 포스터 만들기〉
활동 이름	노래 포스터
적용가능 학년	저~고학년
수업 중 활용 단계	전개 활동
지도 방법	노래를 충분히 익힌 후 8절 도화지에 노래 가사를 쓴다. 이 때 노래 내용을 그림으로 포스터에 담길 수 있도록 한다. 영어 가사 옆에 우리말로 된 가사를 넣으면 완성된다.
활동 시간	20분
유의점 (성취기준)	1. 이 활동의 목표는 노래의 가사를 한 번 써본 후 그림과 우리말로 나타나는데 있다. 2. 저학년의 경우 어려운 어휘는 그림으로 그려 넣을 수 있다. 완성된 포스터를 친구들에게 발표시켜 반복 학습을 하게 한다.
예시 자료	sing a rainbow Red and yellow　　　　　빨강, 노랑 and pink and green　　　분홍, 초록 purple and Orange and blue　보라, 주황, 파랑 I can sing a rainbow　　무지개를 노래해 Sing a rainbow　　　　　무지개를 노래해 Sing a rainbow, too.　　무지개를 노래해, 또

3) 빈칸 메우기

활동 종류	빈칸 메우기
활동 이름	Cloze Game
적용가능 학년	저학년
수업 중 활용 단계	전개 활동
지도 방법	가사를 완성하는 쓰기 활동이다. 노래 지도시 아동들에게 가사를 제시할 때 완전한 가사를 주지 않고 빈칸이 있는 가사를 준다. 노래를 연습하면서 가사를 메울 수 있게 한다.
활동 시간	10분
유의점 (성취기준)	1. 이 활동의 목표는 노래 가사를 완성하게 하는 활동으로 아동의 수준에 교사가 단어나 문장을 학습하게 하는 데 있다. 2. 가능하면 빈칸을 만들 때는 연관성이 있는 구문이나 어휘를 선택한다. 색깔을 다루는 노래에는 색깔에 관한 어휘에 빈칸을 만든다.
예시 자료	I can sing a rainbow (Red) and (yellow) and (pink) and (green) (purple) and (Orange) and (blue) I can sing a rainbow Sing a rainbow Sing a rainbow, too. Listen with your eyes Listen with your eyes And hear everything you see. I can sing a rainbow Sing a rainbow Sing along with me. (Red) and (yellow) and (pink) and (green) (purple) and (Orange) and (blue) I can sing a rainbow Sing a rainbow Sing a rainbow, too.

4) 그림책 만들기

활동 종류	그림책 만들기
활동 이름	그림책 만들기
적용가능 학년	저~고학년
수업 중 활용 단계	정리 활동
지도 방법	정리 활동으로 다양한 형태의 책 만들기 활동이 있다. 노래에서 사용한 표현으로 A4용지를 이용하여 책 모양으로 만들고 배운 표현을 써 보도록 한다.
활동 시간	10분
유의점 (성취기준)	1. 이 활동의 목표는 노래나 챈트의 가사를 그림으로 나타낸 후 문장으로 써 보는 데 있다. 2. 책을 만들 때 기본 틀을 교사가 만들어 제시하고 틀 속에 노래와 연관된 그림을 넣어 아동들에게 친숙함을 준다.
예시자료	What a fun English! by / What a _____ day! / What a _____ cow! / What a _____ What a _____ flower! / What a _____ boy! / What a _____ girl! / What a _____

5) 영어 노래 만들기

활동 종류	영어 노래 만들기
활동 이름	영어 노래 만들기
적용가능 학년	저~고학년
수업 중 활용 단계	도입 활동
지도 방법	친숙하고 단순한 우리 동요를 선정하여 간단한 영어 가사로 바꾸어 도입 단계에서 활용한다. 예를 들면, "당신은 누구십니까?"라는 제목의 노래를 "Who are you?"로 바꾸고 나를 소개하고 인사하는 가사를 익히게 한다.
활동 시간	10분
유의점 (성취기준)	1. 이 활동의 목표는 아동들이 직접 영어 가사를 만들어 보는데 있다. 2. 이 노래는 3학년 1단원 "Hello, I'm Minsu." 적용하고 아동의 이름이 나올 때 화면에 아동의 얼굴을 같이 띄우면 흥미 유발에 좋다. 3. 영어 고유의 리듬이나 음절을 무시하지 않아야 한다. 지나치게 억지스러우면 교사가 적절하게 수정해 준다.
예시 자료	— Who are you? — Who are you? / Who are you? I don't know. / I dont know. Who are you? / Who are you? I'm ooo / I'm ooo Hello / I'm ooo Good-bye / Everyone

6) 노래와 스토리텔링을 이용한 쓰기 활동 수업안 예시

단원		5. What do you want to be?	Period	4/4
학습문제		I want to be 문장 만들기	Teacher	Kang, Sumi
학습목표		♣ 직업에 대해 알 수 있다. ♣ I want to be 문장을 만들 수 있다.		
학습자료		학습지, People Work 노래, The Biggest Job of All 동화		
참고 웹사이트		· http://www.britishcouncil.org/kids-songs-jobs-popup.htm · http://school.discoveryeducation.co · http://www.huntingtonpub.lib.in.us/tumblebook_library.htmlm		
단계	내용	교수·학습 활동	시간	비고

Intro-
duction
	Greetings
	
	motivation
	
	Statement
	of Objective
		▶ Hi, everyone. How are you doing?
		▷ Great. And you?
		▶ I'm great, too. Thank you.
		▶ People Work 노래 듣기
		  - 무엇에 관한 노래인가요?
		  - 노래 속에 나오는 직업의 이름을 말해 볼까요?
		♣ 직업에 대해 알고 I want to be 문장 써보기
			5'	※ People
				Work 노래.

Develope
-ment
	Song
	
	Story
	-telling
		▶ 노래듣고 Puzzle 풀기
		(활동1) People Work 노래 다시 듣기
		(활동2) 노래 연습하고 롤에 맞게 노래 부르기
		(활동3) 나눠준 학습지 Puzzle 1,2,3, 해결하기
		
		▶ 동화 듣고 문장 써보기
		(활동1) 온라인 게임으로 단어 스펠링 찾기
		     : pre-storytelling
		(활동2) The Biggest Job of All 동화 읽기
		     : storytelling
		(활동3) want to/don't want to 문장 쓰기
		     : post-storytelling
			10'
			
			20'
				※학습지
				
				The
				Biggest Job
				of All 동화

Closing	present- ation	▶ 발표하기 - 아동이 완성한 학습지를 발표하고 짝점검하기	5'	

2.4 만들기를 통한 쓰기 지도

　만들기를 통해서 학생들의 영어 쓰기 지도를 다양하게 할 수 있는데, 이러한 만들기 활동을 아동의 영어 학습에 적용하는 근거를 기술하면 다음과 같다. 첫째, 만들기 활동은 아동의 언어 발달 과정에서 필요로 하는 감각운동적 특성과 조작적 특성을 포함하고 있다고 할 수 있다. 영어를 처음으로 학습하는 우리나라의 초등학교 학생들은 제2언어 습득의 측면에서는 언어 발달의 첫 단계인 감각운동기와 전조작기에 해당되면서, 인지적 발달은 구체적 조작기에 해당된다. 따라서 이들을 위한 영어 학습 활동은 사물이나 사람을 구체적으로 보고, 만지고, 느끼는 것에서 언어를 사용하여 다양한 의사소통 기능을 수행할 수 있는 단계까지 그에 따른 아동의 다양한 특성을 통합적으로 포함할 수 있는 만들기 활동이 유용하다.

　둘째, 만들기의 활동은 언어 입력을 듣고, 의미를 물리적으로 경험함으로써 언어 의미를 이해할 수 있는 활동일 뿐만 아니라 대화를 통한 상호작용이 일어나게 하는 언어 생성을 위한 활동이 될 수도 있다. 처음에는 아동으로 하여금 교사가 제시하는 언어를 듣고 언어에 대응되는 행위를 보며 이해하고, 따라하게 함으로써 초기 입력의 효과를 극대화 시킬 수 있다. 그런 후에 아동으로 하여금 자신이 만든 물건이나 그린 그림을 이용하여 대화를 하도록 유발하면 아동은 흥미를 가지고 상호작용에 참여할 것이며 그에 따른 학습 효과를 가져 올 수 있다.

　셋째, 언어 수업에 따른 과목의 요소를 통합하는 것은 아동으로 하여금 언어가 아동의 삶의 전반적인 부분과 관련됨을 보여줄 수 있다. 따라서 언어 수업에 따른 타 과목의 요소를 가지고 와서 통합적으로 이용할 필요가 있다(Halliwell, 1992). 언어 수업과 다른 수업은 학습의 측면에서 공통점을 가지고 있으며, 이 공통점이 언어 학습을 촉진할 것이라고 한다. 그 공통점은 다음과 같다. 정보를 도식적으로 제시하는 방식은 수학이나 과학에서 흔히 사용되는 학습 요소이다. 이는 복잡한 정보를 보다 쉽고 간결하게 다루게 해주며, 관계나 중요성을 보다 명시적으로 보여주므로 아동은 그들의 생각이나 아이디어를 도식적으로 표현하고 해석하는 것을 배우게 된다.

　또한 언어 학습을 포함한 모든 학습은 반복적인 패턴을 갖는다. 패턴은 이해와 학습의 근본으로서 우리가 정보를 두뇌에 저장하는 방식이고, 물리적 세계를 이해하는 방식이다. 아동이 수학의 패턴을 이해하듯이 언어의 패턴을 이해하게 될 것이다. 그리고 보는 것을 통해 이해하는 것은 다른 과목의 학습뿐만 아니라 언어 학습의 중심이 된다. 아동은 감각운동기에서부터 주변에서 보고, 듣고, 느끼는 등의 물리적 경험을 통하여 의미를 이해하고, 이해한 의미를 언어로 가져감으로써 많은 양의 모국어를 습득한다. 마지막으로, 무엇을 함으로써 반응하는 것 역시 다양한 과목과 언어 학습의 일부가 된다. 때때로 무엇을 단순히 하는 것 자체가 우리가 받은 언어 메시지에 대한 가장 적합한 반응이 되기도 한다. 특히 언어를 표현하는 능력이 이해하는 능력에 훨씬 못 미치는 언어 학습의 초기에는 행위로 반응하는 것은 특히 중요한 역할을 하게 된다.

넷째, 만들기 활동은 주로 예술 분야와 관계되는 것으로 이해될지 모르지만 실제로는 언어 학습을 위하 다양하게 이용될 수 있는 유용한 활동이다. 만들기 그 자체만으로도 많은 활동이 가능하며, 또한 다양한 활동의 일부가 될 수 있다. 인형극, 드라마, 게임, 놀이 등의 활동을 위한 기초 과정에 포함될 수도 있으며, 만들기와 그리기 활동에 주로 사용되는 언어 표현들은 다른 활동을 위한 기초로 학습될 필요가 있을 것이다.

다섯째, 만들기 및 그리기 활동을 통한 학습은 언어 학습에 전형적인 좌뇌를 자극할 뿐만 아니라 동시에 우뇌 기능의 활성화를 통하여 언어 학습을 촉진시킬 수 있다. 인간의 좌뇌는 신체의 오른쪽 부분을 통제하며, 언어적, 수리적인 부분을 담당한다. 좌뇌는 언어를 말하고, 읽고, 쓰는 것과 관계하며 언어적 교수에 반응하는 기능으로 전문화 되어 있다. 반면 우뇌는 그리기와 조작하기를 선호하며 실연, 구체물에 의한 교수에 반응하는 기능을 가지고 있다. 비록 인간의 좌뇌와 우뇌는 서로 분리되어 다른 기능을 하는 것으로 이해되지만 일부 학자들은 우뇌의 언어적 기능과 좌뇌가 동시에 활성화될 때의 효과를 강조하며, 우뇌 역시 언어적 기능을 한다고 주장한다. 언어의 구조에 대한 기능은 좌뇌와 밀접하게 관계된 반면 의미론과 화용론은 우뇌와 관계되어 있으며(Hoff, 2005), 좌뇌와 우뇌가 팀으로써 함께 작용하는 것이 학습에 중요한 요소이다(Brown, 2000).

이러한 언어 학습에서의 유용한 방법 중의 하나인 만들기를 통한 쓰기 지도 방법에는 그림 자료 이용하기, 회전판 이용하기, 책 만들기, 빙고판 만들기, 카드 이용하기, 사람 카드 이용하기 등의 방법이 있으며 구체적인 내용 및 방법은 다음과 같다.

2.4.1 그림 자료 이용하기

게임 종류	보고 적기
게임 이름	아코디언 책(accordion book) 만들기
적용가능 학년	3~6학년
수업 중 활용 단계	표현 활동

지도 방법	• 그림 자료를 아코디언 책의 알맞은 면에 붙이고, 해당하는 영어표현(어휘)을 기록한다. 곤충 및 동물의 영어표현을 익힐 수 있다.
	<저학년>
	• 그림 자료를 보며 베껴 쓰기 및 빈 칸 매우기 등의 통제된 글쓰기를 한다.
	<고학년>
	• 그림 자료를 보며 그림에 대한 설명 붙이기 등의 통제된 글쓰기를 한다. 반복적인 문형을 연습하면서 문장으로 표현하는 힘을 기를 수 있다.
	(ex) 어휘 : cat, 문형 : I like a cat.
	         dog I like a dog.
	         hamster I like a hamster.

활동 시간	10분
유의점	① 성취 기준 : 동사와 다양한 어휘를 사용하여 자신의 생각을 표현할 수 있다. ② 준비하기 쉽고 만들기 쉬워야 한다. ③ 교실에서 사용하기 쉬워야 한다. ④ 학습자의 흥미를 유발하여야 한다. ⑤ 학생이 사용하는 언어가 의미 있고 실질적인 언어 행위를 충분히 유발할 수 있는 그림이어야 한다. ⑥ 학습 내용과 관련성이 있는 그림이어야 한다.

■ 아코디언 책 만들기 - 만들기 자료

[아코디언 형태로 만든 책 위에 동물을 오려 붙인다.]

아코디언 형태로 만든

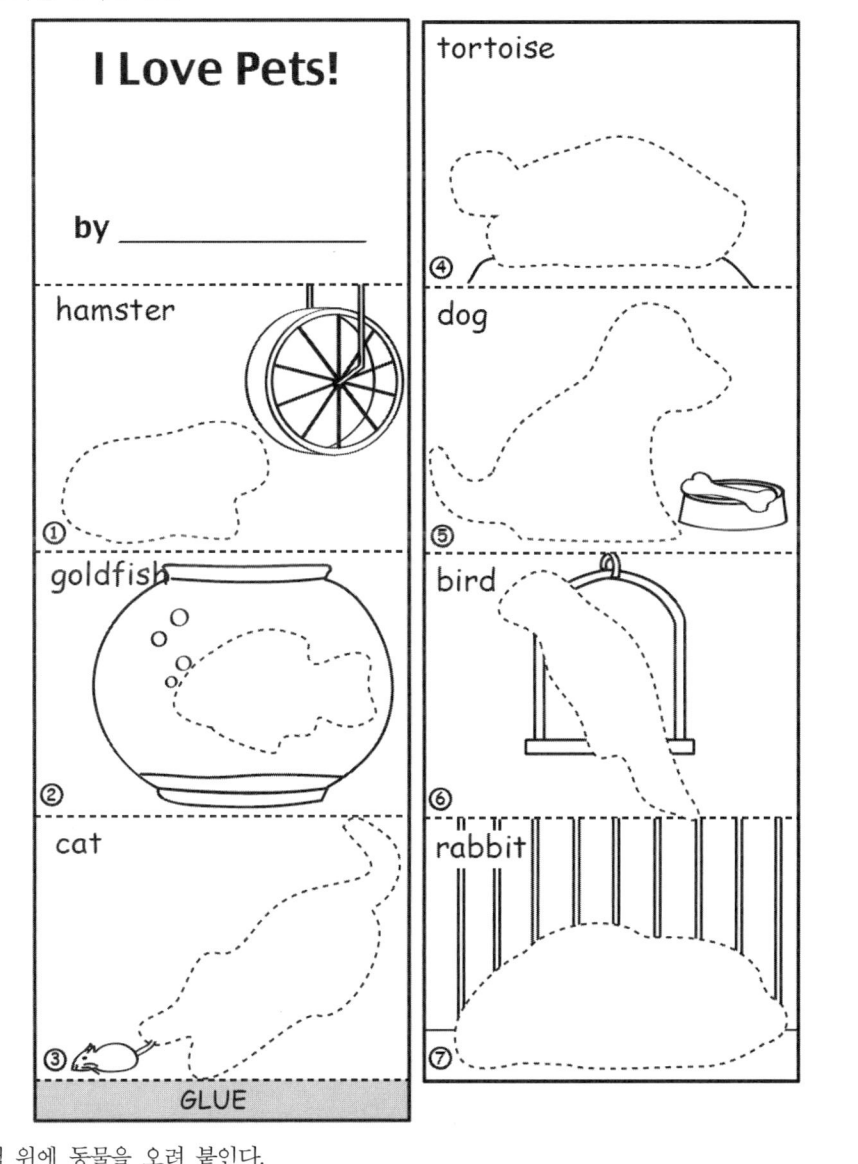

책 위에 동물을 오려 붙인다.

2.4.2 회전판 이용하기

게임 종류	보고 적기
게임 이름	Spin Board 회전판 돌리기
적용가능 학년	5, 6학년
수업 중 활용 단계	표현 활동
지도 방법	• 회전판을 2장 만들어 아랫판에는 원을 따라 어휘들의 이름을 적고, 윗판은 구멍을 뚫어 그림이 보이도록 한다. 판을 돌리면서 그림을 확인하고 그 그림에 해당하는 단어를 적어 완성한다. "I want to see." 등의 문형 연습을 하도록 한다. • 만들기 완성 후 만든 자료를 가지고 영어로 하나씩 소개하거나 문형을 발표함으로써, 상호작용 능력을 향상시키도록 한다. 　(ex) 어휘 : polar bear, 문형 : I want to see a polar bear. 　　　　　 reindeer　　　　　　I want to see a reindeer. 　　　　　 seal　　　　　　　　I want to see a seal.
활동 시간	15분
유의점	① 성취 기준 : 동사와 다양한 어휘를 사용하여 자신의 생각을 표현할 수 있다. ② 동물 이외에 교실 주변의 사물 등 친숙한 소재를 사용한다. ③ 수업의 목표를 생각하며 보드판을 만드는 데에 너무 치중하지 않도록 유도한다. ④ 조작활동이 쓰기로 마무리 될 수 있도록 유의한다. ⑤ 어휘보다는 문형 연습 및 문장 표현력에 중요도를 두도록 한다.
활용 자료	보드판 2장, 가위, 연필

■ 회전판 돌리기 − 만들기 자료

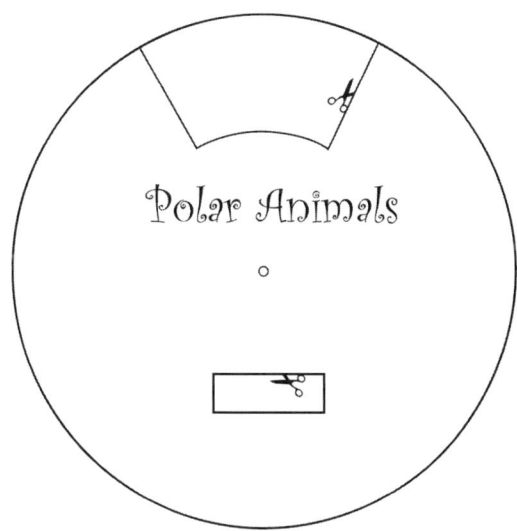

그림과 같이 두 판을 자른 후, 잘린 공간에 같은 그림과 글이 올 수 있도록 칸을 채운다.

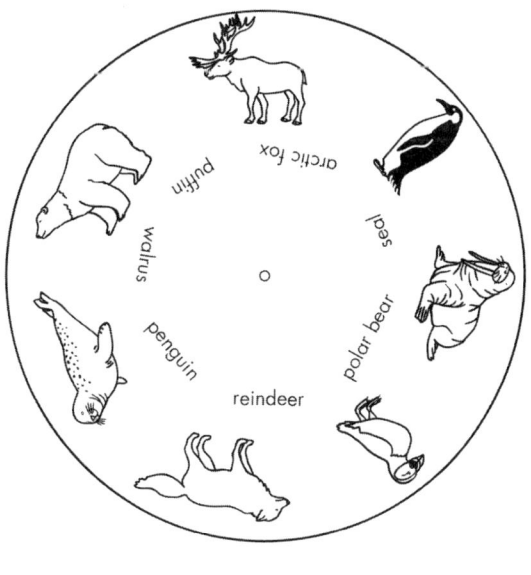

2.4.3 책 만들기

게임 종류	make & write
게임 이름	Making a Book 책 만들기
적용가능 학년	3~6학년
수업 중 활용 단계	표현 활동

지도 방법	• 만드는 방법 - (활용자료 참고) 8절지 크기의 도화지를 준비하여 굵은 선을 따라 자르고, 점선을 따라 접어 다양한 모양의 책을 만들 수 있다.
	<저학년>
	• 책을 만들고 그림 및 단어로 채운다.
	  - 베껴 쓰기, 빈 칸 메우기
	<고학년>
	• 책을 만들고 자신의 상황 및 생각에 맞게 쓴다.
	  - 예시에 따라 바꾸어 쓰기, 주제에 대해 자유롭게 쓰기

활동 시간	10분
유의점	① 수업의 목표를 생각하며 책 만드는 데에 너무 치중하지 않도록 유도한다. ② 책을 만들 때, 자신의 이야기를 토대로 문장을 만드는 활동 내지는 자기 소개하기를 통해 동기를 유발시킨다.
활용 자료	① A4용지 및 스케치북 - 아코디언처럼 차곡차곡 접어서 책처럼 만들어 사용한다. ② 스토리를 만들어 사용할 수 있고, 각 단원에 자신만의 단어장을 만들어 들고 다닐 수 있다.

2.4.4 빙고판 만들기

게임 종류	빙고 만들기
게임 이름	Say! Bingo! 빙고를 외쳐라
적용가능 학년	3~6학년
수업 중 활용 단계	표현 활동
지도 방법	· 9칸(3×3), 16칸(4×4), 25칸(5×5) 빙고판을 만들어 학습한 어휘를 적고, 학생들이 순서대로 어휘를 부르고 들은 어휘를 지워가는 게임이다. 쓰기 뿐 아니라 게임을 위해 듣기에도 집중하게 되는 장점이 있다. <저학년> · 알파벳이나 숫자 등 부담 없는 수준에서 빙고판을 만들고 단어를 채워나 가도록 한다. 쓰기 과정이 교육과정에 없는 저학년들은 그림으로 어휘를 대신하여 표현하도록 한다. <고학년> · 단어의 수준을 고려하여 어휘를 설정하고 다양한 빙고 모양 만들기를 한다.
활동 시간	5분
유의점	① 성취 기준 : 알고 있는 단어를 글로 쓸 수 있다. ② 학생들이 좋아하며 어느 장소에서나 쉽게 즐길 수 있는 놀이이다. TPR, 색깔, 모양, 동물, 의복, 날씨, 음식, 직업, 장소, 시간, 탈 것 등 다양한 학습 요소를 놀이로 연습할 수 있다. ③ 저학년의 경우 알파벳을 이용한 빙고 게임을 할 수 있다. ④ 한 줄 빙고 외에 T자, X자 빙고도 할 수 있다.
활용 자료	빙고판 (T형 빙고) (H형 빙고)

2.4.5 카드 이용하기

게임 종류	make & write
게임 이름	Send the card! 카드 보내기
적용가능 학년	5, 6학년
수업 중 활용 단계	정리 활동
지도 방법	• 생일 축하 및 기념일 날 카드를 꾸미고 만들어 내용을 채워 친구들과 주고받거나 부모님께 드리는 활동을 통하여 좀 더 실질적인 영어 쓰기 활동을 구현할 수 있다. • 저학년들을 위해 미리 빈칸이 있는 문장을 제시하여 주고, 빈칸을 메꾸어 가는 방식으로 진행할 수 있으며, 고학년들은 자유 쓰기 활동을 하도록 한다. (ex - Thank ( ).) • 고학년의 자유쓰기는 모둠끼리 바꿔가며 서로의 잘못된 표현을 수정한다거나 원어민선생님께 교정을 받는 식의 상호작용을 시도해 본다.
활동 시간	10분
유의점	① 성취 기준 : 축하 및 감정 전달을 글로 표현할 수 있다. ② 카드 만들기 할 수 있는 날 (미국의 기념일) New Year's Day (1월 1일) St. Valentine's Day (발렌타인 데이. 2월 14일) Mother's Day (어머니에 카드와 선물.. 5월 둘째 일요일) Father's Day (아버지들에게도 선물을.. 6월 셋째 일요일) Halloween Day (할로윈 데이) Christmas Day (12월 25일) ③ 자유쓰기의 창의성을 가미하여 rolling paper를 통한 편지쓰기 활동이나 relay writing 활동을 통해 재미와 결과물을 동시에 만들어 낼 수 있다.
활용 자료	① 실제 카드를 사용해도 좋음. ② 다양한 모양으로 카드 만들기를 하고 먼저 끝낸 친구들은 꾸미기를 통해 창의성을 발휘한다.

2.4.6 사람 카드 이용하기

게임 종류	cut & write
게임 이름	my friends! 나의 친구를 소개합니다.
적용가능 학년	5, 6학년
수업 중 활용 단계	표현 활동
지도 방법	· 3월에 친구들을 사귀기에 좋은 활동이다. 8절지를 준비하여 세로로 한 번 접고 가로로 여러 번 접는다. 맨 위에 사람을 그리고 사람의 모양대로 오리면 여러 명의 사람 카드가 나온다. 카드 뒤에는 칠판에 제시한 문장 형식에 따라 친구의 정보를 확인하고 직접 써서 친구 카드를 완성한다. 친구와의 상호작용을 통하여 정보를 모으고 쓰기 활동으로 마무리한다. * He/She is _____ years old. * His/Her birthday is _____. * He/She is _____ tall. * His/Her telephone number is_____.
활동 시간	10분
유의점	① 성취 기준 : 친구의 정보를 묻고 바르게 쓸 수 있다. ② 책의 모양을 규격화 하기 보다 좀 더 다양한 모양으로 만들 수 있도록 장려하여 재밌는 활동이 될 수 있도록 한다. ③ 만든 자료를 가지고 나와서 발표하는 시간을 가져 상호작용을 하도록 한다.
활용 자료	사람 카드 앞면에는 친구의 이름을 적고, 뒷면에는 친구와의 인터뷰로 알게 된 내용 등을 적는다. 키나 생일, 취미, 전화번호 등을 적을 수 있다.

■ 나의 친구를 소개합니다. - 만들기 자료

왼쪽의 종이를 잘라 오른쪽과 같이 접고 사람 모양을 따라 오리면 여러 명의 사람 카드가 완성된다.

2.5 역할놀이를 활용한 쓰기 지도

역할놀이를 지도하는 방법은 역할놀이의 유형에 따라 달라지는데, 역할놀이의 지도 방법은 다음과 같다(배두본, 1997).

1) 그림과 사전을 이용한 역할놀이
① 교사가 어떤 그림이나 사진을 학생에게 보여준 다음, 교사가 간단히 설명해 준다(예 : 책상 위에 꽃병이 있는 사진).
② 학생들에게 어머니 역할, 학생 역할을 맡도록 한 다음 누가, 왜, 꽃병을 책상에 두었는지를 생각하며 대화하게 한다.
③ 그림이나 사진에 나타나 있지 않은 상황도 상상하며 대화를 계속하게 하는 활동도 가능하다.

2) 교사의 설명을 통한 역할놀이
① 교사가 먼저 상황과 내용을 간단히 말해준다. 필요한 경우 글로 제시하거나 그림을 보여줄 수 있다.
② 한 학생은 학생 역할을 맡고, 다른 학생은 미국인 역할을 맡는다.
③ 학생들에게 상상의 상황에서 두 사람 역할을 맡아 하도록 한다.

3) 교재를 이용한 역할놀이
교재에 그림이나 대화문이 제시된 경우에 학습한 내용을 중심으로 역할놀이를 할 수 있다.
① 학생들에게 그림을 보여주고 상황과 내용에 관하여 토의하게 한다.
② 학생들이 스스로 대화문을 큰소리로 읽고 의미를 이해하게 한다.
③ 녹음된 대화문을 들려주고 필요한 어휘를 간단히 설명한다.
④ 학생들이 여러 개의 분단으로 나누게 하여 장면, 등장인물, 관계 등에 관하여 자기의 생각을 말하게 한다.

⑤ 역할에 따라 교재에 나온 대화문을 읽게 한다.
⑥ 분단별로 주어진 대화문에 생각을 넣어 약간 변형하도록 한다.
⑦ 분단별로 역할극을 연습한 후에 전체 앞에서 실연하게 한다.

역할놀이를 활용한 쓰기 지도는 빈칸 채우기, 역할 놀이 소감문 쓰기, 기억하여 쓰기 등의 방법이 있으며 구체적인 내용 및 방법은 다음과 같다.

게임 종류	빈칸 채우기
게임 이름	Make a script! 대본 만들기
적용가능 학년	3~6학년
수업 중 활용 단계	도입 단계
지도 방법	• 역할극할 내용으로 미리 대본을 써볼 수 있도록 한다. (ex) "I want to be a (　　　　　)" • 저학년들에게는 [pencil, flower, fireman, computer] 등의 보기를 주면서 빈 칸에 알맞은 말 넣기를 할 수 있고, [milk, policeman, fireman, nurse] 등의 보기를 주면서 알맞지 않은 말을 찾는 연습을 할 수 있다. • 고학년들에게는 보기 없이 자유롭게 쓰는 연습을 하면 된다.
활동 시간	5분
유의점	① 성취 기준 : 올바른 어휘를 사용하여 문장을 완성할 수 있다. ② 역할극 내용과 관련된 표현으로 선행학습의 기회를 부여한다. ③ 자신의 실력을 스스로 평가할 기회로 삼는다.
활용 자료	worksheet

2.5.1 빈칸 채우기

■ 빈칸 채우기 — 활용 자료 (예시)

> A : I want to be a (①).
> What do you want to be?
> B : I want to (②) a teacher.

▶ 다음 중 ①에 적당한 어휘를 찾아 쓰세요.

　ⓐ apple　　　ⓑ eraser　　　ⓒ doctor　　　ⓓ school

▶ 다음 중 ②에 적당한 어휘를 쓰세요.

2.5.2 역할놀이 소감문 쓰기

게임 종류	소감문쓰기
게임 이름	What's your opinion?
적용 가능 학년	5, 6학년
수업 중 활용 단계	정리 활동
지도 방법	• 역할 놀이를 마치고 소감문을 쓰는 연습을 반복적으로 하면서 쓰기 실력을 키울 수 있다. • 처음에는 상, 중, 하에 따라 보기를 미리 제시하여 주고, 차츰 연습이 반복되면 외워서 쓸 수 있도록 한다. 학생들이 새롭게 문장을 만들면 칭찬을 해주도록 한다.
활동 시간	10분
유의점	① 성취 기준 : 간단한 자신의 의견을 영어 문장으로 자유롭게 표현할 수 있다. 처음에는 미리 소감문의 보기를 제시하여 주어 참고가 될 수 있도록 한다. ② 반복적인 활동으로 익숙해지면, 스스로 문장을 작성하는 연습을 하도록 한다.
활용 자료	<예문 - 고학년> ① She acts like a movie star. ② He did really good job. ③ I think I can do better than him. ④ I hope he speaks louder than this. <예문 - 중학년> ① I want to act "Kongee" again. ② The beggar is so dirty, the prince is king. 　(Prince and beggar rollplaying) <예문 - 저학년> ① It was(is) very nice. ② He is very funny.

2.5.3 기억하여 쓰기

게임 종류	Listen & Write
게임 이름	Listening Comprehension
적용가능 학년	5, 6학년
수업 중 활용 단계	정리 활동
지도 방법	· 수업 전 역할놀이를 위한 팀을 구성하여 미리 연습을 시켜둔다. 연습 팀은 돌아가면서 골고루 역할극의 기회를 제공하도록 한다. 연습을 한 팀이 나와서 시범을 보이고 다른 학생들은 역할극 시 들었던 내용을 기억하였다가 쓰는 활동이다.
활동 시간	5분
유의점	① 성취 기준 : 친구의 발화를 듣고 이해하며 글로 표현할 수 있다. ② 시연의 기회는 동등하게 주도록 하고, 강화를 주기 위해 가장 잘한 팀은 동영상을 찍어 학급 홈페이지에 올리도록 한다.
활용 자료	<예문> · Where is the _____ ?

2.6 수준별 쓰기 지도의 실제

지금까지는 초등학교 영어 수업에서 전체학습에 활용할 수 있는 쓰기 지도의 실제적인 방법들을 모색해 보고, 구체적인 예시들을 살펴보았다. 본 장에서는 수준별 쓰기 지도를 위한 쓰기 수업 모형 및 수준별 쓰기 학습 방법, 수준별 쓰기 학습 활동을 위한 실제 계획 및 수준별 쓰기 지도 노하우 등을 살펴보고자 한다.

2.6.1 수준별 쓰기 수업 모형

문헌 연구를 통하여 열린 수업 모형 중 소집단 중심 학습 모형, 경험 수업 모형과 수준별 모형(배두본, 1997)을 기준으로 초등학교 영어 쓰기 지도를 위한 수준별 쓰기 수업 모형을 다음 <표 10>과 같이 구성하였다. 수업은 제시, 기본학습, 평가, 수준별 쓰기 학습, 평가의 단계를 거친다.

<표 10> 수준별 쓰기 수업 모형(배두본, 1997)

단계	절차	학습 활동	비고
제시	학습 목표 진술	학습 목표 인지 및 수준을 알기 위한 질문하기	전체 학습
기본 학습	쓰기 전, 쓰기 중, 쓰기 후 활동	읽기와 연계된 통제된 쓰기 학습하기	전체 및 소집단
평가	질의 응답 수준 나누기	간단한 형성 평가를 통한 학업 성취도 확인 및 수준에 맞는 활동 선택하기	전체
수준별 학습	심화·보충형 수준별 학습	부진 아동에게는 부충형, 성취도가 높은 아동에게는 심화형 학습활동 제공하기	소집단, 개별
평가	질의 응답	총괄 평가 실시(수행평가)	전체 학습

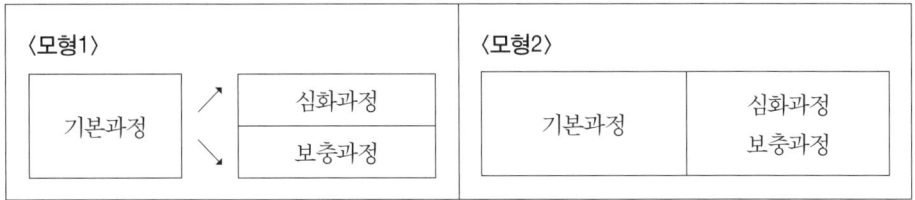

2.6.2 수준별 쓰기 학습 방법 및 활동

본 장에서는 수준별 쓰기 학습 활동을 위한 여러 가지 방법을 개괄적으로 알아보고, 수준별 쓰기 학습에 활용할 수 있는 다양한 활동들을 살펴보고자 한다.

흥미 있고 활동적이어서 쓰기 능력이 향상될 수 있는 다양한 방법과 쓰기 연습에 중점을 두고 수준별 쓰기 활동을 선정하였다. 주로 1, 2차시에 듣기·말하기에서 구두 언어로 익혔던 내용이나 읽기에서 다루어졌던 과제나 활동 중에서 쓰기 활동과 연계되며 학습한 내용이 강화되고 전이될 수 있도록 적합한 활동을 적용하였다.

교육과정(교육과학기술부, 2008)과 Rivers(1986)의 5단계 지도를 참고로 쓰기 지도 단계를 쓰기 전 활동을 강화하고, 베껴 쓰기 활동(copying), 재생하여 쓰는 활동(reproduction), 학습한 문장을 조금 다르게 조합하여 써 보는 재결합(재배열) 하여 쓰기 활동(recombination), 자기가 배운 것을 넘지 않는 범위에서 보다 어휘·구문을 선택하는 통제적 글쓰기 활동(guided writing), 자유롭게 어휘·구문을 선택하여 자기의 의사를 표현하는 자유 작문 활동(expressive writing) 등 다섯 단계로 구분하고 각 단계를 고려하여 선별적으로 분류하여 고안한 쓰기 활동 방법은 다음과 같다.

1) 베껴 쓰기 활동

베껴 쓰기는 원칙적으로 이미 사전에 구두로 익혔거나 읽은 바 있는 원문(read text)을 보고 그대로 옮겨 쓰는 것이다. 각 획(stroke)에 주의를 집중하면서 조심스럽게 문자를 쓰는 것과 실제로 의사 전달을 위해 적절한 속도로 문자 또는 문장을 쓴다는 것은 상당한 차이가 있으므로 별로 신경을 쓰지 않고 자동적으로 또는 습관적으로 필요한 문자를 쓸 수 있도록 그대로 옮겨 쓰는 활동을 게임이나 놀이의 요소를 첨가하여 구성한다.

베껴 쓰면서 학습자는 그 의미를 생각하며 반복하여 듣게 되고, 결국 그 문자가 나타내는 음성(sound)의 인상을 심화하여 반복연습하게 되는 것이다. 영어의 철자법은 복잡하기 때문에 이와 같이 소리와 문자의 일치 관계 및 시각적 인식 활동은 6학년 단계에서도 효과적으로 활용될 수 있다.

(1) 추적(trace)하여 쓰기

알파벳이나 낱말 익히기에 적합한 활동으로 허공, 또는 친구의 등 뒤에 읽은 철자나 낱말을 쓴 후 조합하여 맞추는 것이다. 집중하여 철자 또는 낱말을 익힐 수 있는 장점을 가지며 대개의 경우는 철자나 낱말을 익히는데 사용되지만, 익숙해지면 문장까지도 가능하다.

(2) 마임(Mime)을 통한 쓰기

학습한 내용을 생각한 후, 무언극이나 행동으로 보이고 학습한 내용을 공책이나 칠판, 도화지 위에 쓰고 일치하는지의 여부를 확인하는 활동이다. 구체적인 행동을 보임으로써 이해를 돕고 오래도록 기억에 남으며, 말하기와 더불어 쓰기까지 다른 기능의 연습에도 활용될 수 있다.

2) 재생하여 쓰는 활동

듣거나 읽은 것을 원문을 참조하지 않고 정확하게 쓰는 활동이다. 학생들에게 학습을 통하여 단어, 구, 문장을 기억하여 두었다가 다시 쓰게 하는 활동과 학습자가 기억하고 있거나 읽은 적이 있는 것 또는 베껴 쓰기 한 적이 있는 낱말이나 문장을 받아쓰기하는 것으로 나누어 쓰기 활동을 한다. 이 때 받아쓰기는 심리적인 부담이 크지만 듣기와 쓰기의 두 기능을 동시에 연습하고 강화되는 장점을 가진다. 그러나 유의할 것은 바르게 정확히 쓰는 것에 주 비중을 두고 구안해야 한다. 처음에는 교재를 읽은 후에 바로 책을 덮게 하고 그 글을 기억하여 쓰게 하고 다음에는 책을 펴고 자기가 써 놓은 것이 맞았는지 확인하고 틀린 부분을 수정한 후, 소집단 또는 짝 활동을 받아쓰기하여 심리적 부담을 줄이도록 한다.

(1) 1분 반복하여 쓰기

읽기와 연계하여 교과서에서 익힌 내용을 1분 동안 외우게 하고 다시 되살려 쓰는 활동으로 집중하여 쓸 수 있다. 이 때 꼭 익혀야 할 의사소통 예문을 1분 동안 반복하여 쓰게 할 수도 있으며 배운 내용을 1분 동안 모두 쓰게 하는 방법도 있다. 전자의 경우는 중요한 문장을 반복하여 쓰게 하지만 지루하지 않게 익힐 수 있으며 후자의 경우는 학습한 내용을 복습하는 효과가 있다.

(2) 기억하여 쓰기

학습자의 기억력을 토대로 하는 쓰기 활동으로 그림과 물건, 낱말이나 문장을 이용한다. 기억의 불일치로 서로 의견을 나누는 가운데 배운 어휘와 문장 구조를 알아낼 수 있다. 낱말이나 문장 전달하여 쓰기, 그림 내용 기억하여 쓰기, 관찰한 물건 적기 또는 문장으로 나타내기 등이 있다.

(3) 추측하여 쓰기

학습자가 실제로 알고 싶어하는 말이 아닌 문자를 통해서 내용을 묻고 대답하는 유형으로 상대방에게 질문을 쓰고 답하는 활동이다. 또는 마임이나 역할극을 이용하여 그 내용을 개별 또는 소집단으로 쓰게 하는 활동도 할 수 있다.

3) 재결합(재배열)하여 쓰기 활동

이미 듣기와 읽기를 통하여 연습한 문장들을 수정하거나 교재의 내용을 약간의 변동(minor adaptation)을 가하여 재생시키는 것을 목표로 한다. 이 활동은 의미를 나타내기 위하여 문법적 구조 조작 능력과 읽기를 통하여 인식한 복잡한 음성에 대한 지식이 요구되는데, 적어도 학습자가 구두로만이라도 정확히 말할 수 없으면 재결합 활동이 어렵다는 것을 감안하여 소집단 중심의 충분한 구조 훈련을 통해 확장·첨가 활동이 이루어지도록 한다.

효과적인 재결합의 지도 단계는 다음과 같다. 첫 단계에서 이미 배운 내용에 최소한의 응용을 가하여 써 보게 하고, 둘째 단계에서 여러 종류의 구두 연습을 통하여 써 보게 한다. 셋째로 연습이 충분히 되면 하나의 그림이나 연속된 그림들을 보여주고 주제를 중심으로 재구성하여 쓰도록 하는데 이때의 그림은 학생이 구두로 배운 문구와 관련이 있는 표현이 가능한 상황을 나타내는 장면이어야 한다. 초보적이고 기계적인 단계이므로 어떠한 경우에도 새 어휘와 구문을 동시에 적용하는 재결합은 피하고 정확성을 가지게 하기 위해 무엇보다 듣기, 말하기, 읽기 등의 활동과 연계하여 충분히 연습이 이루어지도록 한다. 재결합이 익숙해지면 극히 제한적으로 대화문이나 질문에 답 쓰기를 통한 재결합 받아쓰기로 변형할 수 있다(윤영벌, 1998).

(1) 낱말 및 그림 카드 문장 만들기

낱말 및 그림카드는 글자와 소리와의 연결을 알게 하고 문장의 구조와 의미를 파악하는 매우 중요한 시각 자료로 활용도가 높다. 학습자의 수준에 따라 다양하게 배치하여 수준별 활동을 의미 있게 할 수 있다.

(2) 계획표 작성하고 쓰기

요일별로 써진 카드를 주고 자기가 좋아하는 요일에 할 일을 정하여 그림을 그리거나 오려 붙이고 계획한 내용을 문장으로 쓰게 한다.

Sunday	Monday	Tuesday	Wednesday	Thursday	Friday	Saturday
go to church		swim	⚽	birthday party	🏀	🎧~
<예> I'm going to go on a picnic on Sunday.							

〈그림 7〉 계획표를 활용한 재배열 쓰기의 예

(3) 조사 활동하고 쓰기

개인 또는 소집단으로 조사표를 만들어 키나 몸무게, 좋아하는 과목과 운동, 또는 취미에 대해 조사하여 쓰는 활동이다. 간단하게 무엇을 좋아하고 싫어하는지 나타내며 낱말이나 문장의 길이를 수준별로 조절할 수 있다. 조사 활동표나 도표는 학생들의 궁금한 정보나 의견을 묻고 답하는 말하기·듣기의 주요 활동으로 쓰기에서도 의사소통 기능을 향상할 수 있는 유의미한 활동이 된다. 조사 활동이 끝난 후 학습자는 정확하게 문법적 구조에 맞게 쓰는 동시에 다 쓰고 난 뒤 쓴 내용을 읽으며 의미를 되새길 수 있으며 대화를 통해 반복함으로서 활동의 기쁨을 얻게 하는 효과가 있다.

	정수	세나	호규	지선
키(cm)	140	150	145	155
몸무게(kg)				.
Jungsu is 140cm tall. Jungsu is taller than you.			

〈그림 8〉 조사표를 활용한 재배열 쓰기의 예

(4) 문법 게임을 겸용한 퍼즐 쓰기

알파벳을 써 놓은 그림과 같은 종이를 나누어 주고 알파벳을 종과 횡, 대각선으로 맞추어 보고 그 안에 들어 있는 동사 원형이나 과거 동사를 찾게 하여 쓰게 하거나 문장 속에 빈 칸 넣어 쓰기나 문장을 만들어 쓰게 한다. 변형하여 형용사 찾아 쓰기, 최상급과 비교급 쓰기도 가능하다.

K	E	E	O	D	E	R	T	D
Y	E	I	O	S	E	R	O	W
H	A	V	P	D	P	F	U	O
I	D	E	L	B	N	E	Q	U
D	O	E	A	U	F	E	A	L
K	L	G	Y	Z	R	L	O	K
N	O	T	S	I	T	U	R	N
O	O	A	I	P	E	B	E	T
C	K	E	N	R	L	O	V	E
K	I	D	G	O	L	I	K	E

<예>　PLAY → I *played* soccer yesterday.

〈그림 9〉 문법 게임 및 퍼즐을 이용한 재배열 쓰기의 예

(5) 어휘 분류하여 찾아 쓰기

어휘를 분류하는 활동은 영어 쓰기에 아주 효과적이다. 다음에 여러 가지 과목과 운동을 제시하고 구분하여 쓰게 하며, 더 나아가 좋아하거나 싫어하는 과목, 운동, 취미나 특기를 구분하고 문장으로 쓰게 한다.

학습할 어휘	subject	sports
Korean, baseball, math, art, Soccer, music badminton, science, tennis, hockey, basketball English		
(예) I like math but she doesn't (like it).		

〈그림 10〉 어휘 활용을 통한 재배열 쓰기의 예

(6) 빙고 또는 게임을 활용한 쓰기

구두로 학습한 어휘나 문장을 모두 활용할 수 있고, 보다 쉽게 쓰기 활동을 하기 위해 빙고 또는 게임판을 활용한다. 빈 칸이 있는 문장을 제시하여 낱말을 쓰게 할 수도 있고 바꿔 쓸 수도 있으며 찾아서 재배열하여 쓰기, 문장 찾아 쓰기, 릴레이 게임도 할 수 있다. 문장 구조 뿐만 아니라 대화체의 문장도 가능하며 숨은 문장을 찾는 즐거움으로 흥미있게 쓰기를 할 수 있다.

You	I'm	150	are
How	lucky	boy	.
girl	as	tall	number
old	you	cm	12
?	a	years	It's
(예) How tall are you? → I'm 150 cm tall.			

〈그림 11〉 빙고·게임을 이용한 재배열 쓰기의 예

4) 통제적 글쓰기 활동

통제 작문은 교사의 지시에 따라서 쓰는 활동을 말하는데, 이 단계에서는 학생들이 쓰기 연습을 통해서 어느 정도 어휘와 구문을 자유롭게 선택할 수 있다. 이 단계의 활동은 학습자로 하여금 처음부터 실수(error)를 범하지 않고 글을 쓰게 하여 바른 쓰기 습관을 형성하게 하는 동시에 다양한 종류의 글의 양식도 점차적으로 익히면서 복잡한 문장을 자유롭고 정확하게 쓸 수 있도록 한다. 카드(쪽지) 쓰기, 편지 쓰기, 명함, 메모 등 실생활과 밀접하여 활용할 수 있으며, 글의 양식을 알아야 쓸 수 있는 내용을 쓰게 한다. 초기에는 바꿔 쓰기 등을 통하여 의미 알기에 초점을 두고 차츰 확장, 번역, 재작문 등의 복잡한 단계로 발전되도록 변화를 준다. 초등학교에서는 내용 이해를 바탕으로 한 기계적인 작문과 극히 제한적으로 유의적 작문 활동으로 이루어진다.

첫째, 문장의 일부를 제시하고 완성하는 연습을 시킨다.

둘째, 수식어나 수식하는 구를 넣거나 정보를 첨가하여 문장을 확장하는 연습을 시킨다. 예를 들면, '이 승용차는 우리 형의 것이야'를 (The world belongs to us) 괄호 안에 주어진 문장을 기초로 우리말을 영어로 옮기면 'This car belongs to my brother'가 된다.

셋째, 구문은 변화시키지 않고 문장 속에 다른 어휘를 넣어 의미의 변화를 알도록 한다.

넷째, 이야기를 읽거나 듣고 내용을 요약하여 쓰게 한다.

다섯째, 시제를 바꾸거나 인칭을 바꾸어 이야기를 다시 쓰게 한다.

(1) 알파벳 쓰기

(2) 베껴 쓰기(Copying)

(3) 받아쓰기(Dictation)

5) 자유 작문 활동

통제적 글쓰기와 유사하지만 자유로운 표현 활동으로 자신의 생각이나 느낌을 나타내기 위해서 어휘와 작문을 자유롭게 선택하여 글을 쓰는 활동이다. 그러나 초등학생들은 영어에 대한 지식과 구사력이 부족하므로 아직 성인들처럼 광범위한 표현을 할 수 없다. 이 단계에서 학생들은 구어적 표현과 문어적 표현의 차이를 이해하기 시작하며 어휘와 구문의 의미를 여러 가지로 시험해 볼 뿐이다. 즉, 독자적 대답, 또는 진술로 말미암아 새로운 정보, 새로운 어휘의 첨가, 구조형의 변화, 또는 새로운 구조형의 사용을 경험함으로써 학습자의 능력 및 개인차가 크게 나타날 수 있다. 극히 제한적으로 심화형의 학생들에게는 편지, 초대장, 광고문 등을 쓰게 하고, 이에 대한 답장을 쓰게 한다. 좀 더 단계를 높여 인터넷을 활용한 펜팔 또는 자기만의 동화책 등을 만들게 할 수 있다.

다음은 Scott과 Ytreberg(1990)가 제시하는 자유 작문을 할 때의 유의 사항이다.
① 내용과 의미에 중점을 두고, 오류에 지나친 관심을 두지 않는다.
② 작문을 하기 전에 필요한 단어나 문장, 내용 등에 대해서 충분히 학습을 하게 한다. 아무런 준비 없이 자유 작문을 시키거나 작문 숙제를 내 주지 않는다.
③ 전시 학습 내용이나 표현을 충분히 활용해서 자유 작문을 할 수 있게 한다. 학생들의 영어 수준을 벗어나는 작문을 시키지 않는다.
④ 어린이들이 쓴 작문에 대해서는 칭찬을 많이 하여 영어에 대한 자신감을 심어 준다.
⑤ 쓴 글을 여러 차례 읽어 보게 하거나 친구와 서로 바꾸어서 읽어 보게 한다.
⑥ 어린이들이 쓴 것을 게시판에 게시한다.

2.6.3 수준별 쓰기 학습 활동 실제 계획

수준별 교육은 학생 개인 간의 능력 차이 또는 수준차이가 존재함을 인정하고, 동일한 교육 내용을 모든 학생들에게 획일적으로 제공하는 것에서 벗어나 각자의 수준에 적합한 교육을 제고하여 교육의 적합성과 수월성을 높이는 데 있다. 즉 수준별 교육과정의 근본 취지는 상위 과정에 있는 학생이나 하위과정에 있는 학생이나 모두에게 혜택이 가는 교육을 전개하는 데 있다. 즉 학습 결손을 최소화하고 모든 학생이 성취 수준에 도달하게 하거나 잠재 능력과 자기 주도적 학습력을 최대한 발휘할 수 있도록 하는 데 있다.

따라서 각 단원의 주제 및 언어 기능과 관련 있는 것으로서 학습자의 학습 선호 유형과 성취 수준을 적극 반영한 학습 활동으로서 현행 교과서의 한 문장 구조를 쓰는 것을 기본 학습으로 하고 부족한 부분은 보충 학습으로, 의사소통적 활동은 심화학습으로 구성하여 학생들의 참여도를 극대화한다.

〈표 11〉 수준별 쓰기 학습 활동(정미정, 2004, p.58)

단원명	쓰기목표	읽기 구조	단계	수준별 활동	
9	구두로 익힌 문장 쓰기	How was your vacation?	통제작문 베껴쓰기	심화	영어만화 완성하기
				보충	알맞은 단어 골라쓰기
10	쉬운 문장 쓰기	I'm stronger than you.	통제작문 골라쓰기	심화	문장 올바르게 배열하기
				보충	그림에 맞는 문장 쓰기
11	그림에 알맞은 문장 쓰기	What do you want to do?	통제작문 재배열쓰기	심화	하고 싶은 일 문장쓰기
				보충	그림에 맞는 낱말을 이용해서 문장 완성하기
12	일과표 완성하기	Will you help me?	통제작문 유도작문	심화	문맥에 맞는 문장 완성하기
				보충	낱말 퍼즐 찾기
13	그림에 맞는 문장 쓰기	That's too bad.	재생쓰기	심화	이유에 대한 대답하는 표현 쓰기
				보충	그림보고 알맞은 낱말 쓰기
14	알맞은 낱말 넣어 문장 쓰기	Would you like to come to my house?	통제작문 유도작문	심화	생일 카드 쓰기
				보충	그림 보고 문장 완성하기

1) 보충 학습 활동

① 낱말 찾아 쓰기 : 보기에 알맞은 단어나 문장을 제시한 후 그림과 어울리는

단어나 문장을 찾아 쓰게 하는 것으로 앞 차시의 듣기와 말하기, 읽기와 연계하여 아동들이 자신감을 가지고 참여할 수 있도록 한다.

② 낱말 퍼즐: 낱말을 많이 제시하고 이곳에 있는 몇 가지의 단어를 찾아보게 하는 것으로 게임적 요소를 가미하여 새로 나온 단어를 익히는 데 아주 유용한 방법으로 한다.

③ 그림에 맞는 문장 완성하기 : 그림을 보고 적절한 단어를 사용하여 알맞은 문장을 만들어 보도록 하여 교재에서 배운 것을 다시 써보게 하여 중심 표현 문장을 익히도록 한다.

④ 만화나 이야기의 말 주머니 채워 쓰기 : 만화나 이야기 그림의 말 주머니를 제시하고 이곳에 알맞은 문장을 써 보게 하여 상황에 맞는 글을 쓰게 하여 실용적인 쓰기가 되도록 한다.

⑤ 표나 차트를 보고 완성하기 : 표를 보고 맞는 문장을 연결하게 하여 물음에 대한 답을 찾게 하여 쓰기의 다양한 방법을 통해 쓰기에 흥미를 가지게 한다.

⑥ 문자의 짝 찾아 쓰기 : 문장을 묻고 대답하는 문장을 여러 가지 섞어 놓아 묻고 대답하게 하여 의사소통 쓰기 활동으로 구안한다.

⑦ 문장의 순서에 맞게 쓰기 : 단어를 앞, 뒤로 바꾸어 놓아 순서가 알맞은 문장이 되도록 만들게 하여 영어 문장의 구조를 바르게 익히게 한다.

⑧ 잘못된 문장 고쳐 쓰기 : 문장의 구조, 관사, 구두점, 철자를 고쳐 쓰게 하여 영어의 언어 구조에 대해 익숙하도록 한다.

⑨ 질문에 대답 쓰기 : 글을 읽고 내용 파악을 하는 것으로 일련의 사건을 서술한 문단을 제시하고 몇 가지의 질문을 주고 대답하게 하여 글의 내용을 파악하도록 한다.

⑩ 일과표 그리고 문장 완성하기 : 하루의 일과나 학교 시간표를 그리고 하루에 중요한 일을 문장으로 완성하게 하여 실용적인 쓰기가 되도록 한다.

2) 심화 학습 활동

① 그림 보고 설명하기 : 교과서의 그림을 제시한 후 그림에 어울리는 문장을 써

보게 하여 아동들의 상황에 맞는 영어 쓰기가 되도록 한다.
② 영어 만화 문장 완성하기 : 여름 방학 때 있었던 일이나 다양한 주제로 친구와 이야기하는 장면을 그리고 그림과 어울리는 영어 만화를 완성하게 한다.
③ 챈트 가사 바꾸기 : 교과서 챈트를 제시한 후 가사를 바꾸어 써 보도록 한 후 불러보게 하여 유사한 문장 익히기와 더불어 아동들의 흥미를 돋울 수 있도록 한다.
④ 하고 싶은 일 문장으로 써 보기 : 특별한 날 하고 싶은 일을 간단한 문장으로 써 보도록 하여 간단한 유도 작문을 자연스럽게 표현하도록 하여 영어 쓰기에 자신감을 얻도록 한다.
⑤ 영어 일기 쓰기 : 학교, 친구, 집, 생일파티, 약속 장소에 가지 못했던 경험을 일기로 써 보도록 하여 평소에 영어 일기를 쓰는 것이 어렵지 않다는 점을 알게 한다.
⑥ 이유를 묻고 대답하는 표현 쓰기 : 그림을 주고 결과를 나타낸 문장에 알맞은 이유를 찾아 쓰도록 하여 의사소통적 쓰기가 되도록 한다.
⑦ 생일 축하 카드 쓰기 : 친구의 생일에 축하 카드를 예쁘게 꾸며 보고 생일 축하 편지를 쓰도록 하여 실용적인 쓰기가 되도록 한다.
⑧ 편지 겉봉투 주소 영어로 쓰기 : 편지를 다 쓴 후 겉봉투에 주소를 영어로 써 보게 하여 영어로 편지 겉봉투 쓰는 방법을 통해 외국 문화에 대해 이해력을 높인다.
⑨ 일과 완성하기 : 그림으로 하루의 일과를 완성해보도록 하여 여러 문장을 사용하여 문장을 써 보도록 하여 의사소통적 쓰기가 되도록 한다.
⑩ 그림을 보고 글 완성하기 : 하루의 일과에 해당하는 그림을 보여준 후 글을 자연스럽게 연결하여 쓰도록 유도한다.

2.6.4 수준별 쓰기 지도 노하우

초등학교에서 별다른 준비 없이 교과서에 실린 자료를 이용하여 쉽게 활용할 수 있는 수준별 쓰기 지도 방법 몇 가지를 소개한다.

1) 노래와 챈트

제 7차 초등학교 영어 교육과정은 노래 및 챈트 등 학생들의 신체적 움직임을 적극적으로 활용하여 학습의 과정에 학생들이 흥미를 가지고 능동적으로 참여할 수 있도록 하였다. 이에 각 단원의 기본 체제를 살펴보면 3차시에 'Let's sing & chant' 활동을 설정하여 활용하고 있다.

노래와 챈트는 재미있는 언어 놀이의 한 유형이라 할 수 있으며 언어 특유의 리듬을 살려서 재미있게 리듬에 맞추어 놀이처럼 발화해 봄으로써 활동 자체에 재미를 느끼고, 중요한 낱말이나 표현을 반복적으로 발화하여 익히는 방법이다. 노래가 멜로디로 학습자에게 흥미를 주는 반면, 챈트는 리듬이란 요소로 학습자에게 다가간다. 5, 6학년의 경우에는 학습의 내용과 학생의 발달 정도 등을 고려하여 매 단원마다 노래와 챈트를 넣지 않고, 학습 내용에 따라 노래 또는 챈트 중 하나만을 학습해도 충분하다.

그 내용을 살펴보면 짧고 간단한 언어 표현을 재미있고 흥미롭게 익힐 수 있도록 하기 위해서 매단원의 핵심적인 낱말이나 표현을 경쾌한 곡조에 따라 노래해 보거나 흥겹게 리듬에 맞추어 발화할 수 있도록 제시하였다. 또, 무의미한 소리나 의성어 등을 삽입하여 흥겨운 분위기로 따라 할 수 있게 하였다.

노래와 챈트를 수준별 쓰기 자료로 활용했을 때 좋은 점은 첫째, 바로 위에서 언급한 바와 같이 '매 단원의 핵심적인 낱말이나 표현을 경쾌한 곡조에 따라 노래해 보거나 흥겹게 리듬에 맞추어 발화할 수 있도록 제시'하였다는 점이다. 둘째, 경쾌한 곡조와 리듬을 사용함으로써 쓰기 활동에 대한 학생들의 부담감을 자연스럽게 줄임으로써 학생들의 쓰기 활동에 적극적으로 참여할 수 있도록 분위기를 유도할 수 있다는 점이다. 셋째, 노래나 챈트의 내용이 주요 표현을 중심으로 반복되기 때문에 여러 번 들을 수 있어 정확하게 받아쓸 수 있게 한다.

쉽게 활용할 수 있는 방안은 노래나 챈트의 일부분을 빈 칸으로 남겨두어 채워 쓰기를 하게 하는데, 이 때 학생 수준에 따라 낱말(기본 수준)이나 문장(심화 수준)

단위로 쓰도록 한다. 또는 기본 수준의 경우, 낱말을 쓰는 활동조차 어려워할 경우, 해당하는 낱말을 순서 없이 '보기'로 제시한 후 골라서 쓸 수 있도록 할 수 있다. 이 활동시 주의할 점은 빈 칸을 집어넣을 때 'Chunk', 즉 '의미 있는 덩어리'를 고려한다면 의미 있는 어휘 학습을 위해 효과적일 수 있다.

〈기본 수준〉

Will you help me, please? (   ) you (   ) me, please?
Sure, sure, sure, sure, sure, of course.

게임 종류	사다리 게임
게임 이름	사다리 타기
적용학년 및 단원	5학년 8단원 Let's go swimming
활용 단계	단원 정리 활동
지도 방법	1. 각기 다른 색깔의 A4종이 3장을 이용하여 계단책을 만든다. 2. 교재 부록으로 실린 해당 단원의 플래시 그림 카드를 오린다.(자료3) 3. 주요 표현을 챈트를 통해 연습한다. 예) Jinho will play baseball this Friday. 4. 가위 바위 보를 이용하여 사다리 탈 사람을 정한다.(자료1) 5. 이긴 사람은 네 가지 그림 중 하나를 골라(아이 그림 위의 빈 칸에 이긴 사람의 이름을 적는다) 사다리를 타고 사다리 타기 한 내용을 문장으로 표현한다. 예를 들어, '진호 - 축구하는 그림 - afternoon'을 골랐다면 'Jinho will play soccer his afternoon'이라고 말하면 1점을 얻는다. 그리고 '축구하는 그림'을 책의 첫 페이지에 붙이고, 자신이 말한 문장을 적는다. 6. 이렇게 해서 책을 먼저 완성하는 사람이 이긴다. 7. 완성된 책을 친구들에게 펼쳐 보여주며 읽어 준다. ☑ 수준별 활동 내용 학습자의 수준에 따라 쓰는 내용을 조정한다. 낮은 수준의 학습자는 자료 2를 참고하여 그림과 관련된 영어 낱말을, 높은 수준은 문장을 적도록 한다.
활동 시간	15분
유의점	이 활동을 통해 '다양한 문장 만들기'를 할 수 있으며 책의 완성도보다는 만드는 과정에서 즐거움을 느낄 수 있도록 한다.

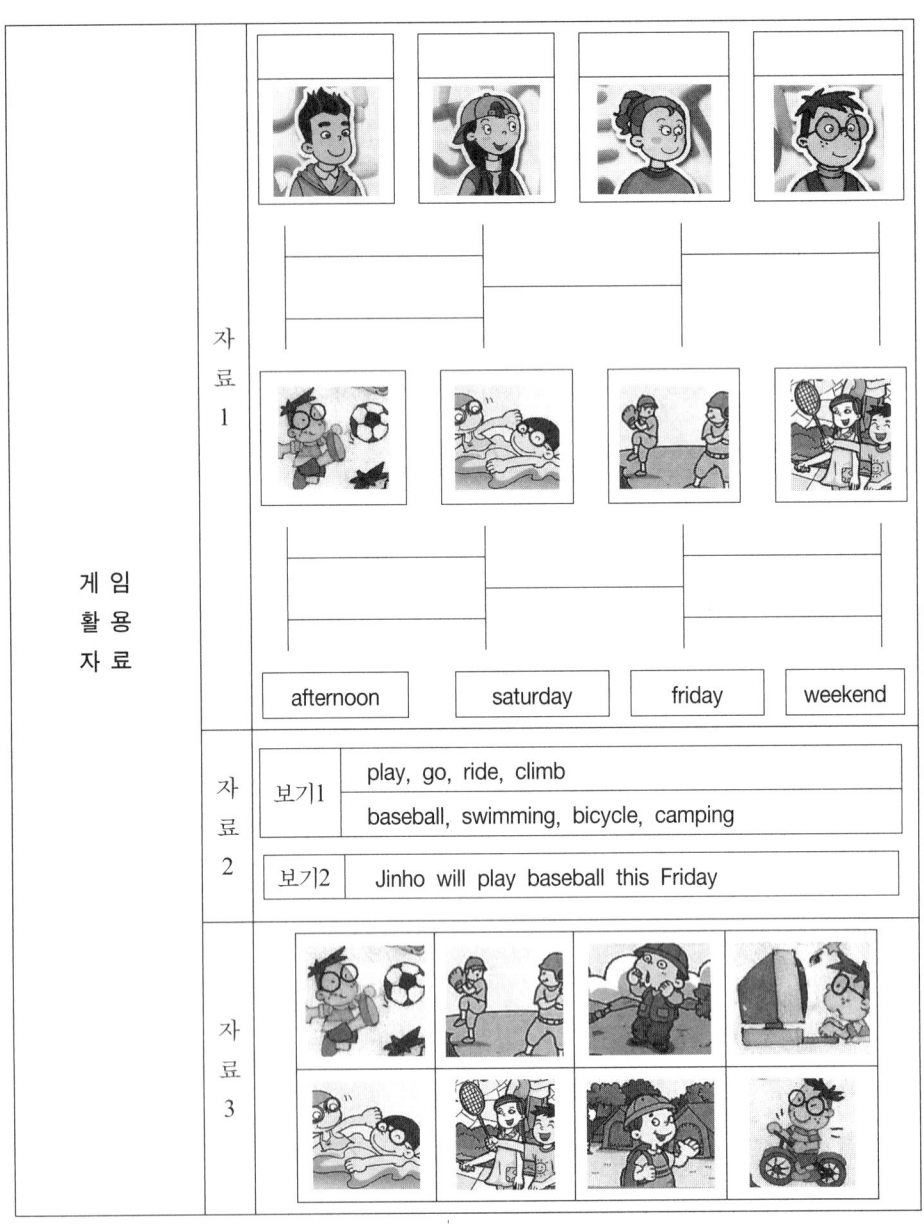

⟨심화 수준⟩

(   ) (   ) (   ) (   ), (   )? (   ) you (   ) me, (   )
Sure, sure, sure, sure, sure, (   )

2) 책 만들기 활동(Making book)

Scott & Ytreberg(1990)는 "아동들은 손, 눈, 귀를 통하여 이해한다."라고 했다. 그들의 주장처럼 아이들은 신체 기관을 이용하는 활동에 쉽게 집중하며 적극적이고 즐거워한다. 책 만들기 활동은 이러한 아이들의 특징을 잘 이용할 수 있다.

최근 다양한 책 만들기 방법이 교실 수업에서 각광받고 있다. 오리고 붙이며 접는 등의 조작 활동에 그림을 그리거나 카드를 붙이는 활동은 단순하면서도 학습자들이 지속적으로 활동할 수 있게 하여 수업의 재미를 유지하기 때문이다.

이러한 책 만들기 활동은 영어 쓰기 지도에 매우 유용하다.

매 단원 학습을 위해 사용한 학습 자료를 버리지 않고 책 만들기에 활용할 수 있어 학습자들의 반복 학습을 도울 수 있기 때문이다. 특히, 학습자의 수준에 따라 융통성 있게 책 내용을 구성하도록 한다면 수준별 쓰기 지도는 그리 어렵지 않게 시도할 수 있다.

3) 그 밖의 활동

위에 제시한 방법 외에 수준별 쓰기 지도에 대한 실제적인 방안을 아래와 같이 소개한다.

[쓰기] — [게임 및 활동방법] — [수준별 학습 전략] — [사다리 타기]

■ 5학년 8. Let's go swimming / 문장을 만들어요 — 게임 자료

게임 종류	Information gap activity
게임 이름	What's in No. 4?
적용학년 및 단원	5학년~6학년
활용 단계	단원 정리 활동
지도 방법	1. Worksheet를 1장씩 나눠 가진 후 자신의 이름을 적는다. 2. 음영으로 표시된 칸은 파트너의 영역이므로 작업하지 않는다. 3. 제시된 어휘 가운데 4개를 임의로 골라 원하는 칸에 적는다. 이 때, 파트너가 Worksheet를 보지 않도록 주의한다. 4. 한 사람씩 차례로 자신의 단어가 어디 있는지를 파트너에게 말한다. 이 때, 사용하는 주요 표현은 "There is hamburger in No.4"로, 어휘를 익히는 데 중점을 둔다. 말하기 활동을 "A학생→A학생→A→A→B학생→B학생→B" 순서보다는 "A학생→B학생→A학생→B학생→A→B…" 순으로 번갈아 하도록 한다. 그래야 말하기에 어려움을 느낄 때 모방을 통해 주요 표현을 익힐 수 있으며 학습자의 부담을 줄일 수 있기 때문이다. ☑ 수준별 활동 내용 　높은 수준의 학습자들은 묻고 대답하는 표현을 사용하도록 한다. 예를 들어 한 사람이 "What's in No. 4?"라고 물으면, 다른 사람은 "There is hamburger in No.4."라고 대답한다.
활동 시간	10분 정도
유의점	이 활동의 목표는 학습한 어휘를 익히는 것으로, 가급적이면 단원의 학습을 마친 후 마무리 활동으로 실시해야 효과적이다. 이 때 같은 단어를 같은 칸에 적었을 경우, '빙고'라고 하여 득점을 더 줌으로써 활동에 적극적으로 참여하도록 유도한다. 또한, 학습 수준이 비슷한 학습자들을 같은 모둠으로 묶어 수준에 맞는 활동을 자연스럽게 할 수 있도록 한다.
게임 활용 자료	<table><tr><td>NAME</td><td>1</td><td>2</td><td>3</td><td>4</td></tr><tr><td></td><td>5</td><td>6</td><td>7</td><td>8</td></tr></table> <table><tr><td>NAME</td><td>1</td><td>2</td><td>3</td><td>4</td></tr><tr><td></td><td>5</td><td>6</td><td>7</td><td>8</td></tr></table> <table><tr><td>Hamburger</td><td>sandwich</td><td>candy</td><td>ice cream</td></tr><tr><td>pizza</td><td>spaghetti</td><td>noodle</td><td>orange</td></tr><tr><td>apple</td><td>pear</td><td>melon</td><td>kiwi</td></tr></table>

[쓰기] - [게임 및 활동방법] - [수준별 학습 전략] - [빈 칸 채우기]

■ 5학년 1. How Are You? / 단어를 써 보아요 - 게임 자료

(A) MY NAME	1	2	3	4
	5	6	7	8

Hamburger	sandwich	candy	ice cream
pizza	spaghetti	noodle	orange
apple	pear	melon	kiwi

- - - - - - - - - - - - - - - - 자르는 선 - - - - - - - - - - - - - - - -

(B) MY NAME	1	2	3	4
	5	6	7	8

Hamburger	sandwich	candy	ice cream
pizza	spaghetti	noodle	orange
apple	pear	melon	kiwi

[쓰기] – [게임 및 활동방법] – [수준별 학습 전략] – [문장 만들기]

게임 종류	단어 퍼즐
게임 이름	Making a sentence
적용학년 및 단원	5학년~6학년
활용 단계	단원 정리 활동

지도 방법	1. 단어 카드를 1장씩 나눠 가진 후 자신의 이름을 적는다.
	2. 음영으로 표시된 칸은 짝의 영역이므로 그대로 놓아둔다.
	3. 교사가 알려주는 낱말들을 학생들은 임의의 ○안에 적는다.
	  예) desk, my, your, his, pencil, book, her…
	4. 학생들은 제시된 낱말의 의미를 살펴 여러 개의 낱말을 골라 구나 문장을 완성한 후 적는다.
	  예) my desk, his pencil …(낮은 수준)
	    This is my pencil, That is her desk…(높은 수준)
	
	☑ 수준별 활동 내용
	1. 수준별 활동 중점은 어휘 제시 방법으로 낮은 수준의 학습자들에게는 칠판이나 TV를 이용하여 단어를 제시하여 보고 쓰도록 한다. 또, 높은 수준의 학생들은 교사가 불러주는 낱말을 받아쓰게 하며, 어휘는 단원에서 이미 학습한 범위로 제한하여 어휘를 복습할 수 있도록 한다.
	2. 학습자의 수준에 따라 서로 다른 Task를 제시하여 구를 만들거나 문장을 만들도록 한다. 예를 들어 낮은 수준의 학생은 구를, 높은 수준의 학생은 문장을 만들도록 한다.

활동 시간	10분 정도
유의점	이 활동 목표는 '단어의 의미를 익혀 뜻이 통하게 구 또는 문장 만들기' 이며, 시간 제한을 주어 긴장감을 유발하여 집중하도록 하면 활동에 흥미를 유발할 수 있다. 예를 들어, 일정한 시간 안에 구나 문장을 많이 만들어 내도록 경쟁심을 자극한다.
게임 활용 자료	○ ○ ○ ○ 1. 2. 3. 4.

게임 종류	Making a sentence
게임 이름	Making a sentence
적용학년 및 단원	5학년 1학기~6학년 2학기
활용 단계	단원 정리 활동
지도 방법	1. 단원에서 학습한 단어와 관련 있는 그림을 제시하고 관련된 주요 표현을 영어로 쓴다. 2. 영어 표현이 정확한지 검토한다. ☑ **수준별 활동 내용** 이 때 학생 스스로 자신의 수준을 진단하여 제시된 단어를 하나 또는 여러 개를 골라 문장을 만들게 함으로써 수준별 쓰기 지도를 한다.
활동 시간	10분 정도
유의점	이 활동 목표는 그림과 함께 제시된 단어를 이용하여 '문장을 만들어 보기'이며, 교과서와 관련된 그림이나 학생들이 보거나 들은 경험이 있는 그림 자료를 제시하여 학생들이 쓰기 활동에 대해 부담을 느끼지 않도록 하며 '예시 문장'을 제시하여 교사가 요구하는 문장을 만들 수 있도록 적극적으로 도와준다.
게임 활용 자료	※ 다음 그림을 잘 보고, <u>**제시된 단어**</u>를 하나 또는 여러 개를 넣어서 문장을 완성해 봅시다.(1~6) ① My bag/yours　② My hair / yours　③ My father / I ④ I / you　⑤ My uncle / I　⑥ I / my brother 1. _____ 2. _____

■ 5학년 1. How Are You? / 구나 문장을 만들어요 — 게임 자료

1		
2		
3		
4		
5		
6		
7		
8		
9		
10		

[쓰기] − [게임 및 활동방법] − [수준별 학습 전략] − [문장 만들기]

■ 5학년 1. How Are You? / 문장을 만들어요 − 활동 자료

※ 다음 그림을 잘 보고, **제시된 단어**를 하나 또는 여러 개를 넣어서 문장을 완성해 봅시다.(1~5)

| ①  My bag / yours | ②  My hair / yours | ③  My father / I |
| ④  I / you | ⑤  My uncle / I | ⑥  I / my brother |

1. _____

2. _____

3. _____

4. _____

5. _____

[쓰기] - [게임 및 활동방법] - [수준별 학습 전략] - [사다리 타기]

게임 종류	사다리 타기
게임 이름	짝 지어 말하고 쓰기
적용 학년 및 단원	5학년~6학년
활용 단계	단원 정리 활동
지도 방법	1. 2인 1조가 되어 가족 구성원을 나타내는 말을 영어로 적는다. 2. 장소를 나타내는 말을 영어로 적는다. 3. 사다리를 타고 내려가 가족 구성원을 나타내는 영어 단어와 장소를 나타내는 말을 묶는다. ex) Father - bedroom 4. 관련된 두 낱말을 보고 묻고 대답한다. 　ex) Q : Where is your father? / A : My father is in the bedroom 5. 대답한 내용을 영어로 학습지에 적는다. ☑ 수준별 활동 내용 학습지에 그려진 사다리 위 칸에 가족구성원을, 사다리 아래 칸에는 장소 이름을 영어로 써 넣고 짝지어진 단어를 함께 묶어 쓴 다음 학생 수준에 따라 영어로 말해 보거나(beginner-level) 쓰도록 (Upper-level)하며 영어 단어를 듣고 쓰는 것이 어려운 학생에게는 교사가 단어를 직접 칠판에 써서 제시한다.
활동 시간	15분
유의점	이 활동의 목표는 '사다리 타기를 이용하여 특정범주의 단어를 익히는' 활동으로 가족이나 친구, 유명한 연예인을 등장시키면 학생들의 흥미를 높일 수 있다. [가족] father, mother, grandfather… / [장소1] bedroom, kitchcn, livingroom… [장소2] bank, park, zoo, hospital…
게임 활용 자료	자료 1
	자료 2 1. ＿＿＿＿＿＿＿＿＿＿＿＿＿＿＿＿＿＿＿＿＿＿＿＿ 2. ＿＿＿＿＿＿＿＿＿＿＿＿＿＿＿＿＿＿＿＿＿＿＿＿

■ 5학년 1. How Are You? / 문장을 만들어요 — 게임 자료

자료 1

자료 2

1. _____
2. _____
3. _____
4. _____
5. _____

[쓰기] - [게임 및 활동방법] - [수준별 학습 전략] - [빈 칸 채우기]

게임 종류	빈 칸 채우기
게임 이름	문장 바로 잡기
적용 학년 및 단원	5학년~6학년
활용 단계	단원 정리 활동
지도 방법	1. 칠판에 적힌 단어를 자신의 학습지에 적는다. 　　ex) doll, whose, this, is 2. 단어들을 어순에 맞게 만든다. 3. 빈 칸에 올바른 문장을 적고 2인 1조가 되어 소리 내어 읽는다. 　　ex) Whose doll is this? ☑ 수준별 활동 내용 높은 수준의 학생은 불러주는 문장을 받아쓰게 하고 짝에게 문장을 소리 내어 읽어 주게 한다.
활동 시간	15분
유의점	이 활동 목표는 '뜻이 통하도록 단어의 어순 정하기'로서 학습 수준이 비슷한 학습자들을 한 팀으로 조직한다.
게임 활용 자료	1. _____ 2. _____ 3. _____ 4. _____ 5. _____ 6. _____

■ 5학년 1. How Are You? / 구나 문장을 만들어 봐요 - 활동 자료

1.

2.

3.

4.

5.

6.

7.

8.

9.

10.

[쓰기] - [게임 및 활동방법] - [수준별 학습 전략] - [책 만들기]

게임 종류	책 만들기
게임 이름	책 만들기
적용 학년 및 단원	6학년 3단원 I like apples
활용 단계	단원 정리 활동
지도 방법	1. 도화지의 한쪽 끝을 대각선으로 접는다. 2. 접은 채 남은 부분을 가위로 잘라 내면 정사각형 모양이 된다. 3. 다시 반대쪽도 대각선으로 접으면 x자가 생긴다. 4. x자의 한쪽 끝에서 가운데까지 가위로 자른다. 5. 두 면엔 그림을, 한 면엔 글을 쓰고 자른 부분을 겹쳐 삼각형 모양으로 세운다. 6. 미리 교사가 배부한 계절과 관련된 그림이나 문장을 오려낸다. 　예) I like winter / It's cold / We make a snowman. 7. 오린 것을 만든 책에 붙인다. ☑ 수준별 활동 내용 학생 수준이 높은 경우에는 직접 그림을 그리고 그림에 알맞은 문장을 쓰도록 한다. ex) I like spring - flower & butterfly etc.
활동 시간	15분
유의점	이 활동 목표는 '배운 표현을 이용하여 책 만들기'이며, 책 만들기 전에 카드를 보고 계절을 표현하는 동작을 보고 계절과 알맞은 표현을 알아맞히는 '흉내 내기 놀이'를 통해 표현에 익숙하게 한다.
게임 활용 자료	

[쓰기] – [게임 및 활동방법] – [수준별 학습 전략] – [행운의 주사위 놀이]

게임 종류	주사위 놀이
게임 이름	행운의 주사위 놀이
적용 학년 및 단원	5학년 8단원 Let's go swimming
활용 단계	단원 정리 활동

지도 방법	1. 4인 1조가 되어 가위·바위·보를 한다. 이 때, 이긴 사람은 리더가 되어 카드를 한 장 고른 후 적힌 단어를 큰 소리로 읽는다.
	  예) Piano, tennis, violin, swimming…
	2. 다른 사람들은 잘 듣고 자신의 카드 중에서 알맞은 카드를 골라 학습지에 붙인다.
	3. 카드를 다 붙인 것을 확인한 후, 단어 철자를 말한다.
	  ex) Swimming, S-W-I-M-M-I-N-G
	4. 철자를 정확하게 쓴 사람은 주사위를 던져 주사위 수에 따라 자신의 점수를 정한다.
	5. 가장 높은 점수를 얻은 사람이 다음 리더가 되어 활동을 되풀이한다.
	☑ **수준별 활동 내용**
	교과서의 review 부분을 이용하여 단원 평가를 실시한 후 학생 수준에 따라 낱말카드를 붙이게 하거나 (기본) 직접 쓰게 한다.(심화)

활동 시간	15분
유의점	이 활동 목표는 '단어 듣고 카드를 고르거나 적어 보기'로서 시간 제한을 두어 활동에 긴장감을 유발하여 흥미를 갖도록 한다.

게임 활용 자료	자료 1: 1. 친구가 불러 주는 낱말의 철자를 써 봅시다.
	  1. _____
	  2. _____
	
	자료 2: 2. 주사위를 던져 나온 점수를 기록해 봅시다.
	| 횟수
		1	2	3	4	5 |
						| 점수 | | | | | |
						
						자료 3:
						| Piano
							Tennis	Violin

Shopping	Hiking	Camping
Fishing	Swimming	Skating	

■ 5학년 8. Let's go swimming / 단어를 써 봐요 — 게임 자료

자료 1

1. 친구가 불러 주는 낱말의 철자를 써 봅시다.

   1. _____
   2. _____
   3. _____
   4. _____
   5. _____
   6. _____
   7. _____
   8. _____
   9. _____
   10. _____

자료 2

2. 주사위를 던져 나온 점수를 기록해 봅시다.

횟수	1	2	3	4	5
점수					

자료 3

Piano	Tennis	Violin
Shopping	Hiking	Camping
Fishing	Swimming	Skating

[쓰기] — [게임 및 활동방법] — [수준별 학습 전략] — [Focus and forms]

게임 종류	Focus and forms
게임 이름	학습지를 이용한 문형 익히기
적용 학년 및 단원	3학년~6학년
활용 단계	단원 정리 활동
지도 방법	1. be동사를 배운 후에 그 용법을 익히기 위한 활동으로 수준에 따라 다른 학습지를 풀면서 be 동사가 사용되는 상황을 익힌다. ☑ 수준별 활동 내용 교과서의 review 부분을 이용하여 단원 평가를 실시한 후 학생 수준에 따라 Task 1(낮은 수준) → Task 2 → Task 3(높은 수준)으로 구분된다.
활동 시간	15분
유의점	이 활동의 목표는 '영어 문장의 어순을 고려하여 문장 만들기'로서, 학습 수준에 따라 각기 다른 학습지를 나눠주고 활동 내용을 잘 이해하도록 한다.
게임 활용 자료	[Task 1] 보기와 같이 뜻이 통하도록 문장을 만들어 보세요. I / am / Subin Korean a student 13years old 보기) I am Subin. 1. _____ 2. _____ 3. _____ [Task 2] 그림 힌트로 Mr. Brown에 관한 글을 완성해 봅시다. Mr. Brown • His name _____ Mr. Brown. • His favorite color _____ _____. • His favorite sport _____ _____. [Task 3] I'm, He's, She's, is, are를 사용하여 빈 칸을 채우시오. Dear Mom, 　Hello. _____ in Toronto now. _____ with my friend Helen. _____ from Canada. _____ 14 years old. _____ a nice girl and _____ a smart student. Her hair _____ long and brown. Her eyes _____ blue. They _____ very pretty. _____ tall. 　　　　　　　　　　　　　　　　　　　　　　Love, Sujin

■ 5학년 1. How Are You? / 문장을 만들어요 — 활동 자료

[활동 1] 보기와 같이 뜻이 통하도록 문장을 만들어 보세요.

I ➡ am ➡ Subin Korean a student 13years old

보기) I am Su-bin.

1. _____
2. _____
3. _____

[활동 2] 그림 힌트로 Mr. Brown에 관한 글을 완성해 봅시다.

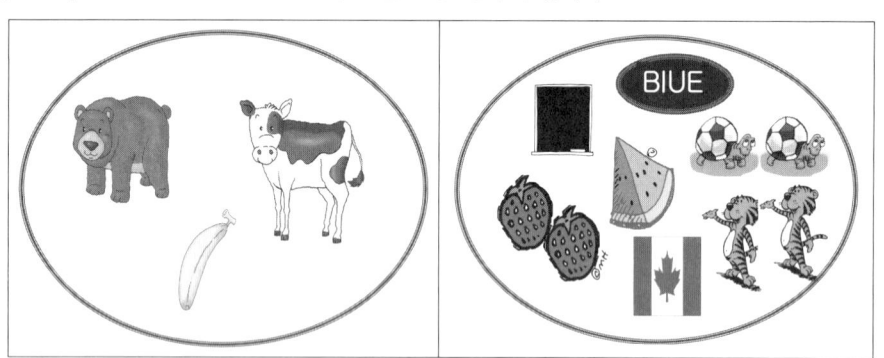

　Mr. Brown
• His name _____ Mr. Brown.
• His favorite color ____ _____.
• His favorite sport ____ _____.
• His favorite animals ____ _____ and _____.
• His favorite fruits ____ _____ and _____.

■ 5학년 1. How Are You? / 편지를 써요 — 활동 자료

[활동 3] I'm, He's, She's, is, are를 사용하여 빈 칸을 채우시오.

October 5

Dear Mom,

 Hello. _____ in Toronto now. _____ with my friend Helen. _____ from Canada. _____ 14 years old. _____ a nice girl and _____ a smart student. Her hair _____ long and brown. Her eyes _____ blue. They _____ very pretty. _____ tall.

 Helen's mom _____ a great cook. All the food _____ delicious. _____ also very kind and nice.

Love, (   )

참고문헌

고의순. (2004). 초등 영어교육에 있어서 쓰기지도에 관한 연구 : 초등학교 6학년을 중심으로. 미출간 석사학위논문. 인하대학교, 인천.
고충희. (2001). 활동 중심의 영어 노래 챈트 지도에 관한 연구. 미출간 석사학위논문. 제주대학교, 제주.
교육과학기술부. (2008). 제 7차 초등학교 교육과정 해설(V). 서울: 대한교과서.
교육과학기술부. (2008). 초등학교 교육과정 해설(V) 체육, 음악, 미술, 외국어(영어): 대한교과서주식회사.
교육인적자원부. (2004a). 초등학교 5학년 영어 교사용 지도서. 서울: 대한교과서.
교육인적자원부. (2004b). 초등학교 6학년 영어 교사용 지도서. 서울: 대한교과서.
권현자. (2006). 영어 쓰기 수업모형에 관한 연구. 미출간 석사학위논문. 중앙대학교, 서울.
김미영. (2008). 영어 만화를 활용한 교수·학습활동이 어휘 및 쓰기 능력에 미치는 영향 –초등학교 4학년을 중심으로. 미출간 석사학위논문. 중앙대학교, 서울.
김복현. (2000). 수준별 과제 제시를 통한 자기 주도적 영어 의사소통 능력 신장 방안. 미출간 석사학위논문. 서울교육대학교 교육대학원, 서울.
김성헌, 김인철. (2003). 영어수행평가의 의의와 관계. 영어교육연구, 26, 71-88.
김애영. (1998). 상호 협력활동을 통한 과정 및 임무 중심의 영어 쓰기 지도. 미출간박사학위논문. 대전대학교, 대전.
김영헌. (2002). 초등학교 영어과 보충·심화형 수준별 수업 지도 방안과 실제. 초등영어교육, 8(2), 63-96.
김유정. (2007). 초등학교 6학년 영어 수준별 쓰기 지도 방안에 관한 연구. 미출간 석사학위논문. 공주대학교, 충남.
김재혁. (1998). 초등영어 문자교육의 방향과 방법. 초등영어교육, 4(2), 49-71.
김정렬. (2001). 영어과 교수–학습 방법론. 서울: 한국문화사.
김정렬. (2000). 내용, 방법 및 매체를 중심으로 본 21C 영어 교육. 서울: 홍릉과학 출판사.

김정렬. (2003). *초등영어 학습 과제의 설계와 활용*. 서울: 한국문화사.

김정렬, 황지영. (2006). 다독프로그램을 적용한 초등학교 영어 클럽활동반 운영 방안. *영어교육연구, 18*(2), 243-270.

김종환. (2001). *게임과 놀이를 통한 초등학교 영어 쓰기 지도에 관한 연구*. 미출간 석사학위논문. 한국교원대학교, 충북.

김중식. (1994). *초등학교 영어 교육에 있어서 쓰기 지도 도입 및 도입에 관한 연구*. 미출간 석사학위논문. 한국교원대학교 교육대학원, 충북.

김진철, 고경석, 박약우, 이재희, 김혜련. (1998). *초등영어 교수법*. 서울: 학문출판사.

김진철, 이완기, 정용주, 신재철, 조경숙, 나기영, 고경석, 부경순, 김광수, 김영민. (2000). *초등영어지도법*. 서울: 문진미디어.

김혜영. (2000). *초등학교 영어 입문기 쓰기 지도에 관한 연구*. 미출간 석사학위 논문. 한국교원대학교 교육대학원, 충북.

민찬규. (2004). 영어 교육과 쓰기 교육. *영어교육, 48*, 171-187.

박선미. (2001). *영어 기능에 근거한 학생중심 수준별 학습지도 방안에 관한 연구*. 미출간 석사학위논문. 한국교원대학교 교육대학원, 충북.

박주윤. (2007). 만들기와 그리기 활동이 초등학교 4학년 아동의 영어 성취도와 정의적 영역에 미치는 영향. 진주교육대학교 교육대학원, 경남.

박희진. (2004). *효율적인 영어쓰기 지도연구*. 미출간 석사학위논문. 홍익대학교, 서울.

배두본. (1990). *영어교육학*. 서울: 한신문화사.

배두본. (1997). 제7차 영어과 교육과정 개발의 방향. *부산영어교육, 7*(1), 3-28.

배두본. (1997). *초등학교 영어교육*. 서울: 한국문화사.

배두본. (1999). *초등 영어 교육: 이론과 적용*. 서울: 한국문화사.

배두본. (2002). *영어교육학 총론*. 서울: 한국문화사.

송명석. (2001). *영어 쓰기 학습 과정 단계별 전략에 근거한 쓰기 능력 평가 모형*. 미출간 박사학위논문. 전북대학교교육대학원, 전북.

신규철. (2000). *자발적 다독법을 통한 통합적 읽기 교육연구*. 미출간 박사학위논문. 고려대학교, 서울.

오정인. (2001). *심화・보충형 수준별 학습 활동을 통한 초등학교 영어 쓰기 지도에 관한 연구*. 미출간 석사학위논문. 한국교원대학교 교육대학원, 충북.

오지현. (2008). *그림일기를 활용한 영어 쓰기 학습 효과에 관한 연구*. 미출간 석사학위논문.

한국교원대학교, 충북.

유원경. (2006). 영어 만화 활용 학습이 초등학생의 읽기·쓰기 능력 및 정의적 영역에 미치는 영향. 미출간 석사 학위 논문. 한국외국어대학교, 서울.

윤영벌. (1998). 중등학교 영어과 열린 수업의 모형 개발에 관한 연구. *한국외국어교육학회*. 5(1). 49-81.

유영주. (2005). 게임 활동을 통한 영어 쓰기 지도가 초등학교 5학년 어린이의 쓰기 성취도 및 정의적 특성에 미치는 영향. 미출간 석사학위 논문, 중앙대학교, 서울.

윤천의. (1996). 쓰기 지도의 효율적인 방안. 미출간 석사학위 논문, 충남대학교, 충남.

이동욱. (2007). 초등학교 영어 교과서 그림 학습 자료를 이용한 영어 쓰기 능력 향상 방안. 미출간 석사학위논문. 한국교원대학교, 충북.

이영숙. (2005). 능력 중심 언어 교수법을 적용한 중학교 영어 쓰기 지도 방안. 미출간 석사학위논문. 한국교원대학교 교육대학원, 충북.

이완기. (1996). *초등영어교육론*. 서울: 문진당.

이완기, 정용주, 신재철, 조경숙, 김재혁, 나기연, 고경석, 부경순, 김광수, 김영민. (1999). *초등영어 지도법*. 서울: 문진미디어.

이완기. (2001). *초등영어 게임 101*. 서울: 문진미디어.

이우경. (1997). *어린이 영어 교육*. 서울: 홍익 미디어.

이재승. (1999). *과정 중심의 쓰기 교재 구성에 관한 연구*. 미출간 박사학위논문, 한국교원대학교 대학원, 충북.

임병빈. (1994). *영어독해력 교수학습*. 서울: 한신문화사.

임승권. (1988). *精神衛生: 인간발달과 행동이해*. 서울: 良書院.

전은구. (2007). 스토리텔링을 통한 초등영어 의사소통력 향상에 관한 연구. 미출간 석사학위논문. 원광대학교, 전북.

정동빈. (1999). *조기 영어 교육론*. 서울: 한국 문화사.

정미정. (2004). *초등학교 6학년 영어 수준별 과제 활용을 통한 쓰기 학습의 효과*. 미출간 석사학위논문. 한국교원대학교 교육대학원, 충북.

정아름. (2006). *의사소통 능력향상을 위한 챈트와 노래의 활용 방안*. 미출간 석사학위논문. 대구대학교, 경북.

정향란. (2007). *단계별 다독 프로그램 활용을 통한 초등영어 능력 신장에 관한 연구: 4학년을 중심으로*. 미출간 석사학위논문, 연세대학교, 서울.

정행. (1995). Whole language Teachers' Roles in Elementary. *어학교육, 24*(1).
조영주. (2007). *단계형 영어 쓰기 지도 모형의 개발과 적용 효과*. 미출간 석사학위논문. 광주교육대학교, 광주.
주양돈. (1993). 영어의 듣기와 읽기를 위한 수업모델 개발. *대전전문대학교 논문집 19.*
채종옥. (1995). *동화책 읽어주기 접근법에 따른 유아의 반응에 관한 연구*. 미출간 박사학위논문. 이화여자대학교, 서울.
최명자. (2005). *초등학생을 위한 유도 과정 중심 쓰기 프로그램 개발 및 적용에 관한 연구*. 덕성여자대학교, 서울.
최연희. (1999). *영어과 교육론(이론과 실제)*. 서울: 한국 문화사.
한국교육과정평가원. (2009). *초등영어 단원별 활동 자료*. 월드와이드웹: http://classroom.re.kr에서 2009년 7월 10일 검색했음.
한국교육방송공사. (2009). *디지털영어교재 Level 3*. 월드와이드웹: http://www.ebse.co.kr에서 2009년 6월 29일 검색했음.
허미숙. (1998). *영어 쓰기 지도에 관한 연구*. 미출간 석사학위 논문, 군산대학교전북.
황지영. (2006). *다독 프로그램을 적용한 초등학교 영어 클럽활동반 운영 방안*. 미출간 석사학위논문. 한국교원대학교, 충북.
황종배. (2003). *영어교수법*. 서울: 한국방송통신대학교출판부.

Adams, M. (1990). Beginning to read: Thinking and learning about print. Cambridge, Massachusetts: MIT Press.
Brinton, J. E., & Danielson, W. A. (1958). A factor analysis of language elements affecting readability. *Journalism Quarterly, 35*, 420-26.
Brown, K., & Hood, S. (1989). *Writing Matters. Cambridge* : Cambridge University Press
Brown, H. D. (2006). *Principle of language learning and teaching(5th ed.)*, New York: Addison Wesley Longman.
Byrne, D. (1983). *Teaching writing skills*. London: Longman.
Cambourne. B. (1979). *Read and retell: A strategy for the whole language/natural learning classroom*. London: Heinemann.
Carrell, P. L. (1998). SLA and Classroom instruction in reading annual review. *Applied Linguistics, 9*, 223-242.

Chaistain, K. (1978). *Develope Second Language Skills : Theory to Practice*. Chicago: Rand Mcnally College Publishing Co.

Changer, J., & Harrison, A. (1992). *Storytelling Activities Kit*. New York :Harcourt BraceJovanovich, Inc.

Dechant, E., & Smith, H. (1977). Psychology in teaching reading. New Jersey: Prentice-Hall.

Eledredge, J. L. (1998). *Phonics for Teachers*. New Jersey: Prentice Hall.

Elley, W. B. (1991). Acquiring literacy in a second language: The effect of book-based programs. *Language Learning, 41*(3), 375-411.

Farr, R., & Roser, N. (1979). *Teaching a child to read*. New York: Harcourt Brace Jovanovich.

Gebhard, J. G. (1996). *Teaching English as a foreign of second language: A teacher self development and methodology guide*. Ann Arbor: University of Michigan Press.

Gray, W. S., & Leary, B. A. (1935). *What makes a book readable : An initial study*. Chicago: The University of Chicago Press.

Hadley, (2001). *Teaching Language in Context*. NY: Heinle & Heinle.

Halliwell, S. (1992). *Teaching English in the primary classroom*. England: Longman.

Hill, D. R. (1992). *The EPER guide to organizing programmes of extensive reading. Edinburgh:* Institute for Applied Language Studies, University of Edinburgh.

Hoff, E. (2005). *Language development (3rd ed.)*, Belmont, CA: Thomson Wadsworth.

Holdaway. (1979). *The foundation of literacy*. Sydney, Australia: Ashton Scholastic, distributed by Heinemann, Portsmouth, NH.

Jolly, S. (1975). The Use of the Songs in Teaching Foreign Language. Modern *Language Journals, 59*, 45.

Karlin, R. (1980). *Teaching elementary reading*. New York: Harcourt Brace Jovanovich.

Klare, G. R. (1963). *The measurement of readability*. Ames, IA: Iowa State University Press.

Kleinmann, H., & selekman, H. (1980). The dicto-comp revisited. *Foreign language annal, 13*, 379-383.

Krashen, S. (1982). *Principles and practice in second language acquisition*. Upper Saddle

River, New Jersey: Prentice Hall.

Krashen, S. (1993). *The power of reading*: Insights from the research. Englewood: Libraries Unlimited.

Lado, R. (1964). *Language teaching*. New York, NY: Mcgraw-Hill. Inc.

Larsen-Freeman, D., & Long, M. (1991). *A introduction to second language acquisition research*. New York, NY: Longman.

Mackey, S. (1985). *Teaching grammar*: Form, function, and technique. Pergamon: Prentice-Hall Inc.

McCallum(1996). *101 word games*. Oxford : Oxford University Press.

McGirt, L. (1984). *The Effect of Morphological & Syntactic error on the Hollistic Scores of Native and Non-native Compositions*. Unpublished Master thesis. UCLA.

Nuttall, C. (1996). *Teaching reading skills in a foreign language*. Oxford: Heinemann.

Park, Nahm-Shiek. (1979). *Variables in sentential readability with special reference to EFL/ESL for Korean learners*. Doctoral dissertation. University of Georgetown, Washington.

Petty, W. T., & Jenson, T. M. (1980). *Developing Children Language*. Allyn & Bacon, Inc.

Richard, R. D., & Julian, B. (1998). *Extensive reading in the second language classroom*. NY: Cambridge University Press.

Rivers, W. M. (1981). *Teaching foreign-language skills (2nd ed)*. Chicago: The University of Chicago Press.

Robert, C. A. (1971). *Approaches to beginning reading*. New York: John Wiley & Sons.

Rosszell, R. (2000). How are graded readers best used? from the World Wide Web: http://www.extensivereading.net/er/rosszell.html.

Schmidt, K. (1996). Extensive reading in English: Rationale and possibilities for a program at Shirayuri Gakuen. *Sendai Shirayuri Gakuen Journal of General Research, 24*(2), 81-92.

Scott, W. A., & Ytreberg, L. H. (1990). *Teaching English to children*. NewYork, NY: Longman.

Skehan, P. (1989). *Individual differences in second language learning*. New York:

Edward Arnold.

Smith, F. (1994). *Understanding reading*. New Jersey: Lawrence Erlbaum Associates.

Soh, Yoon-Hee. (1995). Writing communicatively. *English tecahing*, 50(4), 97-116.

Stanovich, K. E. (1980). Toward an interactive-compensatory model of individual differences in the development of reading fluency. *Reading Research Quarterly, 15*, 32-71.

Stauffer, R. G. (1976). *Teaching reading as a thinking process*. New York: Harper & Row.

Stolurow, L. M., & Newman, J. R. (1959). A factorial analysis of objectives features of printed language presumably related to reading to reading difficulty. *Journal of Educational Research, 52*, 243-251.

Trelease, J. (1982). *The read-aloud handbook*. New York: Penguin Books.

Wallace, C. (1992). *Reading*. Oxford: Oxford University Press.

Waring, R. (1997). Graded and extensive reading - questions and answers. from the World Wide Web: http://www.jalt-publications.org/tlt/files/97/may/waring.html

West, M. (1936). *The new method readers for teaching English reading to foreign children: Reader IV*. London: Longman, Green.

Yaden, D. (1988). Understanding stories through repeated read-alouds: How many does it take? *The reading teacher, 41*(6), 556-560.

Zamel, V. (1982). Writing: The Process of Discovering Meaning. *TESOL Quarterly, 16*.

찾아보기

ㄱ

가로세로 퍼즐(crossword puzzle) ·· 210
가르치기 전/준비 단계(Preteaching/Preparation Stage) ················ 67
가정(What would you do if....) 게임 ·· 212
간결성(short) ··· 46
같은 소리를 가진 단어 찾기 ··· 102
같은 책 다시 읽기(Reading the same material) ······························ 49
개구리 팔 부분이 움직이는 원판 ·· 126
개념 지도 그리기 ··· 94
초등 영어 읽기 영역 성취 기준 ·· 28
초등영어 읽기 지도 ·· 27
게임을 통한 쓰기 지도 ·· 207
계획표 작성하고 쓰기 ·· 258
고급 독해기 ··· 76
교사가 읽기(Teacher Reading) ··· 31
교사가 책 읽어주기 ·· 48
교사의 설명을 통한 역할놀이 ··· 249
쓰기 지도 단계 ··· 200
교재를 이용한 역할놀이 ·· 249
구멍 난 퍼즐 ·· 148
그림 보고 설명하기 ·· 264
그림 보며 예상하기 ·· 106
그림 색칠하기 ··· 114
그림 순서대로 놓기 ·· 158
그림 자료 이용하기 ·· 240
그림 직소 읽기(Picture jigsaw reading) ······································· 38
그림과 사전을 이용한 역할놀이 ·· 249
그림과 알파벳 짝 찾기 ·· 105

그림에 맞는 문장 완성하기 ·· 264
그림을 보고 글 완성하기 ·· 265
그림을 활용한 쓰기지도 ·· 190
그림일기를 이용한 쓰기지도 ·· 192
그림책 만들기 ··· 235
극화하여 낭독하기 ·· 38
기억 게임(memory game) ·· 210
기억하여 쓰기 ·· 253, 257
기초 기능기 ··· 76
기초 독해기 ··· 76

ㄴ

나만의 사전 ·· 144
낱말 및 그림 카드 문장 만들기 ································ 258
낱말 찾아 쓰기 ··· 263
낱말 퍼즐 ··· 264
내 단어에 동그라미 ·· 154
내용 알아보기 ·································· 135, 155
노래 포스터 만들기 ·· 233
노래를 활용한 영어교육의 효과 ································ 230
노래와 스토리텔링을 이용한 쓰기 활동 수업안 ········· 237
노래와 챈트 ·· 266
노래와 챈트를 활용한 쓰기 지도 ······························ 230
농장 안에서 ·· 146
누구일까? ··· 141
눈 깜짝 할 사이 ··· 150

ㄷ

다독(extensive reading)을 통한 읽기 지도 ················ 42
다독의 개념 및 필요성 ··· 42
다시 써보기(reproduction) ·· 185
다시 이야기하기(Retelling) ·· 92
다양성(varied) ·· 46

단계별 읽기 자료(gradedreaders) ·· 78
단계별 읽기 지도(Reading instruction for graded reading) ········· 73
단계별 읽기를 위한 이독성(readability)의 진단 ······················ 80
단어 결합하기(Building words activities) ································ 211
단어 배열하기 ·· 55
단어 인식 단계(word identification) ··· 17
단어 찾기 활동 ·· 225
단어의 소리 ·· 145
담화수준의 분석 단계(discourse-level analysis) ····················· 18
도미노 ·· 149
독립 독서기 ·· 77
독서 능력 발달 단계 ·· 74
독서 맹아기 ·· 74
독서 입문기 ·· 75
독서 전략기 ·· 77
READ TEST ··· 86

ㄹ

렉사일(Lexile) 지수 ·· 82
리드(Read) 지수 ·· 85
Rivers의 쓰기 지도 단계 모형 ·· 199

ㅁ

my bag ·· 128
마임(Mime)을 통한 쓰기 ·· 256
마임(miming) ··· 210
만들기를 통한 쓰기 지도 ·· 238
만화나 이야기의 말 주머니 채워 쓰기 ······································· 264
만화를 활용한 쓰기 지도 ·· 191
말판 놀이 ·· 110
말풍선 역할놀이 ·· 131
매력도(appealing) ·· 46
멀티미디어 활용 ·· 135

메모리 게임	59
모형 배치하기	61
~한 적이 있니?	139
무엇이 사라졌을까?	159
문단 수준의 쓰기 게임	212
문법 게임을 겸용한 퍼즐 쓰기	259
문자 인식 단계(letter recognition)	16
문자의 짝 찾아 쓰기	264
문장 만들기	273, 276
문장 배열하기	56
문장 요소	82
문장 이어쓰기(sentence relay)	212
문장 짝 찾기	55
문장과 그림 연결하기	57
문장의 순서에 맞게 쓰기	264
미니 북(Mini Book) 만들기	132

ㅂ

반복해서 읽기(Repeated timed reading)	49
받아쓰기(dictation) 게임	209
베껴 쓰기(copying)	185
보물찾기 놀이(treasure hunt)	211
보충 단계 읽기 활동	55
보충 학습 활동	263
빈칸 메우기	234
빈칸 채우기	251
빙고 게임(bingo game)	209
빙고 또는 게임을 활용한 쓰기	260
빙고판 만들기	245
빨리 잡기 놀이	151
빨리 집기 게임	109

ㅅ

사다리 타기 ····· 270, 277
사람 카드 이용하기 ····· 247
3단계 : 문장 쓰기 지도 ····· 188
상자 만들기 ····· 133
상향식 읽기(Bottom-up reading) ····· 21
상호 보상적 읽기(interactive-compensatory reading) ····· 23
새 단어 소개하기 ····· 36
새 단어 익히기 ····· 36
색칠하기 ····· 60
생각지도(Mind Map) ····· 142
생략된 단어 찾아 문장 완성하기(completing the sentence) ····· 209
생일 축하 카드 쓰기 ····· 265
서술형(Short Answer Question) ····· 94
선 긋기 ····· 116
SAVE(short, appealing, varied, easy)이론 ····· 45
소리 내어 읽기(Reading Aloud) ····· 30
속삭이기 게임(whispering game) ····· 210
손가락 인형 ····· 157
손가락 DDR ····· 152
수수께끼 놀이 ····· 121
수준별 그룹 ····· 204
수준별 쓰기 수업 ····· 254
수준별 쓰기 지도 ····· 265
수준별 쓰기 학습 방법 ····· 255
수준별 영어 교육 ····· 194
수준별 읽기 지도 ····· 53
수준별 집단 편성 ····· 205
수행평가 ····· 94
순서 찾기 게임 ····· 120
숨은 알파벳 찾기 ····· 103
스무고개 ····· 137
스스로 읽기(Free Voluntary Reading) ····· 33

스키마 수준의 분석 단계(schema-level analysis) ········· 20
스토리텔링 ········· 221
시각적 변별(visual discrimination) ········· 15
시청각 자료를 활용한 쓰기 지도 ········· 191
신문 기사 쓰기(wall newspapers) ········· 214
심화 단계 읽기 활동 ········· 60
심화 학습 활동 ········· 264
쓰기 지도 절차 ········· 203
C-테스트(C-test) ········· 93

ㅇ

아코디언 북 만들기 ········· 134
알파벳 모자이크 활동 ········· 232
알파벳 수준의 쓰기 게임 ········· 208
알파벳 지도 ········· 100
알파벳 찾기 ········· 113
알파벳 플랩(Alphabet flap)카드 ········· 124
알파벳을 활용하여 문단 만들기(A through Z) ········· 213
암호 게임(password) ········· 210
암호 해독하기 ········· 63
어구 배열하기 ········· 55
어떤 이야기일까? ········· 140
어휘 분류하여 찾아 쓰기 ········· 260
어휘 요소 ········· 82
어휘 익히기 ········· 143
어휘 학습 원판 돌리기 ········· 125
언어 학습을 쉽게 만드는 요소 ········· 24
언어를 배우기 쉽게 만드는 요소 ········· 24
언어학습자문학(language learner literature) ········· 78
얼굴 그림 그리기 ········· 117
역할놀이 소감문 쓰기 ········· 252
역할놀이를 활용한 쓰기 지도 ········· 249
연상하기 ········· 135, 136

연재만화 줄거리 쓰기(cartoon strips) ·· 214
영어 노래 만들기 ·· 236
영어 만화 문장 완성하기 ·· 265
영어 일기 쓰기 ··· 265
오독 분석하기 ··· 92
오디오 들으며 읽기(Audio-assisted Reading) ···························· 32
요리법 게임(recipes) ··· 211
원으로 표시하기 ··· 115
유도 작문(guided writing) ··· 186
유도읽기사고 활동(directed-reading-thinking-activity: DRTA) ·········· 37
음소 분석 단계(phoneme analysis) ·· 17
음철법에 따른 읽기 지도 ·· 99
의미망 만들기 ··· 39
의미지도 그리기(Meaning Map Activity) ·································· 223
2단계 : 단어 쓰기 지도 ·· 188
이야기 그림 그리기 ·· 138
이야기 그림 색칠하기 ··· 156
이야기 만들기(the story of your life) ······································ 212
이야기 분석하기 ·· 39
이야기 사전 만들기 ·· 229
이야기 순서 찾아 써 보기 ·· 227
이야기 완성하기(short story nightmare) ································· 213
이야기 지도 그리기(Drawing a map) ·· 37
이야기의 주제와 내용 예측하기 ·· 36
이유를 묻고 대답하는 표현 쓰기 ·· 265
이해 단계(Comprehension Stage) ·· 72
1단계 : 알파벳 쓰기 지도 ·· 187
1분 반복하여 쓰기 ··· 257
일견 단어(sight word) 카드 ·· 127
일과 완성하기 ··· 265
일과표 그리고 문장 완성하기 ·· 264
읽고 그리기(Read and Draw) ·· 94
읽고 그림의 순서 맞추기 ··· 62

읽고 도식화하기 · · · · · · 62
읽고 지칭하기 · · · · · · 61
읽기 게임 활동 · · · · · · 111
읽기 능숙도 향상을 위한 추천 과업/활동 · · · · · · 65
읽기 수준의 단계 · · · · · · 16
읽기 수행 평가 · · · · · · 90
읽기 전 활동 · · · · · · 35
읽기 중 활동 · · · · · · 36
읽기 지도 단계 · · · · · · 35
읽기 지도 방법 · · · · · · 30
읽기 지도를 위한 게임 활동 · · · · · · 113
읽기 지도를 위한 동기 유발 활동 · · · · · · 135
읽기 지도를 위한 만들기 및 조작활동 · · · · · · 123
읽기 지도에서 게임의 활용 · · · · · · 111
읽기 후 활동 · · · · · · 37
읽기가 어려운 독자들을 돕는 활동(Help for struggling readers) · · · · · · 50
읽기실습카드(Reading laboratory) · · · · · · 50
읽기의 개념 · · · · · · 14
읽기의 과정 · · · · · · 21
읽기의 수준 · · · · · · 15
읽기의 준비도 · · · · · · 15
읽기지도를 위한 만들기 및 조작 활동 · · · · · · 122

ㅈ

자르고 붙이기 · · · · · · 129
자유 시간(Free time) · · · · · · 50
자유 작문 활동 · · · · · · 261
자유 작문(free writing) · · · · · · 186
잘못된 문장 고쳐 쓰기 · · · · · · 264
재결합(재배열)하여 쓰기 활동 · · · · · · 257
재결합하여 쓰기(recombination) · · · · · · 185
재생하여 쓰는 활동 · · · · · · 256
전환 가능한/통합적 기술(Transferable/Integrating Skills) · · · · · · 72

정보 공백 활동(information-gap) ········ 209
조각 그림 읽기(Jigsaw) ········ 130
조사 활동하고 쓰기 ········ 258
좋아하는 음식 놀이 ········ 119
주사위 게임 ········ 118
지속적 묵독(Sustained silent reading) ········ 48
지시문 따라 하기(write, read and draw) ········ 213
지시문 읽고 만들기 ········ 60
질문에 대답 쓰기 ········ 264
징검다리(stepping stones) ········ 208
짝 맞추기 놀이 ········ 153
짝과 함께 읽기(Paired Reading) ········ 32

ㅊ

창조력과 적응력을 이용한 비판적 읽기(Critical Reading) ········ 26
채점의 문제점 ········ 95
책 내용 인터뷰하기 ········ 39
책 만들기 활동(Making book) ········ 269
책 만들기 ········ 38, 244
챈트 가사 바꾸기 ········ 265
챈트를 활용한 영어교육의 효과 ········ 231
철자 익히기 게임(Lively letters) ········ 208
청각적 변별(auditory discrimination) ········ 16
초기 읽기 지도를 위한 활동 ········ 98, 102
초등 영어 수준별 읽기 지도 ········ 54
초등영어의 수준별 쓰기 지도 이해 ········ 193
초등학생의 쓰기 지도 ········ 186
추적(trace)하여 쓰기 ········ 256
추측하여 쓰기 ········ 257

ㅋ

카드 이용하기 ········ 246
클로즈 시험(Cloze Test) ········ 93

ㅌ

텍스트(text)를 활용한 쓰기 지도 ·· 190
통사적 분석 단계(syntactic analysis) ·· 18
통제적 글쓰기 활동 ·· 261
TPR ·· 107

ㅍ

파닉스 슬릿 카드 ·· 123
편지 겉봉투 주소 영어로 쓰기 ·· 265
편지 쓰기(writing a letter) ·· 213
Focus and forms ·· 285
표나 차트를 보고 완성하기 ·· 264
플래시 카드 만들기 ·· 58
PWIM(Picture Word Inductive Model)의 활용 ····························· 40

ㅎ

하고 싶은 일 문장으로 써 보기 ·· 265
하향식 읽기(Top-down reading) ··· 22
학급용 이야기 책(Class reader) ·· 49
학생이 읽기(Student Reading) ·· 32
학습 주체별 교수-학습 방법 ··· 89
학습 주체별 읽기 지도 ·· 88
학습자 수준별 읽기 지도(Reading instruction by the student's
    reading level) ·· 65
학습자에 대한 이해 ·· 25
학습지 활용 ·· 39
함께 읽기(Shared Reading) ··· 30
함께 읽기의 종류 ··· 31
해석/정독 단계(Decoding/Intensive Reading Stage) ······················ 70
행운의 주사위 놀이 ·· 283
활용할 수 있는 다양한 읽기 활동 ·· 36
회전판 이용하기 ··· 242
훑어 읽기/특정 정보 검색하기 단계(Skimming/Scanning Stages) ·········· 68

초등영어교수법
읽기 쓰기

인쇄 | 2010년 8월 20일
발행 | 2010년 8월 25일

지은이 | 김 정 렬
펴낸이 | 김 진 수
꾸민이 | 문 소 진
펴낸곳 | **한국문화사**
주소 | 133-110 서울특별시 성동구 구의로 3 두앤캔 502호
전화 | (02)464-7708 / 3409-4488
팩시밀리 | (02)499-0846
등록번호 | 제2-1276호
등록일 | 1991년 11월 9일
홈페이지 | www.hankookmunhwasa.co.kr
이메일 | hkm77@korea.com
가격 | 18,000원

잘못된 책은 바꾸어 드립니다.
이 책의 내용은 저작권법에 따라 보호받고 있습니다.

ISBN 978-89-5726-796-7 93740

이 도서의 국립중앙도서관 출판시도서목록(CIP)은 e-CIP 홈페이지
(http://www.nl.go.kr/cip.php)에서 이용하실 수 있습니다.
(CIP제어번호: CIP2010002980)